互联网+
招标采购
实战200问

张利江　范振华　綦洋　————　编著

法律出版社
LAW PRESS·CHINA

简析公共招标采购数字化交易网络生态现状与未来

（代序）

回望四十余年，我国公共招标采购交易机制伴随着社会主义市场经济体制改革开放的坚实步伐，获得了基本确立和广泛运用，并取得了举世瞩目的显著成效。为建立和维护公平竞争的市场秩序，促进市场资源要素自由流动、公平交易和高效配置，优化项目需求与效益，发挥了举足轻重的作用。展望未来，我国将开启全面建设社会主义现代化国家的新征程，迈入经济社会高质量发展新阶段。建设高标准市场体系以及招标采购公平竞争交易机制，取决于建立市场法治监督体系，取决于市场主体自主权利、公平交易与自律责任的治理结构，尤其需要融合现代互联网信息技术与大数据思维，创新建立市场资源要素信息无障碍自由流动和全方位立体共享系统。

自20世纪90年代开始，互联网数字技术获得快速发展，为探索"互联网+"招标采购融合体系，建立一体开放、立体透明、公平竞争和价值匹配的公共招标采购交易秩序，提供了新的机遇和挑战。《电子招标投标办法》确立了我国电子招标投标交易系统三大平台网络基本架构。电子招标投标交易、公共服务与行政监督三大平台网络体系，为推进市场资源要素信息突破壁垒，实现自由流动和立体实时共享，实现公共资源招标采购市场化、专业化、个性化和规范化价值匹配，实现市场交易秩序网络在线协同监督和永久追溯，奠定了坚实的技术支持体系。

目前，公共资源招标采购市场交易秩序暴露的一系列痛点、堵点和难点场景，警示我们必须加快改革完善招标采购法律制度，以及加大“互联网+”招标采购融合步伐，积极寻求改革创新和科学可行的招标采购系统解决方案。我们需要紧紧围绕市场企业主体权利责任和价值需求，顺应产业链、供应链与价值链以及物流（服务流）、信息流、资金流一体融合、循环闭合的价值趋势，应用互联网大数据的创新思维和技术，助力推进政府转变监管职能和方式，转变传统中心化交易与监管混合平台模式，构建一体化交易网络、分布式主体交易节点、产品化专业交易工具，以及实现数字化价值匹配的招标采购交易网络生态系统。

1. 专业交易工具（主体节点·前台·客服端）实现产品化研发运营和交易主体竞争选择。包括市场主体CA数字证书共享、招标采购文件以及工程量清单编制、投标文件以及清单报价制作合成、评标智能分析工具等专业交易工具，迫切需要从电子交易平台内分离运营服务，实行市场化、产品化和标准化研制生产，结合专业化、个性化柔性定制部署，市场交易主体通过公共服务网络自主集成选择应用。专业交易工具的公共通用数据接口实行标准化，并可以按照交易平台的专业需求，便捷扩展定制个性化需求数据接口。由此，市场主体应用专业交易工具有望满足交易服务性能功能的个性化需求，降低交易系统研发运营成本，提高交易体验效率；有望改变各交易平台技术分割壁垒，捆绑用户利益，阻碍交易及其服务竞争，以及投标人面对不同交易平台需要重复购置维护许多不同的CA证书和交易工具等高成本低效率交易服务状况。对于没有组织集中招标采购的企业主体以及中小招标采购服务机构，无须建设运营电子交易平台并由此缓解与政府主导交易平台的直接冲突。可以按照自身采购交易服务分散小型的特点需求，自主选择和集成部署全流程专业交易工具（购置运营成本大约是交易平台的30%以内），通过公共服务网络互联交易平台，制作与交互交易信息，完成招标采购全流程数字化交易。

2. 电子交易平台（主体节点·前台）按招标采购交易主体节点分布式部署，并可根据招标采购主体的需求采用集中或非集中部署交易平台。交易平台通过专业交易工具连接市场交易主体，主要完成交互集成和公开发布招标采购

主要交易程序信息。电子交易平台包括以下三类:

(1)企业自有电子交易平台。主要包括:

① 企业工程交易平台。适用企业具有自行持续集中定制一定规模的专业建设工程施工、货物、服务,提供全流程电子招标采购交易服务模式。部分企业工程交易平台利用自身聚集优势,可以独立转向第三方或者联合第三方,提供工程交易平台服务。但是,企业如果缺乏足够自有工程建设规模,以及部分地方政府对企业交易平台的限制,企业自建工程交易平台转向第三方中介服务,目前尚难突破瓶颈约束。

② 企业工业品采购商城。适用企业供应链规模化、常态化工业品货物和服务采购 B2B 交易服务模式。企业根据自身纵向供应交易链,可以自行或者横向联合共享第三方供应物流、资金和信息资源设施,为企业自身和市场同类企业提供工业品商城采购交易链服务。

特别需要阐述的是,企业自有电子交易平台是未来市场主体交易节点平台的主流模式。无论企业供应链管理体系、区块链分布式节点技术和平台经济价值逻辑,政府部门既不应该也不必要越位包揽集中建设或者指定使用上述两种企业电子交易平台。同时应当特别注意:①企业工程交易平台属于匹配个性化定制专业方案的服务模式,绝不能简单地理解和复制个人消费品与工业品的电子商城采购交易平台服务模式;②企业 B2B 工业品商城采购平台分布式节点交易模式也不能简单地复制个人消费品电子商城采购集中交易平台模式。

(2)市场第三方交易平台。为政府和企业一次性定制建设工程施工、服务招标发包以及非规模化和常态化的货物采购,提供中介交易平台服务模式。第三方交易平台代表了市场化、专业化、集约化和充分激发创新竞争活力的价值取向。但是,地方政府公共资源交易因多方面的约束顾虑,对第三方交易平台大多数尚未开放服务。一方面,市场第三方交易平台需要进一步培育和治理规范;另一方面,部分第三方交易平台接入地方政务系统的公共资源交易平台,被强制要求其免费提供交易服务。政府可以垄断免费服务,市场可以有偿竞争服务。公共招标采购电子交易服务模式仍需要行业共识和政策边界,市场第三方交易平台仍需要实践探索。

(3)政府投资工程和采购交易平台。适用政府机关和公益事业机构使用财政预算投资建设工程施工、货物、服务以及办公品招标采购交易免费服务模式。

特别需要阐述的是,政府越位代替企事业主体集中包揽建设和指定使用电子交易平台,既减损了市场主体的合法权益,也不符合企业自主建设或优化供应链采购交易信息体系和工程建设全过程管理信息体系循环闭合的要求。同时,政府建设交易平台受政府预算资源、人员编制和激励制度的限制,难以支撑持续增长的招标采购交易服务规模需求,更难以持续保障和提升招标采购交易的专业化精准服务水平和效率。由于缺失竞争激励机制,往往在无偿服务之名下,提供了劣质低效服务之实质。此外,政府按照条块分割职能建设运营电子交易平台,不利于充分开放共享和优化配置网络基础设施和市场数据资源。为此,政府应当立足公共资源交易公共服务系统的顶层规划,开放共享供给公共交易服务,鼓励支持社会资本运用市场竞争机制共建共营网络分布式主体交易节点和专业交易工具分离融合的市场化电子交易平台。

3. 行政监督平台(监督节点·前台)需要加快落地。依法监督交易是政府应有的职能定位。政府应通过加快运用公共网络监督平台以及大数据智能化分析工具,创新行政和社会公众监督方式,转变行政交易监管职能,支持网络在线数字化交易监督、立体穿透监督以及永久追溯监督,引领全流程数字化交易。同时,回归确立市场主体依法自主交易的权利责任,建立市场诚信自律体系,规范市场主体交易行为。有效打破市场条块分割的保护壁垒,依法监督和维护完善招标投标市场开放竞争和公平交易秩序。

4. 公共服务平台网络(公共基础设施·中台)亟待优化。政府主导或者与社会资本合作,共建共治共享公共交易基础设施网络、市场交易大数据、区块链技术、CA数字证书通用共享、专家库资源互联共享、市场主体资格信用网络动态验证等公共交易技术和交易数据的研发和应用服务。当前,政府迫切需要转变直接建设供给电子交易平台及其交易服务的传统模式,立足加强和优化电子交易公共服务。整合共享公共资源交易平台的实质就是通过公共服务网络互联各类市场交易平台,基于互联网络实时共享市场交易数据,为立体动态和永久追溯监督公共资源交易秩序,提供公共基础技术体系。

总之,我们既不能按照政府中心化监管要求建立企业工程建设项目集中交易平台模式,也不可以互联网消费品集中商城模式去理解和复制企业供应链工业品集中商城模式。政府应按照“放管服”要求,加快从集中公共服务与监管平台分离集中交易平台功能,回归市场主体自主选择交易平台的权利责任。基于互联网区块链技术,积极探索构建一体化交易网络、分布式主体交易节点、产品化专业交易工具,实现价值精准匹配以及网络在线协同监督的招标采购数字化交易网络生态系统。为了建设高标准市场体系,构建更加完善的要素市场化配置体制机制,优化市场公平竞争营商环境,需要加快转变政府监管职能和方式,依法确立市场主体交易权利责任,协同推进公共招标采购交易机制的数字化创新路径,助力新阶段高质量发展。

李小林

电子招标采购专业委员会副主任

前 言

暮去朝来，日新月异，四时光景，沧海桑田。变，是万物永恒的主题。

以互联网为基础的新一代信息技术，掀起全球产业链的巨变，正带领我们跨入一个崭新的时代。

招标采购领域在整体上已经处于由传统纸质向全流程电子化的渡口，正面临波涛汹涌的变革大潮。自《招标投标法实施条例》确立电子招标投标的合法地位开始，国家制定了《电子招标投标办法》及后续一系列规范性文件，持续推进招标投标电子化。突如其来的新冠疫情促使“互联网+”招标采购加速向纵深发展。我们有幸参与到这一场变革之中，率先推动、亲手帮助、亲眼见证了很多地方政府和大型集团企业顺利渡江，一路上也听闻了很多争议和疑惑，也遗憾地看到部分先驱投入了大量时间和财力，却不见效果，渡江之路几多波折。

成功渡江，需要天气、船只、船员甚至乘客等多方的共同努力和紧密配合，“互联网+”招标采购的发展也是如此。拟快速、全面推进全流程电子招投标，需要招标人、代理机构、投标单位、评委、监督部门，特别是专业IT人士的通力合作。开放、透明、共享与协作本来就是互联网的核心精神，而归属于产业互联网的“互联网+”招标采购对从业者的知识门槛要求更高，更加需要这一互联网核心精神。为推动“互联网+”招标采购快速健康发展，帮助此领域更多的渡江人顺利渡江，我们将17年来渡江路上积累的知识和经验，对众多客户招标采购业务管理升型中遇到的各类常见问题进行了梳理和整合，汇编成书分享给业内人士。希冀功成不必在我、成功因为有我!

本书围绕政策、建设、实践、技术四个篇章为“互联网+”招标采购提供全方位的答疑解惑。政策篇是对“互联网+”招标采购发展环境和土壤的探讨;建设篇是对招标采购信息化、数智化建设运营过程中常见问题的分析;实践篇是对电子招标采购实际业务的指导;技术篇是对招标采购信息系统建设中有关技术路线选择的建议。

本书由易招标(上海汇招信息技术有限公司)组织编纂,我本人与咨询服务部总经理范振华、研发管理部技术总监綦洋主笔,咨询服务部的易丹、孟德喜、吕冰瑶参与编写与审稿。在此谨向他们的辛勤付出表示真诚的感谢!虽然我们充分吸收了业内众多专家的知识精华,但本书仍属一家之言,部分认知和观点难免有失偏颇或存在谬误,还请读者多多包涵并不吝赐教!

思维的创新、技术的应用、工具的诞生、制度的演进,需要我们长期耐心的坚持和深刻前瞻的行业洞察,更需要在变化中索求新的发展机遇。在这场漫长而伟大的变革中,让你我一起,用微薄之力激扬商业之美,推动“互联网+”招标采购领域的进步,创造更加公平和公正的环境,创建更加正义和美好的世界。

“日拱一卒无有尽,功不唐捐终入海。”易招标团队以此为训,并与大家共勉。

张利江

易招标创始人

目　录

政策篇

建设篇

实践篇

技术篇

附 录

政策篇

1 公共资源交易平台与电子招标投标交易平台有何区别?

A:《关于印发整合建立统一的公共资源交易平台工作方案的通知》(国办发〔2015〕63 号)中明确,公共资源交易平台是由制度规则、电子化信息系统、运行机制以及必要场所构成的综合服务体系。《公共资源交易平台管理暂行办法》第 3 条第 1 款规定明确指出,公共资源交易平台是指实施统一的制度和标准、具备开放共享的公共资源交易电子服务系统和规范透明的运行机制,为市场主体、社会公众、行政监督管理部门等提供公共资源交易综合服务的体系。

《电子招标投标办法》规定,电子招标投标系统根据功能不同,分为交易平台、公共服务平台和行政监督平台。交易平台是以数据电文形式完成招标投标交易活动的信息平台。"电子招标投标交易平台"业内通称交易平台。

公共资源交易平台是一个广义的概念,它是由制度规则、电子化信息系统、运行机制,以及必要场所构成的综合服务体系,而不是坊间认为的交易场所,也不是交易场所建设的电子招标投标交易平台。

电子化信息系统作为公共资源交易平台的组成部分之一,包括交易系统、服务系统和监管系统,就招投标电子化而言,交易系统对应的就是电子招标投标系统中的交易平台,公共服务系统对应的就是电子招标投标系统中的公共服务平台,监管系统对应的就是电子招标投标系统中的行政监督平台,这三大平台的分类与国办发〔2015〕63号文三大系统的分类是统一的,两者是不矛盾的。

根据国办发〔2015〕63号文要求,工程建设项目招标投标、土地使用权和矿业权出让、国有产权交易、政府采购四大板块都纳入公共资源交易平台,电子招标投标系统是招标投标项目交易活动和政府采购的主要信息系统,因此它也是公共资源交易平台的重要组成部分,而电子招标投标交易平台作为电子招标投标系统的重要组成部分,自然也是公共资源交易平台的组成部分之一。

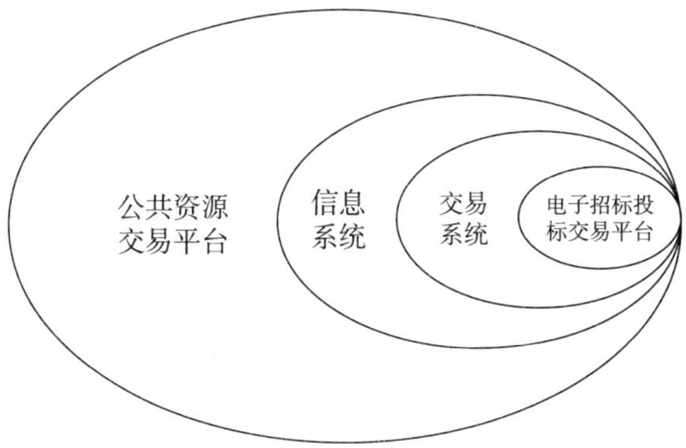

图1 公共资源交易平台与电子招标投标交易平台关系

综上所述,公共资源交易平台是服务体系,电子招标投标交易平台是信息系统,也是公共资源交易平台的重要组成部分。

【法律与政策依据】

《关于印发整合建立统一的公共资源交易平台工作方案的通知》(国办发〔2015〕63号)

三、整合范围和整合目标

(三)整合范围。整合分散设立的工程建设项目招标投标、土地使用权和矿业权出让、国有产权交易、政府采购等交易平台,在统一的平台体系上实现信息和资源共享,依法推进公共资源交易高效规范运行。积极有序推进其他公共资源交易纳入统一平台体系。民间投资的不属于依法必须招标的项目,由建设单位自主决定是否进入统一平台。

统一的公共资源交易平台由政府推动建立,坚持公共服务职能定位,实施统一的制度规则、共享的信息系统、规范透明的运行机制,为市场主体、社会公众、行政监管部门等提供综合服务。

《公共资源交易平台管理暂行办法》

第三条(第一款) 本办法所称公共资源交易平台是指实施统一的制度和标准、具备开放共享的公共资源交易电子服务系统和规范透明的运行机制,为市场主体、社会公众、行政监督管理部门等提供公共资源交易综合服务的体系。

《电子招标投标办法》

第三条 电子招标投标系统根据功能的不同,分为交易平台、公共服务平台和行政监督平台。

交易平台是以数据电文形式完成招标投标交易活动的信息平台。公共服务平台是满足交易平台之间信息交换、资源共享需要,并为市场主体、行政监督部门和社会公众提供信息服务的信息平台。行政监督平台是行政监督部门和监察机关在线监督电子招标投标活动的信息平台。电子招标投标系统的开发、检测、认证、运营应当遵守本办法及所附《电子招标投标系统技术规范》(以下简称技术规范)。

2 政府采购项目适用《电子招标投标办法》吗？

A:《电子招标投标办法》第2条第1款规定,“在中华人民共和国境内进行电子招标投标活动,适用本办法”。从字面来看,无论是否属于政府采购项目,只要是在境内进行的电子招标投标活动,都应遵循《电子招标投标办法》。但因我国政府采购活动的监督职责属财政管理部门,《电子招标投标办法》的签发单位中并没有财政部。对于政府采购活动是否适用《电子招标投标办法》,应按不同的采购标的分类处理。

1. 政府采购工程以及与工程建设有关的货物和服务

《政府采购法》规定,“政府采购工程进行招标投标的,适用招标投标法”。《政府采购法实施条例》规定,“政府采购工程以及与工程建设有关的货物、服务,采用招标方式采购的,适用《中华人民共和国招标投标法》及其实施条例”。同时,《政府采购法实施条例》和《招标投标法实施条例》已对工程与建设工程的定义进行了统一。这意味着,以招标方式开展的政府采购项下的工程以及与工程相关的货物和服务,适用招标投标法律体系,除非《政府采购法》及其实施条例另有规定。该法律体系包含各部委依据《招标投标法》及其实施条例发布的部门规章,无论该部门规章是否由财政部签发。

《电子招标投标办法》是根据《招标投标法》及其实施条例制定，用于规范招投标交易过程电子化的规章。因此，政府采购中的工程以及与工程建设有关的货物和服务，采用电子招标投标方式交易的，应当适用《电子招标投标办法》。

2. 政府采购与工程无关的货物和服务

《立法法》规定，国务院各部委只能“在本部门的权限范围内”制定规章，涉及两个以上国务院部门职权范围的事项，应当提请国务院制定行政法规或者由国务院有关部门联合制定规章。

《政府采购法》规定，各级财政部门是负责政府采购监督管理的部门，依法履行对政府采购活动的监督管理职责。《政府采购法》及其实施条例规定，政府采购工程及与工程有关的货物和服务进行招标投标的，对该招标投标的监督职责归属《招标投标法实施条例》规定的相应监督部门，财政部门依法对实行招标投标的政府采购工程建设项目的政府采购政策执行情况实施监督。但包括招标方式在内的采购与工程无关的货物和服务的监督管理职责在于财政部门。由此可见，政府采购与工程无关的货物和服务采用电子招投标方式交易的，不适用《电子招标投标办法》。

2017 年财政部发布《政府采购货物和服务招标投标管理办法》，指出“政府采购货物服务电子招标投标、政府采购货物中的进口机电产品招标投标有关特殊事宜，由财政部另行规定”。《政府采购货物和服务招标投标管理办法》规定的货物与服务是指与建设工程无关的货物与服务。由此可见，政府采购与工程无关的货物与服务，采用招投标方式并实行电子化交易的，财政部将另行规定。

综上，政府采购中的工程以及与工程建设有关的货物和服务，采用电子招标投标方式交易的，应当适用《电子招标投标办法》；政府采购与工程无关的货物和服务采用电子招投标方式交易的，不适用《电子招标投标办法》。

【法律与政策依据】

《立法法》

第八十条（第一款） 国务院各部、委员会、中国人民银行、审计署和具有行政管理职能的直属机构，可以根据法律和国务院的行政法规、决定、命令，在本部门的权限范围内，制定规章。

第八十一条　涉及两个以上国务院部门职权范围的事项，应当提请国务院制定行政法规或者由国务院有关部门联合制定规章。

《招标投标法实施条例》

第二条　招标投标法第三条所称工程建设项目，是指工程以及与工程建设有关的货物、服务。

前款所称工程，是指建设工程，包括建筑物和构筑物的新建、改建、扩建及其相关的装修、拆除、修缮等；所称与工程建设有关的货物，是指构成工程不可分割的组成部分，且为实现工程基本功能所必需的设备、材料等；所称与工程建设有关的服务，是指为完成工程所需的勘察、设计、监理等服务。

《政府采购法》

第四条　政府采购工程进行招标投标的，适用招标投标法。

第十三条　各级人民政府财政部门是负责政府采购监督管理的部门，依法履行对政府采购活动的监督管理职责。

各级人民政府其他有关部门依法履行与政府采购活动有关的监督管理职责。

《政府采购法实施条例》

第七条　政府采购工程以及与工程建设有关的货物、服务，采用招标方式采购的，适用《中华人民共和国招标投标法》及其实施条例；采用其他方式采购的，适用政府采购法及本条例。

前款所称工程，是指建设工程，包括建筑物和构筑物的新建、改建、扩建及其相关的装修、拆除、修缮等；所称与工程建设有关的货物，是指构成工程不可分割的组成部分，且为实现工程基本功能所必需的设备、材料等；所称与工程建设有关的服务，是指为完成工程所需的勘察、设计、监理等服务。

……

《政府采购货物和服务招标投标管理办法》

第八十三条　政府采购货物服务电子招标投标、政府采购货物中的进口机电产品招标投标有关特殊事宜，由财政部另行规定。

《电子招标投标办法》

第一条　为了规范电子招标投标活动，促进电子招标投标健康发展，根据《中华人民共和国招标投标法》、《中华人民共和国招标投标法实施条例》（以下分别简称招标投标法、招标投标法实施条例），制定本办法。

第二条（第一款）　在中华人民共和国境内进行电子招标投标活动，适用本办法。

3 政府部门在电子交易平台的建设应用中应当发挥哪些作用?

A:1. 依法合理规划三个平台的关系

按照《电子招标投标办法》的规定,电子招标投标系统分为交易平台、公共服务平台和行政监督平台,合理界定三个平台的关系并按规划建设运营,是确保交易活动电子化顺利实施的重要保障,也是电子交易平台建设应用中必要的基础条件。

交易平台是为项目招标投标主体提供交易活动服务的信息载体,公共服务平台是为各交易平台提供信息交互、整合和发布服务的信息枢纽,监督平台是为行政部门履行监督职责提供服务的信息通道。三大平台相互支撑、相互补充,共同构成完整的电子招标投标系统。

交易平台应当以在线完成招标投标交易为主,可以兼具部分公共服务功能。其中兼具部分公共服务和行政监督功能的交易平台,应按照管办分开的原则将交易功能和行政监督功能分由不同主体负责。

2. 引导各类主体有序建设运营交易平台

建设满足各类采购需求的交易平台,是推进电子招标投标的基础和前提。

依法设立的招标投标交易场所、招标人、招标代理机构以及其他依法设立的法人组织可以按行业专业类别,以及市场化、专业化、集约化方向,建设运营交易平台。政府部门建设的交易平台应当仅限于政府投资工程或政府采购项目的应用,即政府部门依法设立的招标投标交易场所可建设运营交易平台,但只能适用于政府投资工程或政府采购项目招标投标。鼓励一次性采购以及采购规模小、采购频率低的单位选择使用第三方建设运营的交易平台,促进交易平台适度规模经营,避免低水平重复建设和无序竞争。

3. 促进交易平台平等竞争

地方政府应当给交易平台运营机构创造良好的营商环境,除按照《电子招标投标办法》进行检测认证和注册登记外,不应对交易平台的建设运营设置或变相设置行政许可或备案,也不应排斥市场主体依法合规建设运营的交易平台与公共服务平台免费对接。此外,对于交易平台正常的经营策略不应干预,比如是否允许收费、向谁收费等具体问题,应交由市场主体(招标人、投标人等)自主选择,优胜劣汰。

【法律与政策依据】

《关于做好〈电子招标投标办法〉贯彻实施工作的指导意见》(发改法规〔2013〕1284号)

四、加快交易平台的建设应用步伐

(一)引导各类主体有序建设运营交易平台。建设满足各类采购需求的交易平台,是推进电子招标投标的基础和前提。依法设立的招标投标交易场所、招标人、招标代理机构以及其他依法设立的法人组织可以按行业专业类别,以及市场化、专业化、集约化方向,建设运营交易平台。鼓励一次性采购以及采购规模小、采购频率低的单位选择使用第三方建设运营的交易平台,促进交易平台适度规模经营,避免低水平重复建设和无序竞争。

(二)依法合规建设运营交易平台。……交易平台应当以在线完成招标投标交易为主,可以兼具部分公共服务功能。在《办法》颁布实施前已经建成运营的电子招标投标系统,要按照《办法》和技术规范要求进行改造,其中兼具部分公共服务和行政监督功能的交易平台,应按照管办分开的原则将交易功能和行政监督功能分由不同主体负责。……

（三）交易平台平等竞争。各交易平台运营机构应当通过规范经营、科学管理、技术创新、优质服务和合理收费提高市场占有率，其经营范围不得因建设主体、所处行业地区，以及所有制的不同而有所限制或歧视。除按照《办法》进行检测认证和注册登记外，任何单位和个人不得对交易平台的建设运营设置或变相设置行政许可或备案。

4 市场主体建设的电子招标投标交易平台是否安全?

A:电子招标投标交易平台是否安全与建设主体的类型无关,无论是政府主导建设的还是市场主体建设的,本质上都是软件开发工作,都是通过技术手段保障安全。

为确保电子招标投标活动的安全,《电子招标投标办法》及《电子招标投标系统技术规范　第1部分:交易平台技术规范》(以下简称《技术规范》①)从三个层面进行了相关规定,只要是通过检测认证的交易平台,都应当通过了安全方面的检测。

1. 制度及技术要求层面

《电子招标投标办法》第10条第1款规定要求交易平台应当依照《认证认可条例》等有关规定进行检测、认证。第13~15条规定要求交易平台运营机构应当完善交易平台运营和安全管理制度,采用可靠技术,防范非授权操作,保证交易平台的安全、稳定、可靠以及数据电文的不被篡改、遗漏并可追溯。第53条规定对安全措施不到位的交易平台,有关行政监督部门有权责令其改正;对

① 本书中《电子招标投标系统技术规范　第1部分:交易平台技术规范》简称《技术规范》。

拒不改正的,有权要求其不得交付使用或停止运营。

《技术规范》第 8.2 条对各类用户的身份标识与鉴别、电子签名、加密、解密、访问控制及通信安全、存储安全、数据安全和备份恢复、安全缺陷防范、安全审计等方面作了具体规定。第 8.6 条对机房、网络、主机、数据存储、系统软件等运行环境也作了具体规定。

2. 数据保密要求层面

《电子招标投标办法》第 26 条规定交易平台具备分段加密、整体解密功能;对投标人未按规定加密的文件,交易平台应当拒收并提示。第 15 条规定交易平台运营机构不得泄露依法应当保密的信息,第 21 条规定不得泄露可能影响公平竞争的信息。第 33 条第 1 款规定电子评标应当在有效监控和保密的环境下进行。第 58 条规定对违反保密规定,伪造、篡改、损毁招标投标记录,或者以其他方式弄虚作假的,依照《招标投标法》第 54 条及和《招标投标法实施条例》第 68 条规定处罚。

3. 电子存档、归档要求层面

我国 2020 年修订的《档案法》第 37 条第 2 款规定电子档案与传统载体档案具有同等效力,可以以电子形式作为凭证使用。

《电子招标投标办法》第 49 条规定电子招标投标交易平台应当依法设置电子招标投标工作人员的职责权限,如实记录相关过程及信息,并具备电子存档、归档功能;电子招标投标公共服务平台应当记录和公布相关交互数据信息的来源、时间并进行电子存档备份;任何单位和个人不得伪造、篡改或者损毁电子招标投标活动信息。

此外,很多第三方交易平台为了进一步确保其平台信息安全保障能力和水平,在通过检测认证的基础上,还通过了公安部的信息系统安全等级保护测评等。

【法律与政策依据】

《档案法》

第三十七条(第二款)　电子档案与传统载体档案具有同等效力,可以以电子形式作为凭证使用。

《电子招标投标办法》

第十条(第一款) 电子招标投标交易平台应当依照《中华人民共和国认证认可条例》等有关规定进行检测、认证,通过检测、认证的电子招标投标交易平台应当在省级以上电子招标投标公共服务平台上公布。

第十三条 电子招标投标交易平台运营机构应当采用可靠的身份识别、权限控制、加密、病毒防范等技术,防范非授权操作,保证交易平台的安全、稳定、可靠。

第十四条 电子招标投标交易平台运营机构应当采取有效措施,验证初始录入信息的真实性,并确保数据电文不被篡改、不遗漏和可追溯。

第十五条 电子招标投标交易平台运营机构不得以任何手段限制或者排斥潜在投标人,不得泄露依法应当保密的信息,不得弄虚作假、串通投标或者为弄虚作假、串通投标提供便利。

第二十一条 在投标截止时间前,电子招标投标交易平台运营机构不得向招标人或者其委托的招标代理机构以外的任何单位和个人泄露下载资格预审文件、招标文件的潜在投标人名称、数量以及可能影响公平竞争的其他信息。

第二十六条 电子招标投标交易平台应当允许投标人离线编制投标文件,并且具备分段或者整体加密、解密功能。

投标人应当按照招标文件和电子招标投标交易平台的要求编制并加密投标文件。

投标人未按规定加密的投标文件,电子招标投标交易平台应当拒收并提示。

第三十三条(第一款) 电子评标应当在有效监控和保密的环境下在线进行。

第四十九条 电子招标投标交易平台应当依法设置电子招标投标工作人员的职责权限,如实记录招标投标过程、数据信息来源,以及每一操作环节的时间、网络地址和工作人员,并具备电子归档功能。

电子招标投标公共服务平台应当记录和公布相关交换数据信息的来源、时间并进行电子归档备份。任何单位和个人不得伪造、篡改或者损毁电子招标投标活动信息。

第五十三条　电子招标投标系统有下列情形的，责令改正；拒不改正的，不得交付使用，已经运营的应当停止运营。

……

（六）不满足规定的技术和安全保障要求；

……

第五十八条　招标投标活动当事人和电子招标投标系统运营机构伪造、篡改、损毁招标投标信息，或者以其他方式弄虚作假的，依照招标投标法第五十四条和招标投标法实施条例第六十八条规定处罚。

《技术规范》

8.2　安全性

8.2.1　身份标识与鉴别

应对招标人、招标代理机构、投标人、授权评标专家等登录用户进行身份标识与鉴别，并提供身份标识唯一性检查功能。应采用以下措施，确保用户身份不易被冒用：

a）应提供鉴别信息复杂度检查功能。

b）应对身份标识与鉴别异常提供保护措施。

c）应使用有关部门认可的合法电子认证服务机构提供的CA数字证书对交易主体身份标识与鉴别，需要进行身份标识与鉴别的电子招标投标交易行为包括：递交资格预审申请文件、递交投标文件、递交投标保证金、撤回投标文件、确认开标记录、递交回执、发出中标通知书、签订合同（协议书）等需要招标投标主体承担相应法律责任的电子招标投标行为。

d）宜采用两种或两种以上上述措施组合的鉴别技术。

8.2.2　电子签名

电子签名管理要求应满足以下要求：

a）应通过电子签名来确保数据电文的完整性和不可抵赖性，电子签名应用的数字证书应采用合法的电子认证服务机构颁发的CA证书。

b）应使用电子签名的数据电文包括：招标公告（资格预审公告）、投标邀请书、资格预审文件(澄清和修改)、资格预审申请文件(澄清和修改)、资格审查报告、招标文件(澄清和修改)、投标文件(补充、修改、撤回、澄清)、开标记录、评标报告、中标通知书、合同(协议书)及相关文件的签收回执等具有法律约束力的文件。

c)应提供按照国家授时中心的标准时间源对需要电子签名的数据电文生成时间戳的功能。

d)应执行统一规范的数据接口标准,并可通过公共服务平台协议联机等方式,支持不同的合法电子认证服务机构颁发的CA数字证书的兼容互认。

8.2.3 电子加密和解密

应使用合法的电子认证服务机构颁发的数字证书,并能够根据招标文件选择确定的操作方式和责任主体,对需要保密的数据电文进行加密和解密,以确保数据电文的保密性。

8.2.4 访问控制

访问控制管理应满足以下要求:

a)应具备用户功能使用、数据访问的权限及其时限控制功能。

b)应能够识别对系统的非授权访问并提供相应的处理方法。应具备禁止同一帐户多处同时登录的功能。

c)用户的管理权限应按照边界清晰,且权限唯一性和最小化原则设置。实施系统开发权、系统管理权和业务权的责任人应相互分离、相互监控,同时,系统应具有自动警示超权限异常操作的功能。

d)宜提供对重要信息资源设置敏感标记的功能,并根据安全策略严格控制用户对有敏感标记重要信息资源的操作。

8.2.5 通信安全

通信安全管理应满足以下要求:

a)应能够检测传输过程中数据电文的完整性,在检测到完整性错误时,应提示用户采取必要的措施。

b)应采用加密或其他有效措施实现数据传输的保密性。

8.2.6 存储安全

存储安全管理应满足以下要求：

a)应采用加密或其他保护措施实现鉴别信息存储的保密性。

b)宜采用加密或其他保护措施确保重要数据存储的保密性。

c)宜对重要数据存储过程中的完整性进行检测，在检测到完整性错误时，应提示用户采取相应的措施。

8.2.7 资源控制

资源控制管理应满足以下要求：

a)应该能够对单个帐户的多重并发会话进行限制，并能够对系统的最大并发会话连接数进行限制。

b)宜对一个时间段内可能的并发会话连接数进行限制。

8.2.8 数据安全及备份恢复

数据安全及备份恢复管理应满足以下要求：

a)应对关键数据提供自动定时本地备份与恢复功能。

b)宜提供异地数据定期备份功能和异地灾备功能。

8.2.9 安全缺陷防范

安全缺陷防范管理应满足以下要求：

a)不应存在可能引起安全缺陷的语句、命令。

b)应能够识别和屏蔽非法访问。

c)宜加强系统安全防范，能够识别和抵御程序恶意攻击。

8.2.10 安全审计

安全审计管理应满足以下要求：

a)应提供安全审计功能。安全审计范围应覆盖系统中的每个用户及系统中的所有重要安全事件，如登录事件、关键数据变更等。

b)审计记录的内容应包括事件的日期、时间、发起者信息、类型、描述和结果等。

c)应提供审计记录数据的查询、统计、分析功能。

d)安全审计人员不能同时兼任系统管理员。

e)安全审计系统设备宜独立部署,以确保数据不被篡改。

8.6　运行环境

8.6.1　机房要求

机房管理应满足以下要求:

a)应满足《GB/T 50311－2007 综合布线系统工程设计规范》、《GB 2887－2011 计算机场地通用规范》、《GB 50174－2008 电子信息系统机房设计规范》标准。

b)应采用 UPS 不间断电源,UPS 电源提供不低于 2 小时后备供电能力。UPS 功率大小应根据设备功率进行计算,并留有 30% 的余量。

c)宜设计物理屏障,通过门禁、安全制度等技术和管理措施保证机房环境物理安全性。

8.6.2　网络要求

网络带宽应满足以下要求:

a)接入互联网的独享带宽应不小于 10Mbps。

b)接入互联网的实际带宽应根据峰值流量进行计算确定。

网络安全应满足以下要求:

a)网络安全等级应通过《GB 17859－1999 计算机信息系统安全保护等级划分准则》中第二级“系统审计保护级”的评测。

b)网络安全等级宜通过《GB 17859－1999 计算机信息系统安全保护等级划分准则》中第三级“安全标记保护级”的评测。

8.6.3　主机要求

8.6.3.1　服务器要求

服务器应满足以下要求:

a)应满足系统对可靠性、安全性和性能的要求。

b)关键部件应采用冗余配置。

c)服务器时间应与国家授时中心时间同步。

8.6.3.2　主机安全要求

主机安全应满足以下要求:

a)主机安全等级应通过《GB 17859－1999 计算机信息系统安全保护等级划分准则》中第二级“系统审计保护级”的评测。

b)主机安全等级宜通过《GB 17859－1999 计算机信息系统安全保护等级划分准则》中第三级“安全标记保护级”的评测。

8.6.3.3 存储要求

存储应满足以下要求：

a)宜采用独立磁盘存储设备进行核心数据存储。

b)关键部件应采用冗余配置。

c)应采用主流存储技术，实现存储设备的冗余和可靠接入，保证存储稳定性。

d)应根据在线数据规模计算存储空间，并保留不少于20%的冗余。

e)应具有扩展性，可按需增加存储空间，应对系统应用范围的扩展。

8.6.4 系统软件要求

系统软件应满足如下要求：

a)应用服务器和数据库服务器应物理分离。

b)应支持主流数据库。

c)宜支持集群部署，实现负载均衡。

d)宜同时支持包括但不仅限于Unix、Linux、Windows等操作系统。

5 为实现电子招标投标信息的互联互通和公开共享,《电子招标投标办法》做了哪些要求?

A:为避免分散建设的电子招标投标系统可能造成的信息孤岛和市场分割,《电子招标投标办法》统一了技术标准和数据接口要求,为实现电子招标投标的互联互通提供了制度保障。

1. 规定电子招标投标系统研发、检测、认证、运营应当符合《技术规范》的要求。

2. 规定交易平台、公共服务平台应当执行统一的信息分类和编码标准,为各类电子招标投标信息的互联互通和交互共享开放数据接口、公布接口要求。

3. 支持不同电子认证服务机构数字证书的兼容互认。

4. 通过公共服务平台与交易平台连接,下一层级的公共服务平台与上一层级的公共服务平台连接,形成全国范围互联互通的电子招标投标网络。

【法律与政策依据】

《电子招标投标办法》

第三条(第二款) 交易平台是以数据电文形式完成招标投标交易活动的信息平台。公共服务平台是满足交易平台之间信息交换、资源共享需要,并为市场主体、行政监督部门和社会公众提供信息服务的信息平台。行政监督平台是行政监督部门和监察机关在线监督电子招标投标活动的信息平台。电子招标投标系统的开发、检测、认证、运营应当遵守本办法及所附《电子招标投标系统技术规范》(以下简称技术规范)。

第八条(第一款) 电子招标投标交易平台应当按照技术规范规定,执行统一的信息分类和编码标准,为各类电子招标投标信息的互联互通和交换共享开放数据接口、公布接口要求。

第四十四条 电子招标投标公共服务平台应当按照本办法和技术规范规定,具备下列主要功能:

……

(二)连接电子招标投标交易平台、国家规定的公告媒介,交换、整合和发布本办法第四十一条规定的信息;

……

(四)支持不同电子认证服务机构数字证书的兼容互认;

……

第四十五条(第三款) 电子招标投标公共服务平台应当按照本办法和技术规范规定,开放数据接口、公布接口要求,与上一层级电子招标投标公共服务平台连接并注册登记,及时交换本办法第四十四条规定的信息,以及双方协商确定的其他信息。

《技术规范》

8.2.2 电子签名

电子签名管理要求应满足以下要求:

……

d)应执行统一规范的数据接口标准,并可通过公共服务平台协议联机等方式,支持不同的合法电子认证服务机构颁发的CA数字证书的兼容互认。

6 如何实现电子招标投标行政监管？

A：目前，在电子招标投标系统三大平台的建设过程中，行政监督平台建设相对滞后，因此要实现电子招标投标行政监管，应首先建设行政监督平台。

1. 建设行政监督平台

有关行政监督部门要结合电子政务建设，按照《电子招标投标办法》要求建设行政监督平台，明确监管事项、监管流程和监管要求。交易平台、公共服务平台应当向行政监督部门、监察机关开放监管通道。

2. 推动在线监管

各级行政监督部门要逐步减少使用纸质载体的监督管理方式，取消违法设置的行政审批和核准环节，加强与项目审核、财政资金拨付、项目实施、合同管理等环节的联动，以行政监督的无纸化推动招标投标全流程的电子化，最大限度地发挥电子招标投标节约成本、提高效率、促进公开的优势。

在行政监督平台没有建设完成之前，也可以通过公共服务平台提供的行政监督通道或工具实现在线监督，加速全流程电子化的进程。

【法律与政策依据】

《关于做好〈电子招标投标办法〉贯彻实施工作的指导意见》(发改法规〔2013〕1284号)

六、加强和改进行政监管

(二)建设行政监督平台。有关行政监督部门、监察机关要结合电子政务建设,按照《办法》要求建设行政监督平台,明确监管事项、监管流程和监管要求。交易平台、公共服务平台应当向行政监督部门、监察机关开放监管通道。已经建成的行政监督平台,要根据《办法》以及将要发布的行政监督平台技术规范进行改造。行政监督平台已经嵌入交易平台的,要保证在线监督的独立性和公正性,允许通过检测认证的其他交易平台和公共服务平台与其对接,不得限制或排斥。

(三)推动在线监管。各级行政监督部门和监察机关要逐步减少使用纸质载体的监督管理方式,取消违法设置的行政审批和核准环节,加强与项目审核、财政资金拨付、项目实施、合同管理等环节的联动,以行政监督的无纸化推动招标投标全流程的电子化,最大限度地发挥电子招标投标节约成本、提高效率、促进公开的优势。

7 与传统招标投标模式相比，电子招标投标在行政监管方式上有何创新之处？

A：与传统招标投标模式相比，电子招标投标行政监管方式的创新主要体现在四个方面。

1. 通过信息的充分公开加强社会监督。《电子招标投标办法》规定交易平台应当允许社会公众、市场主体免费注册登录和获取依法公开的招标投标信息，为社会监督提供了有利条件。

2. 通过信息集成分析提高监管效果。利用公共服务平台的信息整合优势，分析预警和有效防范围标串标等违法行为。电子招标投标公共服务平台连接电子招标投标交易平台和国家规定的公告媒介，交换、整合和发布有关信息，行政监督部门可以快速获得相关信息，并进行分析对比。积累海量数据后，利用大数据、人工智能等新一代信息技术进行智慧监管。

3. 发挥信用机制奖优惩劣作用。《电子招标投标办法》规定公共服务平台和行政监督平台依法发布有关行政许可、行政处理决定、相关市场主体业绩和信用情况，鼓励公布合同履行情况。

4. 改善行政监管载体进行监督。《电子招标投标办法》规定监督部门依法设置监督平台并公布行政监督的职责权限。交易平台、公共服务平台应当为监督部门依法实施的监督提供通道、交互信息,为监督部门登录使用平台提供必要条件,实现对电子招标投标在线监管。监督部门只要通过一个监督平台即可监管所管辖范围的所有项目。

【法律与政策依据】

《电子招标投标办法》

第九条　电子招标投标交易平台应当允许社会公众、市场主体免费注册登录和获取依法公开的招标投标信息,为招标投标活动当事人、行政监督部门和监察机关按各自职责和注册权限登录使用交易平台提供必要条件。

第四十二条　各级人民政府有关部门应当按照《中华人民共和国政府信息公开条例》等规定,在本部门网站及时公布并允许下载下列信息:

(一)有关法律法规规章及规范性文件;

(二)取得相关工程、服务资质证书或货物生产、经营许可证的单位名称、营业范围及年检情况;

(三)取得有关职称、职业资格的从业人员的姓名、电子证书编号;

(四)对有关违法行为作出的行政处理决定和招标投标活动的投诉处理情况;

(五)依法公开的工商、税务、海关、金融等相关信息。

第四十四条　电子招标投标公共服务平台应当按照本办法和技术规范规定,具备下列主要功能:

(一)链接各级人民政府及其部门网站,收集、整合和发布有关法律法规规章及规范性文件、行政许可、行政处理决定、市场监管和服务的相关信息;

(二)连接电子招标投标交易平台、国家规定的公告媒介,交换、整合和发布本办法第四十一条规定的信息;

……

(五)提供行政监督部门和监察机关依法实施监督、监察所需的监督通道;

(六)整合分析相关数据信息,动态反映招标投标市场运行状况、相关市场主体业绩和信用情况。

属于依法必须公开的信息，公共服务平台应当无偿提供。公共服务平台应同时遵守本办法第八条至第十五条规定。

第四十七条　行政监督部门、监察机关结合电子政务建设，提升电子招标投标监督能力，依法设置并公布有关法律法规规章、行政监督的依据、职责权限、监督环节、程序和时限、信息交换要求和联系方式等相关内容。

第四十八条　电子招标投标交易平台和公共服务平台应当按照本办法和技术规范规定，向行政监督平台开放数据接口、公布接口要求，按有关规定及时对接交换和公布有关招标投标信息。

行政监督平台应当开放数据接口，公布数据接口要求，不得限制和排斥已通过检测认证的电子招标投标交易平台和公共服务平台与其对接交换信息，并参照执行本办法第八条至第十五条的有关规定。

8 电子招标投标系统三大平台的关系是怎样的?

A:根据《电子招标投标办法》,电子招标投标系统由三大平台组成,即公共服务平台、交易平台、行政监督平台。

三大平台既各自独立运营,分别具有不同的服务功能定位,又功能互补、互联互通互相支持,逐步形成全国范围互联互通的电子招标投标网络。

功能互补。交易平台是以数据电文形式完成招标投标交易活动的信息平台,是为项目招标投标主体提供交易活动服务的信息载体。公共服务平台是满足交易平台之间信息交换、资源共享需要,并为市场主体、行政监督部门和社会公众提供信息服务的信息平台,是为各交易平台提供信息交互、整合和发布服务的信息枢纽。行政监督平台是行政监督部门和监察机关在线监督电子招标投标活动的信息平台。三者的功能定位分别为交易功能、服务功能和监督功能,功能上相互补充、相互支撑。

互联互通。《电子招标投标办法》规定交易平台、公共服务平台、行政监督平台应当执行统一的信息分类和编码标准,为各类电子招标投标信息的互联互通和交互共享开放数据接口、公布接口要求。交易平台将部分数据信息交互给公共服务平台,公共服务平台作为枢纽再将相关数据信息交互给交易平台,这样交易平台之间的信息即实现互通。

【法律与政策依据】

《电子招标投标办法》

第三条　电子招标投标系统根据功能的不同,分为交易平台、公共服务平台和行政监督平台。

交易平台是以数据电文形式完成招标投标交易活动的信息平台。公共服务平台是满足交易平台之间信息交换、资源共享需要,并为市场主体、行政监督部门和社会公众提供信息服务的信息平台。行政监督平台是行政监督部门和监察机关在线监督电子招标投标活动的信息平台。电子招标投标系统的开发、检测、认证、运营应当遵守本办法及所附《电子招标投标系统技术规范》(以下简称技术规范)。

第八条(第一款)　电子招标投标交易平台应当按照技术规范规定,执行统一的信息分类和编码标准,为各类电子招标投标信息的互联互通和交换共享开放数据接口、公布接口要求。

第四十五条　电子招标投标交易平台应当按照本办法和技术规范规定,在任一电子招标投标公共服务平台注册登记,并向电子招标投标公共服务平台及时提供本办法第四十一条规定的信息,以及双方协商确定的其他信息。

电子招标投标公共服务平台应当按照本办法和技术规范规定,开放数据接口、公布接口要求,与电子招标投标交易平台及时交换招标投标活动所必需的信息,以及双方协商确定的其他信息。

电子招标投标公共服务平台应当按照本办法和技术规范规定,开放数据接口、公布接口要求,与上一层级电子招标投标公共服务平台连接并注册登记,及时交换本办法第四十四条规定的信息,以及双方协商确定的其他信息。

……

第四十八条　电子招标投标交易平台和公共服务平台应当按照本办法和技术规范规定,向行政监督平台开放数据接口、公布接口要求,按有关规定及时对接交换和公布有关招标投标信息。

行政监督平台应当开放数据接口,公布数据接口要求,不得限制和排斥已通过检测认证的电子招标投标交易平台和公共服务平台与其对接交换信息,并参照执行本办法第八条至第十五条的有关规定。

第五十三条　电子招标投标系统有下列情形的,责令改正;拒不改正的,不得交付使用,已经运营的应当停止运营。

……

(二)不向行政监督部门和监察机关提供监督通道;

(三)不执行统一的信息分类和编码标准;

(四)不开放数据接口、不公布接口要求;

(五)不按照规定注册登记、对接、交换、公布信息;

……

9 电子招标投标系统三大平台的建设运营主体分别是什么？

A：交易平台建设运营主体包括依法设立的招标投标交易场所、招标人、招标代理机构以及其他依法设立的法人组织。国家鼓励交易平台市场化发展，鼓励交易平台平等竞争。

公共服务平台分为国家、省、市三个层级，由设区的市级以上人民政府发展改革部门会同有关部门，按照政府主导、共建共享、公益服务的原则建设和运营。

行政监督平台是行政监督部门和监察机关履行监督职责的信息平台，由行政监督部门和监察机关结合本单位电子政务建设依法建设运营。

【法律与政策依据】

《电子招标投标办法》

第五条　电子招标投标交易平台按照标准统一、互联互通、公开透明、安全高效的原则以及市场化、专业化、集约化方向建设和运营。

第六条　依法设立的招标投标交易场所、招标人、招标代理机构以及其他依法设立的法人组织可以按行业、专业类别，建设和运营电子招标投标交易平台。国家鼓励电子招标投标交易平台平等竞争。

第四十三条　设区的市级以上人民政府发展改革部门会同有关部门，按照政府主导、共建共享、公益服务的原则，推动建立本地区统一的电子招标投标公共服务平台，为电子招标投标交易平台、招标投标活动当事人、社会公众和行政监督部门、监察机关提供信息服务。

《“互联网+”招标采购行动方案(2017－2019年)》(发改法规〔2017〕357号)

二、主要任务

(一)加快交易平台市场化发展

1. 推进交易平台建设。积极引导社会资本按照市场化方向建设运营电子招标投标交易平台，满足不同行业电子招标采购需求，推行依法必须招标项目全流程电子化招标采购。……

(二)完善公共服务平台体系

5. 加快服务平台建设。设区的市以上人民政府发展改革部门或本级政府指定的部门，要根据政府主导、共建共享、公益服务原则，按照电子招标投标有关规定，通过政府投资或政府与社会资本合作方式，加快建设本地区统一的电子招标投标公共服务平台，也可由符合要求的公共资源交易电子服务系统承担电子招标投标公共服务平台功能。……

(三)创新电子化行政监管

8. 推进监督平台建设。各级招标投标行政监督部门应当结合“互联网+政务服务”建设，在2017年底前抓紧搭建电子招标投标行政监督平台，满足在线监管的需要。……

《关于做好〈电子招标投标办法〉贯彻实施工作的指导意见》(发改法规〔2013〕1284号)

四、加快交易平台的建设应用步伐

(一)引导各类主体有序建设运营交易平台。建设满足各类采购需求的交易平台，是推进电子招标投标的基础和前提。依法设立的招标投标交易场所、招标人、招标代理机构以及其他依法设立的法人组织可以按行业专业类别，以及市场化、专业化、集约化方向，建设运营交易平台。……

五、积极推动公共服务平台建设

（一）加快公共服务平台建设。……设区的市级以上地方人民政府发展改革部门会同有关部门，按照政府主导、共建共享、公益服务的原则，推动建立本地区统一的公共服务平台。公共服务平台原则上分为国家、省和市三个层级，具备条件的地方可推动建立全省统一、终端覆盖市县的公共服务平台。……

六、加强和改进行政监管

（二）建设行政监督平台。有关行政监督部门、监察机关要结合电子政务建设，按照《办法》要求建设行政监督平台，明确监管事项、监管流程和监管要求。……

10 现行电子招标投标交易平台分为哪几类？有何特点？

A:1. 招标人自建自用型

招标人出于提升内部管理的需要，为实现降低交易成本、促进有效竞争、提高采购效率等目标，开发、建设、运营包括交易平台在内的供应链管理系统或电子商务系统。

该类交易平台作为企业电子商务的重要组成部分，系统功能较为完善，与前端的计划管理、后端的合同管理、物流管理等企业的供应链管理系统最为紧密，可以根据要求开放权限供招标投标行政监管部门使用，或与公共服务平台对接，接受社会监督。

2. 招标代理机构自建自用型

招标代理机构为解决日常大量程序性操作效率低下、纸质载体成本较高、知识流动较为困难等问题，与软件开发单位共同开发和运营的交易平台。

该类交易平台功能最完善，包含招标代理机构内部的业务审批流程，与招标人内部的计划管理、合同管理等供应链管理系统既相对分离又有机连接。交易平台与公共服务平台对接或者与监督平台对接交互数据。招标投标行政监督部门通过登录行政监督平台或者通过公共服务平台的监督通道实现监督。

3. 第三方机构建设运营型

由出身于招标代理机构或电子招标投标软件开发单位的人员组建交易平台运营机构,建设和运营类似阿里巴巴的在线交易平台,为招标人、投标人、招标代理机构、评标专家提供部分或全部交易服务。

该类交易平台的最大优势在于商业模式,使市场主体使用系统的成本大大下降,大幅降低交易平台开发、建设、运营的投资和风险,降低市场主体的交易成本,对招标投标活动健康发展具有重要意义,也便于行政监督部门对招标投标活动及交易平台的运营进行集中监管。

4. 政府部门建设运营型

在地方党委、政府、纪委监察部门或招标投标行政监督部门的主导或直接推动下,由公共资源交易中心(少数是政府下属的监督部门)建设运营的交易平台。

该类交易平台的特点是交易平台中内置行政监督功能和公共服务功能,投标功能相对完善,但给企业使用的功能十分有限。

11 政府可以指定、限制或推荐市场主体选用电子交易平台吗？

A：不可以。

首先，招标投标活动本身属于民商事行为，属于微观层面的产供销活动，是买卖双方选择使用招标投标机制确定成交的过程，在本质上属于交易当事人意思自治、契约自由的范畴，但由于招标投标行为涉及国家利益和公共利益，故国家可以通过但仅限于程序设定来限制当事人的部分意思自治，但具体选用什么类型的电子交易平台开展电子招标投标活动，应属于当事人自主决定的范畴，政府部门不应非法干预。

其次，《电子招标投标办法》明确国家鼓励电子招标投标交易平台平等竞争，政府指定或推荐或限制招标人或招标代理机构选用交易平台的类型，不利于交易平台之间平等竞争。

最后，《“互联网+”招标采购行动方案（2017－2019年）》及《关于进一步规范电子招标投标系统建设运营的通知》中明确规定，不得为招标人直接指定交易平台；国务院办公厅在《整合建立统一的公共资源交易平台工作方案》中也提到，各省级政府应探索推进交易主体跨行政区域自主选择公共资源交易平台。

【法律与政策依据】

《电子招标投标办法》

第六条　依法设立的招标投标交易场所、招标人、招标代理机构以及其他依法设立的法人组织可以按行业、专业类别，建设和运营电子招标投标交易平台。国家鼓励电子招标投标交易平台平等竞争。

《关于印发整合建立统一的公共资源交易平台工作方案的通知》（国办发〔2015〕63号）

四、有序整合资源

（五）整合平台层级。……各省级政府应积极创造条件，通过加强区域合作、引入竞争机制、优化平台结构等手段，在坚持依法监督前提下探索推进交易主体跨行政区域自主选择公共资源交易平台。

《关于进一步规范电子招标投标系统建设运营的通知》（发改法规〔2014〕1925号）

一、交易平台要实现公平竞争、确保合规运营

（二）鼓励平等竞争。交易平台要按照市场化、专业化、集约化方向建设运营。除按照《办法》进行检测认证和注册登记外，任何单位和个人不得对交易平台的建设运营设置或者变相设置行政许可或者备案。行政监督部门和公共资源交易监管机构不得为招标人统一规定或者强制使用指定的交易平台，也不得限制和排斥市场主体建设运营的交易平台与公共服务和行政监督平台对接以及交换信息。

《"互联网+"招标采购行动方案（2017－2019年）》（发改法规〔2017〕357号）

二、主要任务

（一）加快交易平台市场化发展

3. 促进交易平台公平竞争。……任何单位和个人不得违反法律法规规定，对市场主体建设运营交易平台设置或者变相设置行政许可或备案；不得设置不合理、歧视性准入和退出条件，也不得附加不合理条件或实行差别待遇；不得排斥、限制市场主体建设运营的交易平台，限制对接交易平台数量，为招标人直接指定交易平台；不得排斥或限制外地经营者参加本地招标采购活动。

12 可以强制市场主体使用政府部门投资建设的电子招标投标交易平台吗?

A:不可以。

政府部门投资并参与建设的电子招标投标交易平台仅用于政府自行投资项目,并且政府部门应当委托第三方运营。目前部分地区,强制所有依法必须招标项目使用由政府直接投资或者使用财政预算资金建设的电子招标投标交易平台,实际上违背了国家电子招标投标制度的顶层设计,与市场化、专业化和集约化的方向背道而驰,损害了市场主体的正当权益。使用哪个交易系统开展招标投标活动,正如企业使用哪个软件开展财务管理,这是企业经营自主权的范围。只要招标投标活动依法依规,政府不应在没有法律授权的情况下任意出台红头文件,减损法人的权利。

【法律与政策依据】

《关于进一步规范电子招标投标系统建设运营的通知》(发改法规〔2014〕1925号)

一、交易平台要实现公平竞争、确保合规运营

(一)准确功能定位。交易平台由招标投标交易场所、招标人以及其他法

人建设运营，支持招标代理机构、软件开发企业等第三方主体独立建设运营。政府部门投资并参与建设的交易平台仅用于政府自行投资项目，并且政府部门应委托第三方运营。……

（二）鼓励平等竞争。交易平台要按照市场化、专业化、集约化方向建设运营。除按照《办法》进行检测认证和注册登记外，任何单位和个人不得对交易平台的建设运营设置或者变相设置行政许可或者备案。行政监督部门和公共资源交易监管机构不得为招标人统一规定或者强制使用指定的交易平台，也不得限制和排斥市场主体建设运营的交易平台与公共服务和行政监督平台对接以及交换信息。

13 招标投标交易场所可以建设运营具备监督功能的电子招标投标交易平台吗?

A:招标投标交易场所不应建设具备监督功能的交易平台,平台的交易功能和监督功能应当分离,且由不同的主体运营。

交易平台与监督平台的定位有显著差异,交易平台的使用主体是招标人、投标人、招标代理机构,交易平台是完成招标投标交易活动的信息平台。监督平台的使用主体是行政监督部门,是其依法实施招标投标活动中的审批、备案及投诉管理等功能,因此两者不能混同。

如果交由同一主体建设运营,则极有可能影响交易平台的公平竞争环境。在实践中,利用技术手段限制和排斥交易平台互联互通的情况屡见不鲜,只有交由不同的且没有利害关系的主体运营,才能为交易平台真正的市场化创造优良的营商环境。

【法律与政策依据】

《关于进一步规范电子招标投标系统建设运营的通知》(发改法规〔2014〕1925号)

一、交易平台要实现公平竞争、确保合规运营

(一)准确功能定位。……招标投标交易场所建设兼具监督功能的平台,

应当将监督功能交由行政监督部门和公共资源交易监管机构独立运营。

《"互联网+"招标采购行动方案(2017-2019年)》(发改法规〔2017〕357号)

二、主要任务

(三)创新电子化行政监管

9. 规范监督功能。……行政监督平台不得与交易平台合并建设和运营,也不得具备任何交易功能。已经建成的行政监督平台兼具交易功能的,应当按照电子招标投标有关规定,在2017年底前全部完成改造,并将监督功能和交易功能分别交由不同的主体负责,保证在线监督的独立性和公正性。……

14 以政府部门为主建设运营电子招标投标交易平台可能产生哪些问题?

A:以政府部门为主建设运营电子招标投标交易平台有利于电子招标投标的快速推广,但也存在部分问题,主要体现在以下三个方面。

1. 适合市场主体使用的功能有限。一方面,政府部门在建设运营电子招标投标交易平台的过程中,容易只从自身需求出发考虑系统功能设置,普遍存在强化行政监督功能、弱化市场主体使用功能的现象,容易导致系统功能缺失。另一方面,除常见的房屋建筑和市政工程项目外,招标投标活动还涉及水利、交通、冶金矿产、石油化工、电力、机械等众多行业不同专业,电子招标投标交易平台应当满足不同行业不同专业的个性化需求,但政府部门难以细分行业建设各类交易平台。

2. 软件升级改造滞后。政府的性质决定了它在直接的生产和商业活动中,不具有民间企业所具有的市场适应性和竞争力,也缺乏相应的约束机制去创新,必然导致系统功能更新迭代慢、软件升级改造滞后等问题,影响用户使用体验。

3. 大量重复建设。根据现行行政监督的职责分工,各级招标投标行政监督部门各自为政，各级地方政府及其部门建设的交易平台不能对接共享，导致投标人资质、业绩、评标专家等相关资源信息无法跨部门、跨地区共享，由此造成大量的低水平重复建设，导致大量的资源浪费。

15 为什么电子招标投标公共服务平台应由政府部门主导建设？

A:从投资收益上来看，公共服务平台是为各交易平台提供信息交互、整合和发布服务的信息枢纽，平台功能定位为服务，立足于公益属性，投资回报率较低，投资回报期长，企业通常不愿投资建设该平台。

从功能上来看。公共服务平台作为信息枢纽，要整合不同政府部门的各类信息资源，对接各类市场主体建设的交易平台和有关行政监督部门建设的行政监督平台，企业难以行使该职能。

【法律与政策依据】

《电子招标投标办法》

第三条（第二款） 交易平台是以数据电文形式完成招标投标交易活动的信息平台。公共服务平台是满足交易平台之间信息交换、资源共享需要，并为市场主体、行政监督部门和社会公众提供信息服务的信息平台。行政监督平台是行政监督部门和监察机关在线监督电子招标投标活动的信息平台。电子招标投标系统的开发、检测、认证、运营应当遵守本办法及所附《电子招标投标系统技术规范》（以下简称技术规范）。

第四十四条　电子招标投标公共服务平台应当按照本办法和技术规范规定,具备下列主要功能:

(一)链接各级人民政府及其部门网站,收集、整合和发布有关法律法规规章及规范性文件、行政许可、行政处理决定、市场监管和服务的相关信息;

(二)连接电子招标投标交易平台、国家规定的公告媒介,交换、整合和发布本办法第四十一条规定的信息;

(三)连接依法设立的评标专家库,实现专家资源共享;

(四)支持不同电子认证服务机构数字证书的兼容互认;

(五)提供行政监督部门和监察机关依法实施监督、监察所需的监督通道;

(六)整合分析相关数据信息,动态反映招标投标市场运行状况、相关市场主体业绩和信用情况。

属于依法必须公开的信息,公共服务平台应当无偿提供。公共服务平台应同时遵守本办法第八条至第十五条规定。

建设篇

16 企业建设电子招标采购系统如何选择供应商?

A:1. 选择目标领域主流供应商

企业可以通过检测认证机构、专业媒体、公共服务平台等各种渠道了解市场上电子招标采购系统建设领域的主流供应商情况,包括公司规模、业绩案例、技术实力等。

2. 选择具备专业和成熟的系统原型的供应商

考察供应商是否具备专业和成熟的产品,产品是否具备大量成功的企业应用案例,以及产品是否与企业实际需求相匹配。企业选择供应商的过程中,可以先进行系统实测,使用真实的历史项目进行全流程测试,以此检验系统的通畅、稳定和成熟程度,了解供应商产品与企业实际要求的差距,做到心中有数。

3. 选择兼具技术知识和招标采购业务知识的供应商

电子招标采购实质上是信息技术、招标采购业务和法律实务三者的结合,供应商在具备软件技术能力的同时还需熟悉招标采购业务,最好还具备精通招标投标法律实务方面的人才。这样在交流时才能听得懂业务的需求,还能提出更好的建议。

4. 选择口碑良好的供应商

企业可以向供应商的客户了解相关信息,客观考察供应商历史客户的实际使用情况,包括与业务运行要求的符合程度,系统建设过程汇总的经验以及对系统建设的建议,还可以调查供应商产品的客户满意度。

17 企业电子招标采购系统建设方式有哪些？应如何选择？

A：目前，企业电子招标采购系统建设方式总体分为以下三种。

1. 企业自行建设系统，即通过购买硬件和软件的方式建设系统，并负责系统的运行维护。

2. 租用第三方平台，即通过购买服务的方式使用系统，系统运行维护由第三方平台软件公司负责。

3. 合作建设运营，即企业和第三方平台公司合作建设并运营系统，企业无须或少投入建设成本，即可获得与企业采购业务特点相匹配的电子招标采购系统，平台收入由双方共同分配。

比较而言，第一种方式投资大、周期长、风险高、运营成本高，但系统自有自用，可以量身定制，系统功能与企业自身的业务特点适配度高，同时可以与现有管理系统实现无缝对接；第二种方式投资小、周期短，开通即可使用，但是定制化的空间相对较小；第三种方式结合了前两种模式的优势，能快速获得与企业自身的业务特点高适配度的系统，还能分享运营收益。

总体来讲，企业在选择实施路径时要综合考虑各方面的因素。资金雄厚、业务量大、IT 能力强的大型企业,可以自建电子招标采购系统;中小型企业则建议采用购买服务或合作运营的模式,不用投入太多资金和 IT 人员即可实现采购电子化。

18 OA 软件(办公自动化系统)和电子招标采购系统相比有何差异?

A:OA 软件和电子招标采购系统的差异性主要体现在软件类型、设计思路和系统功能三个方面。

1. 软件类型

OA 软件是将文书办公和计算机网络功能结合起来的一种文书办公类系统,应用场景多在公文审批流转、车辆管理等综合性事务管理上。

电子招标采购系统是通过信息系统对招标业务进行管理,实现招标项目各阶段过程信息的前后贯通、工作流程的相对固化规范、招标投标信息资源的共享,以加强业务管控、提升工作效率、实现知识共享、提高服务质量的项目管理类系统。

2. 设计思路

OA 软件一般以管理综合办公业务的思路进行设计和开发,有较好的表单(如招标立项表单)编制、流程审批的功能;以表单、节点为核心对招标项目全部的内容进行人为分割,需要分节点打开各类表单才能知晓某一招标项目具体内容和进展,无法一站式看到具体招标项目的全貌,更无法进行统计分析并按项目进行全流程过程管控。

招标业务是典型的项目管理型业务，相应的系统以项目管理的思路进行设计和开发，可以一站式看到项目的进展情况、项目各节点内容和审批情况等。各类信息以格式化、数字化方式进行分类存储，可以十分方便地实现对各类信息的查询和统计分析。

3. 系统功能

OA软件一般提供适合所有综合管理业务所需要的通用功能，如公文管理、工作计划、工作会议、车辆管理、固定资产、办公用品、通用的表单制作和审批等管理，这些功能是适合所有业务类型的通用功能，不是专门针对招标业务管理而开发的。

电子招标采购系统包括业务管理系统和运营管理系统两大部分，业务管理系统类似于生产性企业的ERP，即招标机构的招标任务委派、招标文件制作、发标、投标、开标、评标、异议、归档等业务节点管理，还包括价格、专家、文件、投标人信息、招标人信息等各类信息资源。运营管理系统包括模板管理、费用管理、审批管理、决策管理、知识管理、权限管理、基础管理等功能。招标业务是经济、技术、法律三方面的结合，专业性很强，业务数据之间有很强关联性，具有典型的项目管理特性。

19 与 OA 软件(办公自动化系统)相比,电子招标采购系统有何优势?

A:1. 具有一定可选择性的流程固化

国家法律、法规、规章对招标业务流程和内容做了明确的定义和要求,因此招标业务的总流程是相对固化的。系统可对招标流程相对固化、对业务节点和业务表单相对固化,具体表单内容也可以相对固定配置,且能实现前后数据的强逻辑性。而 OA 软件中各类流程均可自定义,更为灵活便捷。

2. 招标业务相关信息前后贯通

由于系统对招标业务流程和内容可以相对固化,因此系统中留下的前道工序的业务数据可以自动提供给后道工序使用,无须人工重复录入,实现信息的共享和数据的自动统计汇总。而通用 OA 软件仅是一个按业务节点进行信息编辑、提交、审批、存储的工具,各业务表单之间的信息是割裂的,前后数据没有内在的关系,故无法实现各类数据的分析,也无法实现真正意义上的资源共享。

3. 能获取项目的全景信息

由于电子招标采购系统以项目管理为核心进行设计,能获取招标项目的全景信息、进展情况以及下一步的操作提示等。不了解招投标业务的软件公司很难做出满足招标业务需要的电子招标采购系统。以独立表单为基础的OA软件则无法获取招标项目信息全景。招标项目业务复杂、流程长、节点多,如使用OA软件进行招标业务管理,则需要以众多业务节点作为系统操作的不同入口,操作起来复杂,业务员会使用系统,管理层也很难看到项目的各阶段进展情况与进展状态。

20 电子招标采购系统建设分为哪几个阶段?

A:电子招标采购系统建设共分为项目启动、需求调研、系统设计与开发、系统测试、系统上线、试运行及系统验收七个阶段。

1. 项目启动阶段。供应商任命项目经理、组建项目小组、组织召开项目启动会并确定项目实施的初步计划。

2. 需求调研阶段。项目小组开展系统需求调研,并进行需求分析,编写需求规格说明书,组织开展需求评审。

3. 系统设计与开发阶段。项目小组制订系统开发的详细计划,开展功能与非功能性设计与开发,编制系统设计说明书,开展单元自测,并编制单元自测报告。

4. 系统测试阶段。开展系统功能测试与非功能测试,并编制测试报告。

5. 系统上线阶段。部署系统并发布上线,同时组织用户培训,并编写系统操作手册。

6. 试运行阶段。组织开展系统检测认证,开展系统试运行活动并编写系统试运行报告。

7. 系统验收阶段。项目小组提交验收申请,准备验收材料,由客户组织验收,双方签署验收报告。

21 企业类招标采购系统建设环境有哪些特点?

A:企业类系统相对复杂并且非常灵活,关注的重点是全流程业务、多元化采购方式、规范性、数据分析、业务集成、组织适用性等,其核心是满足企业实际业务要求,企业本身的采购特性决定了企业招标采购系统建设环境的特点。

1. 关注全采购链业务

采购的源头是从计划开始的,包括计划的填报、审批、汇总、授权采购等,计划批准后需编制采购方案,确定采购寻源方式,其次按照公开招标、邀请招标、询价、竞争性谈判等多种采购流程开展不同的采购业务,采购寻源结束后要签订采购合同,以及合同签订后的履行。从企业采购的业务主线可知,企业采购是全采购链的业务运作。

2. 采购业务复杂多样

企业采购的标的物有多种类型。例如,新建厂房、装修改造等施工类,机电设备、生产原材料、零部件、日常办公用品等货物类和法律、审计、咨询等服务类。采购管理模式又分为集中采购、授权采购和自行采购等。在此基础上还需根据不同的采购标的物类别,采用不同的采购策略控制,对比采购价格,开展供应商管理,统计和评估采购执行效果等,企业采购业务的复杂程度可见一斑。

3. 企业组织机构众多

企业中的采购组织一般比较复杂，特别是对于集团型企业，可能有专门的代理机构或专门的采购中心，有采购的管理部门、各级单位也可能自行采购。在采购业务进行时，还需按照管理关系进行相关的审批管理。信息的可见性也需要按照组织、岗位权限划分，跨组织管理也比较常见。总而言之，企业采购不仅组织多，而且关系复杂。

4. 系统环境复杂

从企业信息化规划的角度来说，不同的系统承担不同的职能分工，如办公自动化系统、财务系统、ERP 系统、主数据系统、档案系统等，在不同的系统间往往需要进行数据接口，实现系统互联互通和信息共享。企业招标采购系统也不例外，在建设过程中可能需要与多个系统进行对接。因此，系统软件集成不可避免，再加上网络和硬件的管控，导致系统环境的复杂化。

5. 数据规范复杂

很多企业几乎都会碰到规范不统一的问题，如不同的分子公司采购分类、物料编码，文件模板等不尽相同，企业采购业务的开展因组织多元化导致标准多元化很常见。这是企业招标采购系统建设的一个难题，处理得好，系统建设使用就很顺利，否则将成为一个非常大的阻力。

要想顺利建设企业数字化招标采购系统，除了了解上述特点外，在系统建设实施过程中还需要结合具体的企业个案进行分析，给出针对性的实施方案，才能建设出符合企业特色的、满足企业采购需要的系统。

22 企业类招标采购系统建设技术实现有哪些要点?

A:企业类招标采购系统有其自身的特点和要求,如系统灵活性、开标解密速度、网上评标要求等,因此,系统的技术实现要能满足企业采购需要,体现业务处理效率和易用性。企业类招标采购系统建设技术实现主要有以下五个要点。

1. 系统的柔性和弹性

企业类招标采购系统建设具有组织机构众多、业务复杂多样、数据标准不统一等众多特点,系统建设必须保证足够的柔性和弹性,这同时也是系统实施的难点之一。从技术角度来说,系统要考虑基础模块、核心模块和应用模块三个层次,基础模块可以定义为一些基本的不可分割的最小模块单元,在此基础上构建核心模块;核心模块要考虑功能实现的可用性和拓展性,提供其他模块调用的 API 接口,同时还要考虑参数控制以便做出适应性调整;最后构建真正意义上的系统可用的应用模块,应用模块支撑业务运行,层层递进才能构建出具备柔性和弹性的系统软件。

2. 网上加解密技术实现

加解密技术是电子招标投标交易平台运用的一项必不可少的技术。在招标投标业务中，投标人递交的投标文件是经过 CA 密钥进行加密的，必须在开标环境中进行在线解密，对此，《电子招标投标办法》及其所附技术规范中有明确的要求。系统建设过程中需要仔细研究和实践，确保解密顺利进行，在保证系统稳定运行的同时，支持多人次、大并发同时解密，不断提高解密速度。

3. 文件定位和分页解读

网上评标环节是招标投标活动中多人同时参与的非常重要的环节，从目前企业建设招标采购系统的情况来看，还有很多企业仍然采用线下的方式开展评标活动，企业普遍反映网上评标技术实现效果差，评标效率低下。要想提高评标的效率就要对评标环节中的第一步文件读取进行有效的技术处理。目前，业内较好的做法是对文件进行定位和分页读取，这种做法可以使评委评审投标文件变得更加容易，大大节省了评标时间，提升了用户体验。

4. 费用自动管理

在传统招标采购模式下，财务和业务两条线是不对称的，保证金收退、财务对账等需要投入大量的人力进行核实和确认，效率极其低下。招标采购系统可以实现费用的全流程在线自动化管理，有效提高业务执行效率。如采用第三方支付技术可以实时完成文件购买；采用银企直连保证金虚拟子账号可以实现保证金在线缴纳，通过具体业务与具体账号的绑定，实现保证金缴纳自动识别和一键退还，方便快捷。

5. 模板技术应用

规范性是招标采购系统要解决的重点问题，从系统角度来说，规范性除了流程固化、数据统一外，还包括模板技术的应用。企业招标采购业务中有各种类型的模板，包括采购文件、公告、表单、条款等。在传统模式下，文件编制工作需要耗费大量的人力，而且容易出错。借助模板技术可以实现文件模板化管理和应用，让用户从手动编辑转变为信息核对，提高工作效率的同时实现规范统一。

23 企业应当如何规划电子招标投标交易平台建设工作?

A:在考虑建设电子采购平台前,企业首先应当厘清平台建设的基本目标,即建平台是达到什么目的;这就意味着需要分析企业采购管理的现状,掌握采购业务需求、目前亟待解决的问题以及企业对采购职能的发展要求。

在此基础上,基于建设目标和实际业务需求规划平台功能。通常来说,电子采购平台的功能模块包括采购计划管理、采购需求管理、采购执行、信息资源库、合同管理、供应商管理、运营管理等,此外,具体功能点根据不同企业的业务需求和管理侧重均有差异。

除此之外,还需考虑系统接口和数据使用问题,实现各业务系统之间的对接和集成,将分散在各业务系统间的数据进行整合,保证数据一致性、完整性,为采购数据分析和决策做好底层设计。

24 平台建设过程中，有必要引入外部咨询吗？

A：对于首次实施电子招标采购系统的企业来说，这一系统仍属于新兴事物，缺乏实施经验和专业的团队，在系统建设的筹备、实施和运营中摸着石头过河，容易导致系统建设周期长、成本高、应用效果不及预期、难以推广等问题。引入专业的外部咨询力量可以从以下四个方面帮助企业顺利推动平台建设工作开展：

1. 客观中立，协调内部意见

在常见的平台建设模式中，往往采用建设方和开发方两方合作的方式，由双方抽调人员成立统一的项目组，在具体工作中，由于双方代表的利益体不同，开发的项目成员希望以最小的投入和最短的周期完成项目开发，而建设方则希望达到最完善的功能和最优的使用体验，加上双方知识的不对称，容易导致双方沟通不畅。咨询顾问可以从第三方的立场，本着满足需求、最简流程、最优效果的原则，协调项目组内部意见，打通业务和技术之间的障碍。

2. 整合资源，发挥多方合力

电子采购系统涉及面广，实施难度大，需要与多个部门的系统和数据进行对接，咨询顾问作为独立第三方，能够从客观的角度，整合相关资源，发挥合力，推动系统建设工作顺利开展。

3. 经验丰富,分享最佳实践

咨询团队具备丰富的项目经验,在项目开展过程中引入外部咨询,能够充分借鉴同行业先进企业的领先实践,了解构建采购体系建设过程中的成功经验与失败教训,在博采众家之长的基础上制订出更为科学、客观、专业的设计方案,规划出更为合理的实施路径。

4. 专业融汇,规避建设风险

咨询顾问在管理咨询、功能规划和实施监控方面都具备很强的专业性,一方面,可以对企业现有的招标采购操作和管理制度进行梳理,建立统一完善的管理体系;另一方面,咨询顾问具备多行业、各类型招标采购项目的经验,在系统功能设计时可以结合各类项目的特性与企业实际情况进行个性化设计和建设。同时,在项目实施过程中,可协调建设方和开发方的步调,站在第三方立场,本着客观公正、忠于系统需求的原则,全力推动和监控系统建设的实施过程,保证系统在实施过程中不走样。

25 企业自建电子交易平台的，如何提高数据利用水平，为采购决策提供支持？

A：企业如何真正将数据用起来，为采购决策提供真实可靠的依据，需要解决两个关键问题。

1. 数据从哪里来？

数据分析的前提在于具有充足的数据，完整、可靠的数据资源离不开采购的信息化和电子化，企业在采购信息化建设过程中选择自建电子交易平台的，需关注以下三点：

（1）要建立统一的数据规范，避免业务人员在使用平台时按各自的理解输入数据的随意性；

（2）要对业务流程进行精细化管理，将业务过程文件、业务数据和基础数据高度结构化，为数据利用奠定坚实基础；

（3）要实现各业务系统之间的对接和集成，将分散在各业务系统间的数据进行整合，保障数据一致性、完整性。

2. 如何分析采购数据？

在这个问题上，企业往往对“应当从哪些方面分析数据？需要分析哪些数据？采用哪种分析方法？如何识别改善机会”这几点存在困惑。

首先，需明确数据分析的主题，这决定了分析方向。常见的采购数据分析主题包括针对采购效能的分析、采购成本分析、供应商资源分析、采购风险分析等。

确定分析主题后即可进一步构建分析内容，确定数据分析的具体方法，并收集所需源数据。

以采购效能分析为例，可以开展基于采购方式的全过程效率分析、采购人员项目执行效率分析、基于任务的人员工作效率分析等，根据具体的分析维度确定数据来源，获取源数据。

在此基础上，可以针对不同的分析主题和分析维度选择相匹配的统计分析方法，包括描述性统计、假设检验、相关性分析、聚类分析、因子分析等，并根据数据分析的表现识别其中可能存在的问题与改善机会。

以基于任务的人员工作效率分析为例，可以通过各类任务的平均耗时时长、单一任务耗时时长以及人员工作时长来测算采购人员的实际工作效能，为岗位设置和人员优化提供参考依据。

其次，还可以数据分析为基础为实际应用场景建立模型，如通过成本—价格模型，结合商品数量和供应商折扣自动推荐最优签约价格等，让数据分析的成果真正应用于实际采购业务，为管理决策提供支持。

26 电子交易平台运营管理包括哪些内容?

A:平台运营管理的目的是保证平台存续与发展,提升平台服务,发展更多的用户并获得更大收益。电子交易平台运营管理一般包括以下内容:

1. 平台功能的优化、迭代升级;
2. 平台运营管理制度、服务流程的建设与完善;
3. 平台组织架构的建设、人员岗位的设置管理;
4. 平台增值服务规划;
5. 平台日常维护、推广、投诉、售后服务等。

27 企业应当如何建设电子交易平台运营体系?

A:企业建设平台在运营前首先应当明确平台服务的对象、平台运营的总体思路、总体目标和策略,制订阶段性的运营推广计划。

其次,建设平台运营团队,并根据阶段性运营计划设置团队人数,运营团队成员一般由客户服务、技术运维、业务运营、产品运营、数据运营、内容运营和平台推广人员组成,客户服务岗承担面向用户的电话咨询和服务工作,对客户满意度负责;技术运维岗承担对客户服务团队收集到的技术问题处理工作,进行硬件及网络运维并保证系统安全、高效、稳定运行;业务运营岗主要针对第三方电子交易平台设置,承担面向对租户的服务,推动客户进驻;产品运营岗通过对用户数据的搜集和分析发现系统不完善的地方,并向研发团队提出系统优化建议,提升用户体验;数据运营岗配合产品运营和业务运营对平台各项数据进行分析和挖掘;内容运营岗主要负责操作手册、常见问题等网站内容维护,以及微信公众号运营;平台推广岗则负责平台推广培训、现场指导等工作。企业可根据实际情况合并或增减岗位设置。

为保证平台运营的有序性,还需建立相应的平台运营管理制度及服务流程,如操作及运行过程监控制度、变更管理制度、业务连续性和应急响应制度、安全审计制度、认证证书使用管理制度、公共服务平台互联互通制度等。

针对不同的平台用户还可以提供不同的增值服务，如广告服务、培训服务、数据分析、采购文件模板共享、平台专家库共享等。

28 电子招标采购系统建成后,企业应当如何推广?

A:企业电子招标采购系统建成后,在企业内部推广使用可能遇到阻碍,员工排斥情绪明显,技能跟不上,导致系统使用效果不理想。对此,企业可以从以下四个方面进行解决。

1. 加强高层宣贯

高层领导应当加强宣贯,说明公司开展采购电子化变革的目标、原因、计划、预期达到的效果,以及此次变革与每个人的具体关联,让员工充分理解此次变革的真正意义与紧迫性,改变员工意识,提高员工的重视程度。同时,在推广过程中,召开阶段性的电子化应用效果总结会议,总结企业电子化的应用程度、达到的效果以及待改进的问题,让员工看得见成果、找得到方向。

2. 设置激励制度

可以推出一定的激励措施,如奖金激励、假期激励、绩效激励等,对表现出色的员工予以赞赏和嘉奖,提高员工使用电子招标采购系统的积极性。同时,尽所能为因采购电子化变革而蒙受损失的一些供应商提供补偿,并对其中全力支持变革工作的一些供应商进行嘉奖,使他们在内部评级、优先付款等方面获得实惠。

3. 强化操作培训

不是每个员工都具备变革所需的信息技术能力，企业应当强化操作培训，保证相关人员能够无障碍使用系统，但是经过培训，可能仍会存在部分员工无法满足要求的现象，对于这部分员工，企业可以进行转岗或其他安排。对于供应商和专家，企业可以提供详细的系统操作手册、操作视频以及线上操作解答，有条件的可以组织集中的操作培训。

4. 加强沟通交流

在变革过程中，企业还应当加强与员工、供应商、专家之间的沟通，鼓励每个人公开表达顾虑，积极解决相关问题，避免让传言和负面声音干扰推广实施。

29 企业自建自用的电子招标采购平台也必须进行检测认证吗？

A：根据《电子招标投标办法》的规定，中华人民共和国境内的所有电子招标投标交易平台必须进行检测及认证，未按照规定通过检测和认证的，不得交付使用，已经运营使用的应当停止运营。

电子招标投标交易平台是以数据电文形式完成招标投标交易活动的信息平台，企业自建自用的电子招标采购平台，具有招标投标交易功能的，也属于电子招标投标交易平台的范畴，也应当完成检测认证。

【法律与政策依据】

《电子招标投标办法》

第三条（第二款） 交易平台是以数据电文形式完成招标投标交易活动的信息平台。公共服务平台是满足交易平台之间信息交换、资源共享需要，并为市场主体、行政监督部门和社会公众提供信息服务的信息平台。行政监督平台是行政监督部门和监察机关在线监督电子招标投标活动的信息平台。电子招标投标系统的开发、检测、认证、运营应当遵守本办法及所附《电子招标投标系统技术规范》（以下简称技术规范）。

第十条(第一款)　电子招标投标交易平台应当依照《中华人民共和国认证认可条例》等有关规定进行检测、认证,通过检测、认证的电子招标投标交易平台应当在省级以上电子招标投标公共服务平台上公布。

第五十三条　电子招标投标系统有下列情形的,责令改正;拒不改正的,不得交付使用,已经运营的应当停止运营。

……

(七)未按照规定通过检测和认证。

30 电子招标投标系统检测与认证有何区别?

A:1. 所处的阶段不同

检测和认证是相对独立的活动,检测是认证前的准备,检测报告是认证的重要依据。

2. 针对的对象不同

检测的主要对象是电子招标投标系统,认证的主要对象是电子招标投标系统运营机构。

3. 评价的内容不同

检测是按照检测技术规范对软件的数据项、业务规则、功能、接口、性能、安全性、可靠性、易用性和运行环境等内容进行的技术性检测;认证是对电子招标投标系统运营体系是否满足合法性、风险防范和可持续性等要求进行的审查评价,审查内容包括招标投标系统检测报告、招标投标系统试运行报告、持续性符合措施、平台运行管理制度、运营岗位人员和职责设置方案等。

4. 结果的含义不同

检测通过后出具的检测报告是系统检测合格的最终结果,认证通过后颁发的认证证书是管理体系认证合格的最终结果,二者是电子招标投标系统的技术和管理体系标准符合性的第三方证明。

【法律与政策依据】

《电子招标投标系统检测认证管理办法(试行)》

第六条　负责招标投标系统日常运营的机构(以下简称运营机构)向认证机构提出检测认证委托,并在认证机构签约的实验室名录中自主选择符合本办法规定的实验室进行检测。运营机构应当与其委托的实验室签订检测委托合同,合同应当包括检测范围、检测内容、检测费用、检测期限、出具检测报告的时间,以及技术保密事项等内容。

第九条(第二款)　招标投标系统检测应当包括数据项、业务规则、功能、接口、性能、安全性、可靠性、易用性、运行环境等内容,并对招标投标系统的需求、设计和使用等相关文档进行审核。

第十八条　认证机构受理运营机构的认证委托后,应当按照认证规则要求,对运营机构提交的招标投标系统检测报告、招标投标系统试运行报告、持续性符合措施进行文件审查,并可根据情况对招标投标系统的持续符合保证能力进行现场审查。

符合认证要求的,认证机构出具数据电文形式和纸质形式的认证证书,并将数据电文形式认证证书交互至省级以上电子招标投标公共服务平台公布。不符合认证要求的,认证机构应当以书面形式告知其原因。

31 电子招标投标交易平台检测认证的基本流程是怎样的？

A:电子招标投标交易平台检测认证的基本流程可分为检测准备、检测及整改、试运行、认证及整改四个阶段。

1. 检测准备阶段

交易平台运营机构在检测准备阶段需要确定认证机构并完成合同签订、准备认证申请资料并向认证机构提交认证申请、完成交易平台与国家招标投标公共服务平台的对接、从认证机构签约的实验室名录中确定检测机构并向检测机构提交检测申请资料、搭建检测测试环境等。

2. 检测及整改阶段

检测及整改阶段，检测机构对交易平台进行一轮检测并出具检测问题清单，运营机构根据检测问题清单进行整改，整改结束后联系检测机构针对一轮检测缺陷进行回归检测，回归检测通过后，由检测机构出具检测报告。

3. 试运行阶段

检测合格后，运营机构需要组织从出具检测报告之日起为期 2 个月至 6 个月的系统试运行，提供至少三个成功的项目案例，并在试运行结束后编写系统试运行报告,并提交检测机构盖章确认。

4. 认证及整改阶段

进入认证及整改阶段,交易平台运营机构准备认证资料并提交至认证机构,由认证机构进行文件审核及现场审核并出具问题报告,运营机构根据问题报告按要求完成整改,整改结束后联系认证机构进行验收,验收通过后由认证机构颁发认证证书和认证标识。

【法律与政策依据】

《电子招标投标系统检测认证管理办法(试行)》

第六条　负责招标投标系统日常运营的机构(以下简称运营机构)向认证机构提出检测认证委托,并在认证机构签约的实验室名录中自主选择符合本办法规定的实验室进行检测。运营机构应当与其委托的实验室签订检测委托合同,合同应当包括检测范围、检测内容、检测费用、检测期限、出具检测报告的时间,以及技术保密事项等内容。

第七条　运营机构应当依据所签订的合同向委托的实验室提供以下资料:

(一)受检招标投标系统的检测需求、设计方案、使用维护等相关说明;

(二)受检招标投标系统能够实现的基本功能定位、网络结构拓扑图及运行环境软硬件配置说明;

(三)受检招标投标系统符合《电子招标投标办法》及《技术规范》规定的要求,并能在线完成招标投标交易或公共服务流程的证明材料以及平台标识代码;

(四)受检招标投标系统与电子招标投标公共服务平台和行政监督平台实现对接并具备数据交换功能的证明材料;

(五)受检招标投标系统符合国家有关招标投标法律法规并与实际运营的招标投标系统相一致的声明。

第九条　实验室应当依照本办法及《电子招标投标系统检测技术规范》(以下简称《检测规范》)等确定的检测内容、要求和程序进行检测。

招标投标系统检测应当包括数据项、业务规则、功能、接口、性能、安全性、可靠性、易用性、运行环境等内容,并对招标投标系统的需求、设计和使用等相关文档进行审核。

第十条　实验室发现受检招标投标系统不具备检测条件或者招标投标系统中有部分检测项不符合《检测规范》要求的,运营机构应当在修改或者重新设计后再次进行检测。运营机构可以根据招标投标系统建设情况和实际需要,请实验室提前进行部分检测,但实验室只对受检招标投标系统一次性出具最终检测报告。

第十二条　招标投标系统经检测合格后,实验室应当按照有关规定,向运营机构出具数据电文形式且经过电子签名的检测报告,并交互至省级以上电子招标投标公共服务平台公布。检测报告至少包括以下内容:

(一)受检招标投标系统名称、版本及运行环境;

(二)受检招标投标系统的建设、运营和开发机构身份、资格和相关负责人姓名;

(三)检测时限、范围;

(四)检测工具及环境说明;

(五)实验室名称、检测人员;

(六)检测内容、检测方法及检测依据;

(七)受检招标投标系统可以实现的全部功能以及与电子招标投标公共服务平台和行政监督平台实现对接并具备数据交换功能的验证证明及平台标识代码;

(八)运营机构提供的受检招标投标系统符合国家有关招标投标法律法规并与实际运营招标投标系统相一致的声明;

(九)检测结论。

实验室对其作出的检测报告以及结论负责。

第十三条　招标投标系统检测合格后,运营机构应当在获得认证证书前自行组织招标投标系统试运行。招标投标系统试运行期限从出具检测报告之日起计算,不少于两个月但不得超过半年,在试运行期限内应当达到至少3个成功运行的案例。

招标投标系统试运行期间,实验室应当依据合同对招标投标系统整改给予支持和配合,并提供相关证明材料。招标投标系统试运行结束后,运营机构应当编写招标投标系统试运行报告,报告主要包括以下内容:

(一)验证和记录招标投标系统实际试运行过程、与电子招标投标公共服务平台和行政监督平台的对接和数据交换情况,招标投标系统存在问题和整改情况等;

(二)根据《技术规范》的要求,为保证招标投标系统持续符合技术标准及招标投标法律法规规定所制订的技术、管理措施及风险防范措施的文件。

第十四条 运营机构可以自主选择和委托符合本办法规定的认证机构对其招标投标系统进行认证,并与认证机构签订认证委托合同。合同应当包括认证内容、认证方法、认证费用、认证时限,以及技术保密事项等内容。

第十五条 运营机构应当向认证机构提交以下材料:

(一)认证委托书,包括运营机构及其相关专业负责人的身份、资格等证明材料;

(二)招标投标系统检测报告及相关附件;

(三)招标投标系统试运行报告;

(四)保证招标投标系统合法、安全、规范运营及数据真实性、可靠性的技术措施和管理制度,运营岗位人员和职责设置方案;

(五)用户投诉及监管部门处理情况;

(六)认证机构要求的其他材料。

第十八条 认证机构受理运营机构的认证委托后,应当按照认证规则要求,对运营机构提交的招标投标系统检测报告、招标投标系统试运行报告、持续性符合措施进行文件审查,并可根据情况对招标投标系统的持续符合保证能力进行现场审查。

符合认证要求的,认证机构出具数据电文形式和纸质形式的认证证书,并将数据电文形式认证证书交互至省级以上电子招标投标公共服务平台公布。不符合认证要求的,认证机构应当以书面形式告知其原因。

32 电子招标投标交易平台应先与公共服务平台对接还是先检测认证?

A:应先完成与国家公共服务平台的对接,再进行检测认证。

根据《电子招标投标系统检测认证管理办法(试行)》第7条的规定,检测开始前,交易平台运营机构应当依据所签订的检测委托合同向委托的实验室提供受检招标投标系统与电子招标投标公共服务平台和行政监督平台实现对接并具备数据交换功能的证明材料。

【法律与政策依据】

《电子招标投标系统检测认证管理办法(试行)》

第七条　运营机构应当依据所签订的合同向委托的实验室提供以下资料:

……

(四)受检招标投标系统与电子招标投标公共服务平台和行政监督平台实现对接并具备数据交换功能的证明材料;

……

33 电子招标投标系统检测认证过程中，系统需具备哪些基本条件才能进入检测认证的试运行阶段？

A：1. 已完成电子招标投标系统的建设并经自检符合设计方案要求，排除了设计中的主要缺陷和问题，达到了正常运行的要求。

2. 经过检测机构初步检测，符合《技术规范》的要求，能与相关系统正常交换数据，实现信息共享。

3. 建立了相应的运营团队，配备了工作人员，建立了电子招标投标系统服务管理体系。

【法律与政策依据】

《电子招标投标系统检测认证管理办法（试行）》

第十三条（第一款）　招标投标系统检测合格后，运营机构应当在获得认证证书前自行组织招标投标系统试运行。招标投标系统试运行期限从出具检测报告之日起计算，不少于两个月但不得超过半年，在试运行期限内应当达到至少 3 个成功运行的案例。

34《电子招标投标系统检测认证管理办法(试行)》为什么要求系统在检测合格后和认证前开展试运行?

A:试运行是检测和认证共同提出的要求,在检测认证中占有重要的地位。《电子招标投标系统检测认证管理办法(试行)》要求运营机构在系统初步检测合格后和认证前开展试运行,主要出于以下两个方面的考虑:

1. 电子招标投标系统作为一个技术设施,在设计开发并完成初步检测后,需要通过实际运营来验证其是否达到了设计要求,发现问题,进而改进完善。

2. 作为与系统运行配套的管理体系,也需要通过试运行来验证其与技术体系的一致性和可行性,最终确认管理体系的可持续性。

试运行是电子招标投标系统在技术上达到了基本要求,在管理上建立了电子招标投标信息技术服务管理体系后所进行的实际运行验证,是对电子招标投标系统技术标准符合性的最终确认,也是进行信息管理体系认证前的准备。

35 电子招标投标交易平台认证阶段需要提交哪些资料？

A：1. 招标投标系统检测报告及相关附件；

2. 招标投标系统试运行报告；

3. 保证招标投标系统合法、安全、规范运营及数据真实性、可靠性的技术措施和管理制度，运营岗位人员和职责设置方案；

4. 用户投诉及监管部门处理情况；

5. 认证机构要求的其他材料。

【法律与政策依据】

《电子招标投标系统检测认证管理办法（试行）》

第十五条　运营机构应当向认证机构提交以下材料：

（一）认证委托书，包括运营机构及其相关专业负责人的身份、资格等证明材料；

（二）招标投标系统检测报告及相关附件；

（三）招标投标系统试运行报告；

（四）保证招标投标系统合法、安全、规范运营及数据真实性、可靠性的技

术措施和管理制度,运营岗位人员和职责设置方案;

(五)用户投诉及监管部门处理情况;

(六)认证机构要求的其他材料。

36 电子招标投标交易平台认证级别共分为几级？是如何认定的？

A:电子招标投标交易平台认证分为一星、二星和三星三个级别。

一星级为基础级,需具备以线上方式完成招标投标全部过程的基本功能。

二星级为标准级,需具备实现全流程无纸化在线招标投标的功能。

三星级为优化级,需在标准级基础上具备其他相关优化服务功能。

【法律与政策依据】

《电子招标投标系统交易平台认证技术规范》

4.2　认证级别

认证划分为一星、二星和三星三个级别

一星级:基础级,具备以线上方式完成招标投标全部过程的基本功能。

二星级:标准级,具备实现全流程无纸化在线招标投标的功能。

三星级:优化级,在标准级基础上具备其他相关优化服务功能。

37 电子招标投标交易平台认证证书有效期为多久？证书失效未及时更新，有何影响？

A：电子招标投标交易平台认证证书有效期为三年。

认证证书失效，运营机构未申请延续使用的，认证机构应当注销认证证书。

电子交易平台需同时通过检测和认证方可交付运营，认证证书是电子招标投标交易平台按规定通过认证的重要凭证，认证证书失效意味着交易平台在证书失效期间未按规定通过检测和认证，根据《电子招标投标办法》第53条的规定，已运行的交易平台应当停止运营。

【法律与政策依据】

《电子招标投标办法》

第五十三条　电子招标投标系统有下列情形的，责令改正；拒不改正的，不得交付使用，已经运营的应当停止运营。

……

（七）未按照规定通过检测和认证。

《电子招标投标系统检测认证管理办法（试行）》

第二十四条　认证证书有效期为三年。有效期届满前6个月内，认证委托人应当办理重新认证。

第二十七条　有下列情形之一的，认证机构应当注销认证证书：

（一）认证证书有效期届满，运营机构未申请延续使用的；

……

实践篇

38 电子招标投标第三方交易平台众多，招标人应如何选择？

A：招标人选择第三方交易平台时应综合考虑以下六个方面：

1. 合法合规建设

平台应符合国家相关法律法规规章，在招标采购领域具有先进性、代表性。满足招标人、招标代理机构、投标人/供应商、评审专家、监督人员等各方主体在业务工作中的使用需求。

平台需具备国家认监委认可的电子招投标系统认证机构颁发的电子招标投标系统认证证书，确保平台合法合规，最好同时具备公安机关颁发的信息系统安全等级保护备案证明，保证平台的安全性。

2. 功能成熟稳定，并被大规模使用

平台应支持各种采购方式、满足工程建设项目不同行业（房屋建筑、市政工程、公路工程、水利工程等）项目招标投标和生产运营采购需求。

平台应已经受大量全流程项目考验，功能成熟稳定。现在很多交易平台上的业务数据大部分都是半流程的，全流程数据并不多。经受过大量全流程电子化项目验证的电子交易平台，其运营机构对解决业务开展中发生的实际问题具备更加丰富的经验。对于专门从事某一行业的招标人或招标代理机构，选择交易平台时，还需注意所选择的交易平台在此行业是否有成熟案例。

3. 制度体系完善

平台运营工作是一项非常严密且复杂的工作，需具备完善的管理制度和健全的运营体系，才能确保服务的效率和质量，降低和规避运营风险。

招标人和招标代理机构在选择交易平台时，应考察平台是否具备相应的运营管理制度，如《机构人员设置及职责分工细则》《CA证书管理办法》《客户服务管理办法》及配套的《客户服务标准话术》《现场监督管理办法》《安全审计制度》《应急保障机制》及其《操作手册》《存储介质安全管理规范》《网络系统安全巡检规范》《员工信息安全守则》《保密工作制度》《平台运维手册》《数据安全管理办法》《系统发布管理办法》《档案管理办法》等。

4. 服务体系健全

需考察所选择的交易平台如何面向代理机构/采购人及其专家提供服务，如何面向投标人/供应商提供服务，如何为评委提供服务。服务人员应当按服务对象类别单独配置，并具备详细的服务操作流程。

5. 知识库齐备

平台应具备完善的操作手册、操作讲解视频及常见问答等。

6. 收费合理

平台收费模式符合国家相关法律要求，具备成熟的收费方案并被市场主体接受。

39 电子交易平台注册需要交费吗？

A：不需要。

根据《电子招标投标办法》第9条的规定，电子招标投标交易平台应当允许社会公众、市场主体免费注册登录和获取依法公开的招标投标信息，为招标投标活动当事人、行政监督部门和监察机关按各自职责和注册权限登录使用交易平台提供必要条件。

因此，无论是招标人、招标代理机构、投标人还是评委专家，在交易平台上进行注册登录都应该是免费的。现实情况中，部分行业或地方区域的交易平台，借助其实质上的垄断地位在注册登记环节巧立名目，强制收费，如允许投标人免费提交注册信息，但需要通过“审核”“认证”才能正常使用平台功能，参与项目投标，这种做法实质上是违法的。

【法律与政策依据】

《电子招标投标办法》

第九条　电子招标投标交易平台应当允许社会公众、市场主体免费注册登录和获取依法公开的招标投标信息，为招标投标活动当事人、行政监督部门和监察机关按各自职责和注册权限登录使用交易平台提供必要条件。

40 什么是数字证书(CA)?电子招标投标活动中,数字证书(CA)有何用处?

A:数字证书是互联网通信中标志通信各方身份信息的一串数字,数字证书由经国家工信部认证的机构——CA机构发行,人们可以在网上用它来识别持证人的身份。

根据《电子招标投标办法》及技术规范的要求,应使用有关部门认可的合法电子认证服务机构提供的CA数字证书对交易主体身份标识与鉴别。需要进行身份标识与鉴别的电子招标投标交易行为包括:递交资格预审申请文件、递交投标文件、递交投标保证金、撤回投标文件、确认开标记录、递交回执、发出中标通知书、签订合同(协议书)等需要招标投标主体承担相应法律责任的电子招标投标行为。

除此之外,CA数字证书还可以用于投标文件的加密和解密、数据电文的签名或签章。

【法律与政策依据】

《技术规范》

3.29 CA证书 certification authority certificate

经过有关部门认可的电子认证服务机构基于PKI技术签发、认证和管理的数字证书。CA 证书具有数据电文交换中身份识别、电子签名、加密解密等功能。CA 证书主要内容包括：证书服务机构的名称、证书持有人的名称及其签名验证数据、证书序列号、有效期、服务机构签名等。

8.2 安全性

8.2.1 身份标识与鉴别

应对招标人、招标代理机构、投标人、授权评标专家等登录用户进行身份标识与鉴别，并提供身份标识唯一性检查功能。应采用以下措施，确保用户身份不易被冒用：

……

c)应使用有关部门认可的合法电子认证服务机构提供的 CA 数字证书对交易主体身份标识与鉴别，需要进行身份标识与鉴别的电子招标投标交易行为包括：递交资格预审申请文件、递交投标文件、递交投标保证金、撤回投标文件、确认开标记录、递交回执、发出中标通知书、签订合同（协议书）等需要招标投标主体承担相应法律责任的电子招标投标行为。

……

41 招标机构或投标人必须办理数字证书(CA)才能使用电子招标投标交易平台吗?

A:从广义的使用含义来看,可以不办理数字证书(CA)。

若招标机构或投标人仅注册、登录交易平台,并不在交易平台上进行需要身份标识与鉴别并承担相应法律责任的电子招标投标行为,可以不办理数字证书(CA)。

若招标机构或投标人需在交易平台上进行递交资格预审申请文件、递交投标文件、递交投标保证金、撤回投标文件、确认开标记录、递交回执、发出中标通知书、签订合同(协议书)等需要身份标识与鉴别,以及招标投标主体承担相应法律责任的电子招标投标行为,根据《技术规范》的规定,应使用有关部门认可的合法电子认证服务机构提供的CA数字证书对交易主体身份标识与鉴别。此时,招标机构或投标人必须办理数字证书(CA)。

【法律与政策依据】

《技术规范》

8.2 安全性

8.2.1 身份标识与鉴别

应对招标人、招标代理机构、投标人、授权评标专家等登录用户进行身份标

识与鉴别,并提供身份标识唯一性检查功能。应采用以下措施,确保用户身份不易被冒用:

……

c)应使用有关部门认可的合法电子认证服务机构提供的CA数字证书对交易主体身份标识与鉴别,需要进行身份标识与鉴别的电子招标投标交易行为包括:递交资格预审申请文件、递交投标文件、递交投标保证金、撤回投标文件、确认开标记录、递交回执、发出中标通知书、签订合同(协议书)等需要招标投标主体承担相应法律责任的电子招标投标行为。

……

42 电子文件与纸质文件是否具有相同的法律效力?

A:《电子签名法》第 14 条明确指出"可靠的电子签名与手写签名或者盖章具有同等的法律效力"。电子签名同时符合下列条件的,视为可靠的电子签名:

1. 电子签名制作数据用于电子签名时,属于电子签名人专有;
2. 签署时电子签名制作数据仅由电子签名人控制;
3. 签署后对电子签名的任何改动能够被发现;
4. 签署后对数据电文内容和形式的任何改动能够被发现。

对于电子招标投标活动中由电子签名(章)所签署的投标文件、评标报告等,只要其电子签名能够满足法律规定并具备可靠的电子签名的条件,就能够与手写签名或盖章产生同等法律约束力。

此外,《电子招标投标办法》第 2 条第 3 款中规定,"数据电文形式与纸质形式的招标投标活动具有同等法律效力",《民事诉讼法》第 63 条规定:证据包括电子数据。也就是说,招标投标活动的法律效力并不受其表现形式的影响,数据电文形成的电子文件在诉讼时可以作为证据使用。

【法律与政策依据】

《电子签名法》

第十三条　电子签名同时符合下列条件的,视为可靠的电子签名:

(一)电子签名制作数据用于电子签名时,属于电子签名人专有;

(二)签署时电子签名制作数据仅由电子签名人控制;

(三)签署后对电子签名的任何改动能够被发现;

(四)签署后对数据电文内容和形式的任何改动能够被发现。

当事人也可以选择使用符合其约定的可靠条件的电子签名。

第十四条　可靠的电子签名与手写签名或者盖章具有同等的法律效力。

《电子招标投标办法》

第二条(第三款)　数据电文形式与纸质形式的招标投标活动具有同等法律效力。

《民事诉讼法》

第六十三条　证据包括:

……

(五)电子数据;

……

43 线上线下同步开展招标投标活动，投标人提交的投标材料不一致时，以哪个版本为准？

A：依据我国《电子招标投标办法》第62条的规定，“当纸质文件与数据电文不一致时，除招标文件特别约定外，以数据电文为准”。所以，如果没有特别约定的，应以线上提交的数据电子文件为准。反之，在纸质模式向电子模式转型的过渡阶段，仍希望以线下纸质文件为准的，应当在招标文件中做出特别约定。例如，“电子招投标试运行阶段，线上线下并行提交投标材料，线上操作失误时或线上线下投标材料不一致时，以线下提交的为准”。

【法律与政策依据】

《电子招标投标办法》

第六十二条　电子招标投标某些环节需要同时使用纸质文件的，应当在招标文件中明确约定；当纸质文件与数据电文不一致时，除招标文件特别约定外，以数据电文为准。

44 电子招标投标交易平台运营机构具有哪些法定保密义务?

A:在电子招标投标活动中,电子招标投标交易平台的运营机构提供信息系统及相关服务,潜在投标人的注册登记信息、获取文件记录、评委评审信息等都存放在交易平台的服务器中,交易平台运营机构相关人员极易知悉。所以在电子招标投标活动中,招标人、招标代理机构应当承担的法定保密义务,电子招标投标交易平台运营机构同样也应当承担。

《招标投标法》《电子招标投标办法》规定交易平台运营机构具备以下保密义务:

1. 在投标截止时间前,电子招标投标交易平台运营机构不得向招标人或其委托的招标代理机构以外的任何单位和个人泄露下载资格预审文件、招标文件的潜在投标人名称、数量以及可能影响公平竞争的其他信息;

2. 在投标截止时间前,除投标人补充、修改或者撤回投标文件外,任何单位和个人不得解密、提取投标文件;

3. 在中标结果确定前对评标委员会名单以及相关评审信息进行保密;

4. 招标人设有标底的,对标底进行保密。

【法律与政策依据】

《招标投标法》

第二十二条　招标人不得向他人透露已获取招标文件的潜在投标人的名称、数量以及可能影响公平竞争的有关招标投标的其他情况。

招标人设有标底的，标底必须保密。

第三十八条　招标人应当采取必要的措施，保证评标在严格保密的情况下进行。

任何单位和个人不得非法干预、影响评标的过程和结果。

《电子招标投标办法》

第二十一条　在投标截止时间前，电子招标投标交易平台运营机构不得向招标人或者其委托的招标代理机构以外的任何单位和个人泄露下载资格预审文件、招标文件的潜在投标人名称、数量以及可能影响公平竞争的其他信息。

第二十七条（第三款）　在投标截止时间前，除投标人补充、修改或者撤回投标文件外，任何单位和个人不得解密、提取投标文件。

45 电子招标投标交易平台上产生的数据应当归谁所有？

A：电子招标投标交易平台上的数据大致可分为个人信息、原始数据和经专业化处理产生的再生数据三类。

个人信息是指以电子或者其他方式记录的能够单独或者与其他信息结合识别自然人个人身份的各种信息，包括但不限于自然人的姓名、出生日期、身份证件号码、个人生物识别信息、住址、电话号码等。

原始数据是指终端用户在招标投标交易活动中使用交易平台而产生的数据。例如，招标人发布的公告信息、投标人的投标文件、投标人的投标次数等。

经专业化处理产生的再生数据是指交易平台经授权提取、处理和分析海量原始数据后，形成的数据资产。例如，投标文件智能评分模型、投标报价价格分析模型等。

对于电子交易平台数据所有权归属问题，法律并未作明确规定。目前普遍认为，个人信息和原始数据归数据生产方所有，经专业化处理产生的再生数据，归赋予其价值的人所有。

1. 个人信息归个人所有

平台用户基于使用平台功能的需要，在平台上上传和录入个人信息如姓名、身份证号码、联系地址、联系方式等，以及组织的信息如机构名称、代码、员工人数等，这些信息应当归用户所有。

2. 原始数据初始所有权归终端用户所有

当前，对于用户使用平台而产生的数据即原始数据归谁所有，在法律上还没有明确的规定。但由于原始数据与被记录主体息息相关，初始所有权一般归被记录者即终端用户更为合适。

3. 经过专业化加工后的再生数据，应当归赋予其价值的人所有

再生数据是经原始数据清洗、分析，形成价值之后的数据资产，这种加工行为，不是简单地汇编排序，而是通过有效地汇聚、利用和分析数据，提供完整的数据集成、清洗、比对、管理、挖掘、应用、共享等端到端的解决方案，使之产生更大的新价值。其特点在于，如果加工者不一样，那么生成的数据资产的结果也不一样，加工者决定了最终生成的数据资产的价值。因此，从这一点来说，经过专业化加工后的再生数据，应当归赋予其价值的人所有。例如，评委对投标文件的各项打分属于原始数据，而基于海量的评委打分和投标文件分析，设计出的智能评分模型，则是经处理后的数据资产，应当归模型设计者所有。

为更进一步明确交易平台数据的产权归属，避免纠纷，招标机构与交易平台应当在平台入驻协议中进行明确。

【法律与政策依据】

《电子招标投标办法》

第十六条　招标人或者其委托的招标代理机构应当在其使用的电子招标投标交易平台注册登记，选择使用除招标人或招标代理机构之外第三方运营的电子招标投标交易平台的，还应当与电子招标投标交易平台运营机构签订使用合同，明确服务内容、服务质量、服务费用等权利和义务，并对服务过程中相关信息的产权归属、保密责任、存档等依法作出约定。

电子招标投标交易平台运营机构不得以技术和数据接口配套为由，要求潜在投标人购买指定的工具软件。

《网络安全法》

第四十一条　网络运营者收集、使用个人信息,应当遵循合法、正当、必要的原则,公开收集、使用规则,明示收集、使用信息的目的、方式和范围,并经被收集者同意。

网络运营者不得收集与其提供的服务无关的个人信息,不得违反法律、行政法规的规定和双方的约定收集、使用个人信息,并应当依照法律、行政法规的规定和与用户的约定,处理其保存的个人信息。

第七十六条　本法下列用语的含义:

……

(五)个人信息,是指以电子或者其他方式记录的能够单独或者与其他信息结合识别自然人个人身份的各种信息,包括但不限于自然人的姓名、出生日期、身份证件号码、个人生物识别信息、住址、电话号码等。

46 电子招标投标交易平台是否有权使用原始数据?

A:原始数据是指终端用户在招标投标交易活动中使用交易平台而产生的数据。例如,招标人发布的公告信息、投标人的购买标书记录、投标文件、投标次数、投标记录等。

对于交易平台是否有权使用原始数据的问题,法律没有作明确规定,通常由招标人(招标机构)与交易平台在平台入驻协议中协商一致即可。即为充分发掘数据的价值,提供更高质量的服务,交易平台可与招标机构约定,在授权的范围内审慎使用相关数据,但应当以不损害招标机构、投标人等用户的合法权益为前提。

【法律与政策依据】

《电子招标投标办法》

第十六条(第一款) 招标人或者其委托的招标代理机构应当在其使用的电子招标投标交易平台注册登记,选择使用除招标人或招标代理机构之外第三方运营的电子招标投标交易平台的,还应当与电子招标投标交易平台运营机构签订使用合同,明确服务内容、服务质量、服务费用等权利和义务,并对服务过程中相关信息的产权归属、保密责任、存档等依法作出约定。

47 交易平台使用原始数据获得的收益应当如何分配?

A:原始数据是指终端用户在招标投标交易活动中使用交易平台而产生的数据。例如,招标人发布的公告信息、投标人的购买标书记录、投标文件、投标次数、投标记录等。

原始数据的初始所有权应当归终端用户所有,交易平台可以在授权范围内审慎使用相关数据,对于因此获得的收益具体应当如何分配,法律并未作明确规定,通常由招标人(招标机构)与交易平台在平台入驻协议中协商一致即可。

【法律与政策依据】

《电子招标投标办法》

第十六条(第一款) 招标人或者其委托的招标代理机构应当在其使用的电子招标投标交易平台注册登记,选择使用除招标人或招标代理机构之外第三方运营的电子招标投标交易平台的,还应当与电子招标投标交易平台运营机构签订使用合同,明确服务内容、服务质量、服务费用等权利和义务,并对服务过程中相关信息的产权归属、保密责任、存档等依法作出约定。

48 交易平台运营机构可以在自己运营的平台上投标吗？

A：不可以。

《电子招标投标办法》第23条规定，电子招标投标交易平台的运营机构，以及与该机构有控股或者管理关系可能影响招标公正性的任何单位和个人，不得在该交易平台进行的招标项目中投标和代理投标。

交易平台运营机构如果在自己运营的交易平台上进行投标，就自然有获取已购买招标文件的潜在投标人名称、数量甚至其他影响公平竞争信息的可能，因此，为了维护竞争的公平、公正，交易平台运营机构不能在自己运营的交易平台上投标，也不能代理他人在自己运营的交易平台上投标。

与电子招标投标交易平台有控股关系或者管理关系可能影响招标公正性的任何单位和个人也不得在该交易平台进行的招标项目中投标和代理投标。

【法律与政策依据】

《电子招标投标办法》

第二十三条　电子招标投标交易平台的运营机构，以及与该机构有控股或者管理关系可能影响招标公正性的任何单位和个人，不得在该交易平台进行的招标项目中投标和代理投标。

49 进入交易中心交易的项目(进场项目)可以使用第三方建设运营的电子交易平台开展交易活动吗?

A:进场项目可以使用第三方建设运营的电子交易平台开展交易活动。

《电子招标投标办法》第 33 条第 2 款规定:"根据国家规定应当进入依法设立的招标投标交易场所的招标项目,评标委员会成员应当在依法设立的招标投标交易场所登录招标项目所使用的电子招标投标交易平台进行评标。"为保证进场项目在有效监控和保密的环境下开展评标活动,《电子招标投标办法》规定评委应当在依法设立的交易场所登录电子交易平台进行评标,但并未限制招标人使用何种类型的电子交易平台,将选择交易平台的权利交给了招标人。

《"互联网 +"招标采购行动方案(2017 - 2019 年)》及《关于进一步规范电子招标投标系统建设运营的通知》中也明确规定,任何单位和个人不得为招标人直接指定交易平台。即招标人有自主选择交易平台的权利,地方政府不应非法干预。

【法律与政策依据】

《电子招标投标办法》

第三十三条　电子评标应当在有效监控和保密的环境下在线进行。

根据国家规定应当进入依法设立的招标投标交易场所的招标项目，评标委员会成员应当在依法设立的招标投标交易场所登录招标项目所使用的电子招标投标交易平台进行评标。

……

《“互联网+”招标采购行动方案（2017－2019年）》（发改法规〔2017〕357号）

二、主要任务

（一）加快交易平台市场化发展

3.促进交易平台公平竞争。……任何单位和个人不得违反法律法规规定，对市场主体建设运营交易平台设置或者变相设置行政许可或备案；不得设置不合理、歧视性准入和退出条件，也不得附加不合理条件或实行差别待遇；不得排斥、限制市场主体建设运营的交易平台，限制对接交易平台数量，为招标人直接指定交易平台；不得排斥或限制外地经营者参加本地招标采购活动。

《关于进一步规范电子招标投标系统建设运营的通知》（发改法规〔2014〕1925号）

一、交易平台要实现公平竞争、确保合规运营

（二）鼓励平等竞争。交易平台要按照市场化、专业化、集约化方向建设运营。除按照《办法》进行检测认证和注册登记外，任何单位和个人不得对交易平台的建设运营设置或者变相设置行政许可或者备案。行政监督部门和公共资源交易监管机构不得为招标人统一规定或者强制使用指定的交易平台，也不得限制和排斥市场主体建设运营的交易平台与公共服务和行政监督平台对接以及交换信息。

50 电子招标投标活动中常用的工具软件有哪些?

A:电子招标投标活动中常用的工具软件主要有工程计价工具软件、招标文件编制工具软件、投标文件制作工具软件等。工程计价工具软件是用于制作、生成招标项目工程量清单、投标工程量清单报价以及工程投标报价评标分析的软件;投标文件编制工具软件是投标人用于制作投标文件的专用客户端软件,具备招标文件导入、投标文件内容编辑、文件格式转换、投标文件生成、分类整理等功能;招标文件制作工具软件是招标人或招标代理机构用于制作招标文件的专用客户端软件,其功能与投标文件编制工具相似。

上述工具软件是实现交易平台中招标投标双方共同需要的专项功能,因此既需要与交易平台分离开发,又需要与交易平台兼容对接。各家信息技术公司应按照技术规范以及专业化、标准化的技术中立要求分别开发。同时,交易平台也应按照技术规范要求开放和公布工具软件的数据接口标准。各投标人只要购买其中一个专业工具软件就可以兼容对接多个交易平台,实现数据交换,避免各交易平台绑定使用指定软件公司开发的工具软件,迫使投标人对应各个交易平台重复购买其绑定的工具软件。

【法律与政策依据】

《电子招标投标办法》

第八条　电子招标投标交易平台应当按照技术规范规定，执行统一的信息分类和编码标准，为各类电子招标投标信息的互联互通和交换共享开放数据接口、公布接口要求。

电子招标投标交易平台接口应当保持技术中立，与各类需要分离开发的工具软件相兼容对接，不得限制或者排斥符合技术规范规定的工具软件与其对接。

第十六条（第二款）　电子招标投标交易平台运营机构不得以技术和数据接口配套为由，要求潜在投标人购买指定的工具软件。

《技术规范》

3.30　专业工具软件 utility software

与交易平台兼容对接，用于制作、生成招标项目工程量清单、投标工程量清单报价以及工程投标报价评标分析的工程计价系统软件。

3.31　投标文件制作软件 bidding document creation software

投标人用于制作投标文件的专用客户端软件，是交易平台的组成部分，主要具备招标文件导入、投标文件内容编辑、文件格式转换、投标文件生成、分类整理等功能。

51 与纸质招标文件相比，电子招标文件关于招标、投标环节的规定有何不同？

A：1. 招标公告

电子招标文件应当载明潜在投标人访问电子招标投标交易平台的网络地址和方法、获取招标文件的时间和方式，并要求投标人在交易平台完成注册登记。

应当载明投标文件的递交方式、递交截止时间，投标人未按规定加密的投标文件、在投标截止时间后送达的投标文件，电子招标投标交易平台将拒收。

2. 招标文件澄清

电子招标文件应当载明招标文件澄清或修改应当通过电子交易平台进行。

电子招标文件应当载明招标人发出招标文件澄清或修改时，将以何种方式通知投标人，投标人应当注意及时浏览平台发出的修改，因投标人自身原因未及时获知修改内容而导致的任何后果将由投标人自行承担。

3. 招标文件异议

潜在投标人或其利害关系人对招标文件有异议的，应在投标截止时间 10 日前以书面形式提出。招标人将在收到异议之日起 3 日内作出答复；作出答复前,将暂停招标投标活动。提出异议与作出答复均应通过电子交易平台以书面形式完成。

4. 投标文件编制

电子招标文件应当载明电子模式下投标文件的编制方法和编制要求。因投标人未按要求编制而导致投标文件无法成功递交或解密的,该投标视为无效投标,投标人自行承担由此导致的全部责任。

5. 投标文件加密

电子招标文件应当载明投标文件的加密要求。未按要求加密的投标文件,电子交易平台将拒收并提示。

6. 投标文件递交

电子招标文件应当载明投标截止时间及投标文件递交的方式,并提醒投标人应充分考虑上传文件时的不可预见因素,未在投标截止时间前完成上传的,视为逾期送达,电子交易平台将拒绝接收。

7. 投标文件修改与撤回

投标人对加密的投标文件进行撤回的,应在电子交易平台直接进行撤回操作;投标人对加密的投标文件进行修改的,应在投标截止时间前完成上传。

投标人修改投标文件的,可使用"投标文件制作工具"制作成完整的投标文件,并按规定进行编制、加密和递交。对采用网上递交的加密的投标文件,以投标截止时间前最后完成上传的文件为准。

【法律与政策依据】

《电子招标投标办法》

第十七条　招标人或者其委托的招标代理机构应当在资格预审公告、招标公告或者投标邀请书中载明潜在投标人访问电子招标投标交易平台的网络地址和方法。依法必须进行公开招标项目的上述相关公告应当在电子招标投标交易平台和国家指定的招标公告媒介同步发布。

第二十二条　招标人对资格预审文件、招标文件进行澄清或者修改的,应当通过电子招标投标交易平台以醒目的方式公告澄清或者修改的内容,并以有效方式通知所有已下载资格预审文件或者招标文件的潜在投标人。

第二十四条　投标人应当在资格预审公告、招标公告或者投标邀请书载明的电子招标投标交易平台注册登记，如实递交有关信息，并经电子招标投标交易平台运营机构验证。

第二十五条　投标人应当通过资格预审公告、招标公告或者投标邀请书载明的电子招标投标交易平台递交数据电文形式的资格预审申请文件或者投标文件。

第二十六条　电子招标投标交易平台应当允许投标人离线编制投标文件，并且具备分段或者整体加密、解密功能。

投标人应当按照招标文件和电子招标投标交易平台的要求编制并加密投标文件。

投标人未按规定加密的投标文件，电子招标投标交易平台应当拒收并提示。

第二十七条（第一款）　投标人应当在投标截止时间前完成投标文件的传输递交，并可以补充、修改或者撤回投标文件。投标截止时间前未完成投标文件传输的，视为撤回投标文件。投标截止时间后送达的投标文件，电子招标投标交易平台应当拒收。

52 与纸质招标文件相比，电子招标文件关于开标、评标与定标环节的规定有何不同？

A：1. 开标时间和地点

电子招标文件应当载明开标的时间和地点、参与开标的方式，并邀请所有投标人的法定代表人或其委托代理人准时参加，所有投标人均应当准时在线参加开标。

2. 开标程序

电子招标文件应当载明网上开标的开标程序。

3. 开标补救措施

电子招标文件应当载明解密失败的情形及其相应的补救措施。

4. 评标

评标中需要投标人对投标文件澄清或者说明的，招标人和投标人应当通过电子招标投标交易平台交换数据电文。

评标委员会完成评标后，应当通过电子招标投标交易平台向招标人提交数据电文形式的评标报告。

如果评标过程中出现异常情况，导致无法继续评审工作的，可暂停评标，对原有资料及信息作出妥善保密处理，待恢复正常之后，应重新组织评审。

5. 评标结果异议

提出异议与作出答复均应通过电子交易平台进行。

6. 中标通知

招标人应通过电子交易平台以数据电文形式向中标人发出中标通知书，同时将中标结果通知未中标的投标人。

【法律与政策依据】

《电子招标投标办法》

第二十九条　电子开标应当按照招标文件确定的时间，在电子招标投标交易平台上公开进行，所有投标人均应当准时在线参加开标。

第三十一条（第二款）　招标人可以在招标文件中明确投标文件解密失败的补救方案，投标文件应按照招标文件的要求作出响应。

第三十三条（第三款）　评标中需要投标人对投标文件澄清或者说明的，招标人和投标人应当通过电子招标投标交易平台交换数据电文。

第三十四条　评标委员会完成评标后，应当通过电子招标投标交易平台向招标人提交数据电文形式的评标报告。

第三十六条（第一款）　招标人确定中标人后，应当通过电子招标投标交易平台以数据电文形式向中标人发出中标通知书，并向未中标人发出中标结果通知书。

第三十九条　投标人或者其他利害关系人依法对资格预审文件、招标文件、开标和评标结果提出异议，以及招标人答复，均应当通过电子招标投标交易平台进行。

53 电子模式下的公告发布与传统模式相比有何区别？

A：电子招标投标活动中，招标公告及公示信息通过电子招标投标交易平台录入后交互至发布媒介核验发布，传统招标投标活动中，招标人或招标代理机构通常采用电子邮件、电子介质、传真、纸质文本等形式向发布媒介提交招标公告和公示信息文本，由发布媒介直接录入并核验发布。两者的不同点主要体现在发布媒介、签章方式、发布时间三个方面。

1. 发布媒介

传统模式下，招标公告和公示信息的法定发布媒介是公共服务平台；电子模式下，招标公告和公示信息应当在电子招标投标交易平台和公共服务平台同步发布。

2. 签章方式

传统模式下，拟发布的招标公告和公示信息文本应当由招标人或其招标代理机构盖章，并由主要负责人或其授权的项目负责人签名；电子模式下，仅需进行电子签名。

3. 发布时间

传统模式下，采用电子邮件、电子介质、传真、纸质文本等形式向发布媒介提交招标公告和公示信息文本，发布媒介应当自招标公告或公示信息核验确认起 1 个工作日内发布，核验确认最长不得超过 3 个工作日；电子模式下，按照电子招标投标有关数据规范要求交互招标公告和公示信息文本，发布媒介应当自收到招标公告或公示信息起 12 小时内发布。

【法律与政策依据】

《招标公告和公示信息发布管理办法》

第八条　依法必须招标项目的招标公告和公示信息应当在"中国招标投标公共服务平台"或者项目所在地省级电子招标投标公共服务平台（以下统一简称"发布媒介"）发布。

第十条（第一款）　拟发布的招标公告和公示信息文本应当由招标人或其招标代理机构盖章，并由主要负责人或其授权的项目负责人签名。采用数据电文形式的，应当按规定进行电子签名。

第十一条　依法必须招标项目的招标公告和公示信息鼓励通过电子招标投标交易平台录入后交互至发布媒介核验发布，也可以直接通过发布媒介录入并核验发布。

按照电子招标投标有关数据规范要求交互招标公告和公示信息文本的，发布媒介应当自收到起 12 小时内发布。采用电子邮件、电子介质、传真、纸质文本等其他形式提交或者直接录入招标公告和公示信息文本的，发布媒介应当自核验确认起 1 个工作日内发布。

核验确认最长不得超过 3 个工作日。

……

《电子招标投标办法》

第十七条　招标人或者其委托的招标代理机构应当在资格预审公告、招标公告或者投标邀请书中载明潜在投标人访问电子招标投标交易平台的网络地址和方法。依法必须进行公开招标项目的上述相关公告应当在电子招标投标交易平台和国家指定的招标公告媒介同步发布。

54 招标公告发布到不同平台存在时间差,应以哪个为准?

A:公开招标应当发布招标公告,招标公告在何种媒介上发布不仅决定了招标信息的传播范围,也影响到招标的竞争程度和招标效果。招标人应合理安排信息媒介发布时间,确保各发布媒介时间同步、内容一致。

但各媒介因核验确认导致发布时间不一致时,可以按以下方式处理:

1. 依法必须招标项目,发布时间应以政府监督部门指定的信息发布媒介为准。

2. 非依法必须招标项目,发布时间应以招标文件指定发布媒体发布的公示时间为准,指定多个发布媒体不一致时,以有利于投标人的原则处理。

【法律与政策依据】

《招标投标法》

第十六条(第一款) 招标人采用公开招标方式的,应当发布招标公告。依法必须进行招标的项目的招标公告,应当通过国家指定的报刊、信息网络或者其他媒介发布。

《招标投标法实施条例》

第十五条(第三款)　依法必须进行招标的项目的资格预审公告和招标公告,应当在国务院发展改革部门依法指定的媒介发布。在不同媒介发布的同一招标项目的资格预审公告或者招标公告的内容应当一致。指定媒介发布依法必须进行招标的项目的境内资格预审公告、招标公告,不得收取费用。

55 涉密招标采购项目可以在电子交易平台上挂招标公告开展交易活动吗?

A:招标投标活动要求公开进行,但因有保密的要求,涉及国家安全、国家秘密的项目有关情况是不允许公开的,因此这类项目按照国家有关规定可以不进行公开招标。

涉密项目一般分为两类:一类是采购信息可以公开,但是采购的具体内容涉密;另一类项目连采购信息也要绝对保密。前一类项目最好是发布招标预告,最大范围地征集供应商前来投标;后一类项目显然不能挂公告,通常采用邀请方式开展交易活动。

【法律与政策依据】

《招标投标法》

第六十六条　涉及国家安全、国家秘密、抢险救灾或者属于利用扶贫资金实行以工代赈、需要使用农民工等特殊情况,不适宜进行招标的项目,按照国家有关规定可以不进行招标。

56 电子招标投标活动中，部分交易平台要求投标人只能在工作时间购买招标文件，合理吗？

A：不合理，交易平台不宜限制投标人仅在工作时间购买招标文件。

为了保证投标人有充足的时间开展投标准备工作，平台可以限定投标人购买招标文件开始和截止时间。但在购买截止时间前，投标人都应有权购买招标文件。

纸质招标投标模式下，投标人需线下获取招标文件，受文件发售方工作时间的影响，只能在工作时间内购买，无法做到 24 小时服务；但电子模式下，线上购标不受时间和空间的影响，此时再要求投标人仅在工作时间购买招标文件就显得不合理了。

57 投标人购买招标文件后，多长时间内可以下载文件？

A：投标人自招标文件购买成功之时起即可下载招标文件。

投标人在电子交易平台上完成招标文件支付，平台显示支付成功，投标人即可下载招标文件。投标人购买了招标文件，意味着拥有了该招标文件的下载权利，平台不应限制投标人下载文件的时间。

但投标人购买招标文件后应当尽早下载招标文件，开始投标准备工作。《招标投标法实施条例》第22条规定，潜在投标人或者其他利害关系人对资格预审文件有异议的，应当在提交资格预审申请文件截止时间2日前提出；对招标文件有异议的，应当在投标截止时间10日前提出。投标人下载招标文件过晚，可能会错过对资格预审文件、招标文件提出异议的时间。

【法律与政策依据】

《电子招标投标办法》

第十八条　招标人或者其委托的招标代理机构应当及时将数据电文形式的资格预审文件、招标文件加载至电子招标投标交易平台，供潜在投标人下载或者查阅。

58 投标人未通过交易平台下载招标文件，仅在线浏览，应视为获取了招标文件吗？

A：《电子招标投标办法》第22条规定，招标人对资格预审文件、招标文件进行澄清或者修改的，应当通过电子招标投标交易平台以醒目的方式公告澄清或者修改的内容，并以有效方式通知所有已下载资格预审文件或者招标文件的潜在投标人。

通过上述规定可看出当潜在投标人已下载招标文件才算真正获取招标文件，对于仅在线浏览未下载招标文件的潜在投标人，当发布澄清修改文件时，招标人不具有通知义务。

部分地区要求招标文件无痕下载，招标人或招标代理机构将招标文件无痕发布至网页上，潜在投标人可自由下载，此时，招标人或招标代理机构无法获取已下载投标文件的潜在投标人信息。当招标文件需澄清或修改时，无法通知其澄清修改的内容。对此，招标人或招标代理机构可将澄清修改文件无痕发布至招标文件指定地址，潜在投标人应当及时关注并下载。

【法律与政策依据】

《电子招标投标办法》

第二十二条　招标人对资格预审文件、招标文件进行澄清或者修改的，应当通过电子招标投标交易平台以醒目的方式公告澄清或者修改的内容，并以有效方式通知所有已下载资格预审文件或者招标文件的潜在投标人。

59 招标人或招标代理机构通过交易平台系统消息发送的澄清文件，需要投标人确认接收吗？

A：不需要。

《电子招标投标办法》第22条规定，招标人对资格预审文件、招标文件进行澄清或者修改的，应当通过电子招标投标交易平台以醒目的方式公告澄清或者修改的内容，并以有效方式通知所有已下载资格预审文件或者招标文件的潜在投标人。

上述规定中强调的是“通知”而非“送达”，即招标人或招标代理机构有义务将澄清内容以有效方式告知已购文件的潜在投标人，这里的有效方式包括将澄清或修改的内容发送其预留的邮箱、发送信息或打电话提醒其登录交易平台下载澄清或修改文件等，但无须提供投标人确认接收的回执。投标人在投标准备期间应当积极关注项目公告信息、邮箱、通信信息等，避免错过招标人或招标代理机构发送的澄清通知。

部分地区要求招标文件无痕下载，当招标文件需澄清或修改时，招标人或招标代理机构将澄清修改文件无痕发布至招标文件指定地址，潜在投标人自行下载，招标人或招标代理机构无须另行通知，投标人也无须递交回执。

【法律与政策依据】

《电子招标投标办法》

第二十二条　招标人对资格预审文件、招标文件进行澄清或者修改的，应当通过电子招标投标交易平台以醒目的方式公告澄清或者修改的内容，并以有效方式通知所有已下载资格预审文件或者招标文件的潜在投标人。

60 投标文件必须离线编制吗？

A：投标人编制投标文件可以离线编制，也可以在线编制。

《电子招标投标办法》中规定电子招标投标交易平台应当允许投标人离线编制投标文件，但并未反对投标人在线编制投标文件。在线编制投标文件的主要问题是不利于投标文件的信息保密。离线编制投标文件，有以下好处：一是使投标文件的编制工作不受在线的限制；二是有利于投标文件在投标人内部进行审查和签署；三是有利于投标文件编制过程的保密，防止在线泄密。

【法律与政策依据】

《电子招标投标办法》

第二十六条（第一款） 电子招标投标交易平台应当允许投标人离线编制投标文件，并且具备分段或者整体加密、解密功能。

61 网页上直接填写和提交报价信息安全吗?

A:投标人在网页上直接填写报价信息属于在线编制投标文件,《电子招标投标办法》中规定电子招标投标交易平台应当允许投标人离线编制投标文件,虽并未反对投标人在线编制投标文件。但在线编制投标文件,不利于投标文件编制过程的保密,尤其是在线填写报价信息等投标文件关键信息,保密性无法保证,容易引起投标人的不信任及其他违规行为的发生。

【法律与政策依据】

《电子招标投标办法》

第二十六条(第一款) 电子招标投标交易平台应当允许投标人离线编制投标文件,并且具备分段或者整体加密、解密功能。

62 投标已截止，但投标文件未完成上传，招标人应当拒收吗？这种情形属于撤回还是撤销？

A：应当拒收，属于撤回投标文件。

《电子招标投标办法》第 27 条规定，投标人应当在投标截止时间前完成投标文件的传输递交，并可以补充、修改或者撤回投标文件。投标截止时间前未完成投标文件传输的，视为撤回投标文件。投标截止时间后送达的投标文件，电子招标投标交易平台应当拒收。

根据上述规定，投标截止时间已到，投标文件未完成上传，意味着投标截止时间前投标人未完成投标文件的传输，应当拒收，该情形属于撤回投标文件。

【法律与政策依据】

《电子招标投标办法》

第二十七条（第一款） 投标人应当在投标截止时间前完成投标文件的传输递交，并可以补充、修改或者撤回投标文件。投标截止时间前未完成投标文件传输的，视为撤回投标文件。投标截止时间后送达的投标文件，电子招标投标交易平台应当拒收。

63 招标人采用传真、电子邮件形式递交投标文件属于电子投标吗？

A：不属于法规所规定的电子投标。

《电子招标投标办法》规定，电子招标投标活动是指以数据电文形式，依托电子招标投标系统完成的全部或者部分招标投标交易、公共服务和行政监督活动。

数据电文有书面形式和原件形式两种。《电子签名法》中对数据电文书面形式和原件形式都作了相应阐释，书面形式的数据电文是指能够有形地表现所载内容，并可以随时调取查用的数据电文，而原件形式的数据电文需要满足两个条件：(1)能够有效地表现所载内容并可供随时调取查用；(2)能够可靠地保证自最终形成时起，内容保持完整、未被更改。但是，在数据电文上增加背书以及数据交换、储存和显示过程中发生的形式变化不影响数据电文的完整性。

与书面形式相比，原件形式的数据电文明显更具可靠性，更多地用于涉及责任认定和作为纠纷证据的场合。国际通行的保障数据电文具备原件形式的做法是对数据电文申请可信时间戳。《技术规范》第8.2.2条电子签名中也规定，应提供按照国家授时中心的标准时间源对需要电子签名的数据电文生成时间戳的功能。综上,《电子招标投标办法》中要求的数据电文应指的是原件形式的数据电文。

投标人采用传真、电子邮件形式递交的投标文件未经电子签名、未具备可信的时间戳,不属于电子投标文件(原件形式的数据电文),只能作为投标文件的电子版副件(书面形式的数据电文)。

《招标投标法》要求纸质形式招标的投标文件的递交要满足密封要求,并在开标环节对投标材料的密封情况进行检查,确认无误后才能拆封。而以传真、电子邮件的方式提交投标文件不具备密封性,因此投标人不能采用这两种方式递交投标文件,依法应当拒收。

虽然传真、电子邮件也是一种数据电文的形式,但不符合《电子招标投标办法》及其技术规范的要求。合规的电子招投标系统采用可靠的身份识别、权限控制、加密、病毒防范等技术,防范非授权操作,保证交易平台的安全、稳定、可靠。并可以对录入信息的真实性进行验证,并确保数据电文不被篡改、不遗漏并且可追溯。因此同样符合传统纸质招标对投标文件密封的要求。

【法律与政策依据】

《电子签名法》

第四条　能够有形地表现所载内容,并可以随时调取查用的数据电文,视为符合法律、法规要求的书面形式。

第五条　符合下列条件的数据电文,视为满足法律、法规规定的原件形式要求:

(一)能够有效地表现所载内容并可供随时调取查用;

(二)能够可靠地保证自最终形成时起,内容保持完整、未被更改。但是,在数据电文上增加背书以及数据交换、储存和显示过程中发生的形式变化不影响数据电文的完整性。

《招标投标法》

第三十六条(第一款)　开标时,由投标人或者其推选的代表检查投标文件的密封情况,也可以由招标人委托的公证机构检查并公证;经确认无误后,由工作人员当众拆封,宣读投标人名称、投标价格和投标文件的其他主要内容。

《电子招标投标办法》

第二条(第二款)　本办法所称电子招标投标活动是指以数据电文形式,依托电子招标投标系统完成的全部或者部分招标投标交易、公共服务和行政监督活动。

第二十六条　电子招标投标交易平台应当允许投标人离线编制投标文件,并且具备分段或者整体加密、解密功能。

投标人应当按照招标文件和电子招标投标交易平台的要求编制并加密投标文件。

投标人未按规定加密的投标文件,电子招标投标交易平台应当拒收并提示。

《技术规范》

8.2.2　电子签名

电子签名管理要求应满足以下要求:

……

c)应提供按照国家授时中心的标准时间源对需要电子签名的数据电文生成时间戳的功能。

……

64 纸质投标文件盖章扫描作为电子投标文件，是否有效？

A：无效。

实行电子招标投标往往采用CA证书进行签名和加密。

根据《电子招标投标办法》的规定，CA证书具有数据电文交换中身份识别、电子签名、加密解密等功能。应当使用电子签名的数据电文，是各相关方发出的具有法律约束力的文件，主要包括：

招标公告（资格预审公告）、投标邀请书、资格预审文件（澄清和修改）、资格预审申请文件（澄清和修改）、资格审查报告、招标文件（澄清和修改）、投标文件（补充、修改、撤回、澄清）、开标记录、评标报告、中标通知书、合同（协议书）及相关文件的签收回执。

电子招标投标中的CA证书实质上是代替了原来的单位公章。招标人要求纸质件盖单位公章后进行扫描作为电子文档，它们只不过是纸质文件的电子副本，若无电子签名，在电子招投标的情境下并无法律效力。

但是，针对某些类型的文书，招标人要求使用纸质版的扫描件，仍有其合理性和必要性。例如，制造商授权、银行资信证明等第三方出具的文件，不能仅由投标人签字盖章,而需要合格的法律主体签字或盖章之后,再扫描放入投标文件,最后用CA证书签名加密,形成有效的电子投标文件。

【法律与政策依据】

《技术规范》

3.29 CA证书 certification authority certificate

经过有关部门认可的电子认证服务机构基于PKI技术签发、认证和管理的数字证书。CA证书具有数据电文交换中身份识别、电子签名、加密解密等功能。CA证书主要内容包括:证书服务机构的名称、证书持有人的名称及其签名验证数据、证书序列号、有效期、服务机构签名等。

8.2.2 电子签名

电子签名管理要求应满足以下要求:

a)应通过电子签名来确保数据电文的完整性和不可抵赖性,电子签名应用的数字证书应采用合法的电子认证服务机构颁发的CA证书。

b)应使用电子签名的数据电文包括:招标公告(资格预审公告)、投标邀请书、资格预审文件(澄清和修改)、资格预审申请文件(澄清和修改)、资格审查报告、招标文件(澄清和修改)、投标文件(补充、修改、撤回、澄清)、开标记录、评标报告、中标通知书、合同(协议书)及相关文件的签收回执等具有法律约束力的文件。

……

65 电子交易平台将递交投标保证金设为递交投标文件的前置条件，合法吗？

A：不合法。

招标文件要求投标人递交投标保证金的，投标保证金递交的证明文件应属于投标文件的组成部分，即投标保证金的递交截止时间和投标文件的递交截止时间应为同一时间。在投标截止时间之前，投标人都应当有权递交投标保证金，交易平台将递交投标保证金设置为递交投标文件的前置条件，缩短了投标人办理投标保证金的周期，这样设置既无必要，也不合法。若平台为防止投标人操作失误，可设置友情提醒功能，对于截止时间前还未办理投标保证金递交的投标人，可以邮件、短信等方式通知其办理相关事宜。

66 电子交易平台可以将递交投标保证金设为投标人参与开标的前提条件吗?

A:不可以。

《招标投标法》规定,投标人是响应招标、参加投标竞争的法人或者其他组织。开标由招标人主持,邀请所有投标人参加。潜在投标人递交投标文件属于响应招标并参加投标竞争的表现,所有成功递交投标文件的潜在投标人都有权参与开标,与是否递交投标保证金无关。

招标文件明确要求递交投标保证金,投标人未按规定递交的,应视为投标文件未对招标文件的实质性要求作出响应,由评标委员会在评标时否决其投标,而不应当限制其参与开标。

为了进一步提升政府采购透明度,财政部2019年印发的《关于促进政府采购公平竞争优化营商环境的通知》中明确,“推进开标活动对外公开,在保证正常开标秩序的前提下,允许除投标人及其代表之外的其他人员观摩开标活动”。对于政府采购招标项目,未参与投标也能观摩开标活动,更没有递交投标保证金的限制了。

【法律与政策依据】

《招标投标法》

第二十五条　投标人是响应招标、参加投标竞争的法人或者其他组织。依法招标的科研项目允许个人参加投标的，投标的个人适用本法有关投标人的规定。

第三十五条　开标由招标人主持，邀请所有投标人参加。

《电子招标投标办法》

第二十九条　电子开标应当按照招标文件确定的时间，在电子招标投标交易平台上公开进行，所有投标人均应当准时在线参加开标。

《关于促进政府采购公平竞争优化营商环境的通知》（财库〔2019〕38号）

五、进一步提升政府采购透明度

加强政府采购透明度建设。完善政府采购信息发布平台服务功能。中国政府采购网及地方分网等政府采购信息发布平台应当提供便捷、免费的在线检索服务，向市场主体无偿提供所有依法公开的政府采购信息。推进开标活动对外公开，在保证正常开标秩序的前提下，允许除投标人及其代表之外的其他人员观摩开标活动。

67 电子交易平台保证金管理功能有何特点和优势?

A:《技术规范》规定,交易平台需具备记录和提示投标保证金接收、退还信息的功能,以及按照招标文件要求对投标保证金支付形式、资金到账时间、金额、接收凭证等进行符合性校验的功能。

《招标投标法实施条例》中明确规定投标保证金利息归投标人所有,集中收退投标保证金后靠人工方式计算利息工作量很大,电子化模式下,可实现保证金自动计息、退息功能。

部分交易平台根据法律法规规定的投标保证金生效及退款的时间点,按项目自动锁定、解锁、退还保证金。投标保证金到账后系统自动确认,并按项目自动归集,开标后自动锁定投标保证金,到达保证金退还时间点时系统自动解锁并原路退还,这种模式能有效防止保证金误退、保证金代收机构私自挪用等问题,保护投标人的利益,同时为保证金收退、管理节省了大量人力、物力和时间成本。

【法律与政策依据】

《招标投标法实施条例》

第三十一条　招标人终止招标的,应当及时发布公告,或者以书面形式通知被邀请的或者已经获取资格预审文件、招标文件的潜在投标人。已经发售资格预审文件、招标文件或者已经收取投标保证金的，招标人应当及时退还所收取的资格预审文件、招标文件的费用，以及所收取的投标保证金及银行同期存款利息。

《技术规范》

5.5.2 投标保证金

a)应具备记录和提示投标保证金接收、退还信息的功能。数据项应包括标段(包)编号、投标人代码、投标人名称、保证金金额、保证金支付形式、保证金凭证接收时间、保证金到账时间和保证金退还时间等。

b)宜具备投标保证金接收情况展示的功能。

c)宜具备按照招标文件要求对投标保证金支付形式、资金到账时间、金额、接收凭证等进行符合性校验的功能。

……

68 招标代理机构可以通过交易平台直接从中标人缴纳的投标保证金中扣取服务费吗?

A:招标投标相关法律法规并未对招标代理服务费的收取环节进行明确规定。按照民事法律的一般原则,招标人或招标代理机构可以在招标文件中进一步约定或者经中标人同意直接在中标人的投标保证金中扣取招标代理服务费,但如果没有明确约定,是不能直接从投标保证金中扣除的,投标保证金依法该退则退,招标代理服务费由中标人另行支付。

69 投标保函是什么？与现金保证金相比有哪些优势？

A：投标保函是投标担保形式的一种，是由投标人申请向担保机构开立的保证函，保证投标人在投标有效期内不得撤销投标，在中标后应当按照招标文件和投标文件与招标人签订合同等事宜。如果投标人违反保函约定事宜，开立保证函的担保机构将根据招标人的通知，支付投标保函中规定数额的资金给招标人。目前投标保函的主流形式是以电子化文档为介质通过计算机网络向受益人（招标人）开立具有法律效力的电子化投标担保凭证，就是我们平时说的电子投标保函。

与现金电汇、汇票、本票、转账支票等现金保证金相比，投标保函的优势主要有以下三个：

1. 有效减少投标人的资金占用，降低投标人的投标成本；

2. 杜绝招标人挪用保证金的现象，增强招标人与投标人之间的信任感；

3. 解决招标人保证金收退工作量大、流程烦琐的问题，降低招标人的保证金管理成本。

70 与纸质保函相比，电子保函有哪些优势？

A：与现金保证金相比，保函的使用，降低了招标人的保证金管理成本，对缓解投标人资金压力起到了一定的作用。但传统模式下使用的纸质保函属于实物保证凭证，一方面，其仍需要招标人投入一定的管理成本和精力，且实际操作中存在难以验明真伪、容易造假、索赔效率低等问题；另一方面，投标人办理纸质保函的申请流程长、申请材料多、办理手续烦琐，还存在因格式不规范导致投标被否决的风险。因此，在传统模式下，投标保函的应用并不广泛。

随着招标投标的电子化，电子保函发展的势头也越来越猛，与纸质保函相比，电子保函的优势主要有以下三点：

1. 便捷度高。与纸质保函相比，电子保函办理更加简单便捷，不受时间和地点的限制，投标人在线上即可完成全部申请流程，快速获取电子形式的投标保函，显著节约办理时间。目前，许多担保机构都支持当日申请，当日出函。

2. 可信度高。电子保函的申请、支付、开立等所有操作全程电子留痕，方便查验真伪，与纸质保函相比更加真实可信。

3. 管理方便。电子保函线上管理方便，招标人可通过交易平台直接管理追踪，保函收退、索赔效率高。

71 出具投标保函的担保机构有哪些?

A:投标保函可以由银行、保险公司、担保公司出具,为投标人提供担保。

银行出具的投标保函,招标文件中一般简称为银行保函,是最早出现的投标保函类型;目前市场主流的分离式银行保函是由投标人向担保公司提出银行保函申请请求,担保公司代替投标人向银行申请出具银行保函。

保险公司出具的投标保函,招标文件中一般称为投标保证保险或保险保函。

担保公司出具的投标保函,招标文件中一般称为担保保函或公司保函,通常由非融资性担保公司出具。

72 投标保函有哪些格式?

A:目前,投标保函的格式没有在全国层面进行统一规范,不同地区、不同项目的格式要求可能不同。一般来说,招标人会在招标文件中明确保函的格式要求,投标人应当严格按照招标文件的要求提供。此外,由银行出具的投标保函,当保函格式非银行要求的常规格式时,通常需先将格式文件送至银行审核,通过后方可办理。

73 投标保函必须由投标人的基本账户开户银行开具吗?

A:《招标投标法实施条例》只要求依法必须进行招标的项目的境内投标单位,以现金转账或者支票形式提交的投标保证金应当从其基本账户转出,投标保函不属于前述方式之一,因此不受本条规定限制。

此外,投标保函分为很多种,包括银行保函、担保保函和保险保函,分别由不同的机构开具,除非招标文件有特别要求,否则银行、保险公司或具备资质的担保机构依法都可以开具投标保函,并非一定要基本账户开户银行开具。

【法律与政策依据】

《招标投标法实施条例》

第二十六条(第二款) 依法必须进行招标的项目的境内投标单位,以现金或者支票形式提交的投标保证金应当从其基本账户转出。

74 开标时间延期,投标保函是否需要重新办理?

A:是否重新办理应视投标保函的格式而定。

投标保函中关于有效期的条款格式有非具体时间和具体时间两种。

非具体时间的格式条款约定保函的有效期为招标文件规定的投标有效期,保函有效期可随着投标有效期变更而变更,投标人无须重新办理投标保函。

具体时间的格式条款的保函有效期为具体的时间区间,开标时间延期,可能导致保函有效期不足,投标人需要重新办理投标保函或与出函机构协商重开保函。

75 哪些情况下,招标人可以凭投标保函索赔?

A:投标保函是由投标人申请向担保机构开立的保证函,保证投标人在中标人确定之前不得撤销投标,在中标后应当按照招标文件和投标文件的约定与招标人签订合同。

根据我国《招标投标法实施条例》的规定,投标截止后投标人撤销投标文件,中标人无正当理由不与招标人订立合同,在签订合同时向招标人提出附加条件,或者不按照招标文件要求提交履约保证金的,招标人可不予退还其投标保证金。投标保函一般通用的担保条款与招标人不予退还投标保证金的法定情形基本一致,主要有以下三点:

1. 被保证人在招标文件规定的投标有效期内撤回其投标;

2. 被保证人在投标有效期内收到受益人发出的中标通知书后,不能或拒绝按招标文件的要求签署书面合同;

3. 被保证人在投标有效期内收到受益人发出的中标通知书后,不能或拒绝按招标文件的规定提交履约保证金。

【法律与政策依据】

《招标投标法实施条例》

第三十五条（第二款） 投标截止后投标人撤销投标文件的，招标人可以不退还投标保证金。

第七十四条 中标人无正当理由不与招标人订立合同，在签订合同时向招标人提出附加条件，或者不按照招标文件要求提交履约保证金的，取消其中标资格，投标保证金不予退还。对依法必须进行招标的项目的中标人，由有关行政监督部门责令改正，可以处中标项目金额10‰以下的罚款。

76 有条件履约保函和无条件履约保函有何区别?

A:履约保函是指担保机构应申请人(投标人)的请求,向受益人(招标人)做出的一种履约保证承诺,承诺如申请人在与受益人的合同中未能按时、按质、按量履行其义务,则该担保机构会按保函约定向受益人支付一定款项或承担保证责任。履约保函根据索赔条件可分为有条件履约保函和无条件履约保函。

有条件履约保函是指采购人需要在保函有效期内提交保函约定的供应商未履行主合同义务的证明材料,担保机构核实后才承担保证责任。有条件履约保函具有从属性,保函本身的效力依附于基础交易合同即主合同(如施工合同、设计合同等),担保机构以供应商履行主合同的实际情况来确定是否承担保证责任。在我国现行的《担保法》体系下,有条件履约保函可以被视为一种格式化的保证合同,索赔的限制较大,且受到基础合同制约,索赔资料复杂,一般需要提交完整的能证明申请人违约的相关资料。

无条件履约保函是指采购人只要在保函有效期内提交符合保函条件的担保索赔通知书,担保机构即无条件承担保证责任。无条件保函又称"见索即付"保函,也称"独立保函"。无条件保函具有独立性,保函根据基础合同签发后,保函的效力不依附于基础合同,担保机构承担保证责任仅以保函本身的条款为依据,类似于银行票据,具有见索即付的特性,无须对大量的索赔资料进行查验审核,赔付时间较短。

77 线上开标时是否需要安装摄像头，视频开标？

A：不需要。

纸质模式下，在开标现场安装摄像头的目的是记录开标过程，用于监督人员后期查看开标过程是否存在违反公平公正和程序规范的情形。

电子模式下，开标的流程由电子交易平台按法律法规的要求固化；投标文件由投标人加密并在投标截止时间前传输递交至交易平台，开标时，交易平台自动提取所有投标文件，提示招标人和投标人按招标文件规定方式进行解密，解密全部完成后，交易平台自动生成开标记录表并由投标人签字确认，整个过程所有操作留痕，系统自动记录开标过程信息，投标人可在任意连接网络的地点参加开标，不存在纸质模式下的开标现场，那么此时安装摄像头就显得没有必要了。

【法律与政策依据】

《电子招标投标办法》

第三十条　开标时，电子招标投标交易平台自动提取所有投标文件，提示招标人和投标人按招标文件规定方式按时在线解密。解密全部完成后，应当向所有投标人公布投标人名称、投标价格和招标文件规定的其他内容。

第三十二条　电子招标投标交易平台应当生成开标记录并向社会公众公布,但依法应当保密的除外。

78 电子招标投标活动中，投标截止时间和开标时间可以不同吗？

A：根据现有的法律法规，投标截止时间和开标时间必须一致。

《招标投标法》第34条规定，开标应当在招标文件确定的提交投标文件截止时间的同一时间公开进行。

《政府采购货物和服务招标投标管理办法》第39条第1款规定，开标应当在招标文件确定的提交投标文件截止时间的同一时间进行。

现有法律法规要求开标时间与投标截止时间一致，主要是基于纸质招标投标模式下投标与开标工作开展的便利性，以及降低开标前投标文件泄露风险两方面的考虑。但在电子模式下，投标人通过网络递交投标文件、参加开标会，不用来回奔波，同时电子投标文件内容必须解密才能获取，此时，理应可以根据具体项目需求安排，但可能与现行法律存在一定的冲突。

【法律与政策依据】

《招标投标法》

第三十四条　开标应当在招标文件确定的提交投标文件截止时间的同一时间公开进行；开标地点应当为招标文件中预先确定的地点。

《政府采购货物和服务招标投标管理办法》

第三十九条（第一款） 开标应当在招标文件确定的提交投标文件截止时间的同一时间进行。开标地点应当为招标文件中预先确定的地点。

《电子招标投标办法》

第二十九条 电子开标应当按照招标文件确定的时间，在电子招标投标交易平台上公开进行，所有投标人均应当准时在线参加开标。

79 电子开标与传统纸质开标关于到场的要求有区别吗？

A：传统纸质招标投标活动中，投标人可以不参加开标会，但在电子招标投标活动中，投标人必须在线参加开标。

在传统招标中，不少招标文件会将投标人出席开标会议作为投标人响应招标文件的一项实质性条件，明确规定如果投标人法定代表人或者授权代表不出席开标会，将对该开标文件做无效处理，这其实是对招标投标法律法规的误解。《招标投标法》第35条规定，开标由招标人主持，邀请所有投标人参加。即投标人出席开标会议是法律赋予的一项权利而非义务，投标人可以出席开标会议，也可以不出席开标会议。

但在电子招标投标中，由于电子招标针对开标解密的特殊要求，主流的加密、解密方式是投标人自行加密、解密，投标人如不在线参加开标会，任何其他单位和个人都不能对投标文件进行解密，故应该要求投标人必须在线参加开标。

【法律与政策依据】

《招标投标法》

第三十五条　开标由招标人主持，邀请所有投标人参加。

《电子招标投标办法》

第二十九条　电子开标应当按照招标文件确定的时间，在电子招标投标交易平台上公开进行，所有投标人均应当准时在线参加开标。

80 电子模式下，为什么要求所有投标人必须在线参加开标？

A：《电子招标投标办法》要求所有投标人均应当准时在线参加开标，主要是基于以下两个原因：

1. 电子开标时，需要所有投标人在线签到。

2. 电子招标投标实践中，主流的加密、解密方式是采取投标人加密、解密的方式，投标人如果不在线参加开标会，任何其他单位和个人都不能对投标文件进行解密。

此外，与传统线下开标相比，电子开标对时间和空间的要求更为宽松。电子开标地点为虚拟空间，投标人无须舟车劳顿，只需在其各自可上网的环境下登录电子招标投标交易平台即可参加开标会。同时，已提交投标文件的投标人在截止解密时间前参加开标会即可，不要求其必须在投标截止时间前进入网上虚拟的开标房间。

【法律与政策依据】

《电子招标投标办法》

第二十九条　电子开标应当按照招标文件确定的时间，在电子招标投标交易平台上公开进行，所有投标人均应当准时在线参加开标。

81 电子交易平台为什么要设置开标“签到”环节?

A:《技术规范》规定电子交易平台应当具备参加开标的人员通过网络远程办理电子签到的功能。《电子招标投标办法》规定所有投标人均应当准时在线参加电子开标。电子签到是参加开标会的全体人员向开标主持人报到,签到记录是投标人是否准时在线参加开标的证明文件。

在此,可能有人会有疑虑,投标文件解密记录难道不可以作为投标人参加开标会的证明文件吗?

目前可能的投标文件加密、解密方式有三种:

1. 招标人和投标人联合密钥加密和解密;

2. 招标人或交易平台运营机构密钥加密和解密;

3. 投标人密钥加密和解密。

当采用上述第二种解密方式时,投标人并未参与到解密环节,不过,此时投标人无须解密也就没必要签到了,但该方式非主流,不能保证在开标前投标文件是否已提前解密,各参与主体信任度较低,使用较少,故《电子招标投标办法》要求所有投标人必须参与开标会,若交易平台无签到环节,则难以证明投标人是否参与了开标。

【法律与政策依据】

《电子招标投标办法》

第二十九条　电子开标应当按照招标文件确定的时间，在电子招标投标交易平台上公开进行，所有投标人均应当准时在线参加开标。

《技术规范》

5.6　开标

5.6.1　签到记录

应具备参加开标的人员通过网络远程办理电子签到的功能。

82 电子开标的基本流程是怎样的?

A:数据电文形式开标流程本质上与纸质形式开标无异。《电子招标投标办法》第30条对电子开标的主要流程进行了规定,“开标时,电子招标投标交易平台自动提取所有投标文件,提示招标人和投标人按招标文件规定方式按时在线解密。解密全部完成后,应当向所有投标人公布投标人名称、投标价格和招标文件规定的其他内容”。

应当说明的是,电子开标是一个完整的流程,除了《电子招标投标办法》相关规定外,还应当根据《招标投标法》《招标投标法实施条例》和实践做法进行。完整的电子开标流程要点如下:

1. 招标人或者其委托的招标代理机构事先在电子招标投标交易平台中设定开标会主持人。电子开标与纸质开标一样,需要主持人。开标由招标人或者其委托的招标代理机构相关人员主持。主持人负责整个开标过程,根据系统事先设定的权限按流程进行操作。

2. 参加开标会相关人员电子签到。电子签到是参加开标会的全体人员证明在线参加开标的依据。

3. 开标时间一到,电子招标投标交易平台自动提取投标文件。

4. 电子招标投标交易平台向主持人、监标人显示投标文件的数量。投标文件少于三个的，电子招标投标交易平台自动提示主持人是否继续开标。主持人根据实际情况决定继续开标或终止开标。

5. 主持人在线发出指令，要求招标人和投标人按招标文件规定方式按时在线解密。如出现解密失败的情形，主持人提醒投标人采取招标文件规定的补救措施进行。解密所需时长一般在招标文件中确定，由招标人或其委托的招标代理机构于开标前在系统中设定。解密可同时操作，无须按照投标文件依次进行。

6. 按规定解密完成后，电子招标投标交易平台向所有已解密的投标人展示开标记录信息，包括标段（包）编号、投标人名称、报价、工期（交货期）、投标保证金金额、投标保证金到账时间、投标文件递交时间。该环节相当于纸质形式的唱标，但在电子开标形式下无须唱出，并可一次性展示，以缩短时间，提高开标效率。

7. 投标人对开标过程有异议的，应当通过电子招标投标交易平台提出，主持人应当在电子招标投标交易平台上当场作出答复，并在开标记录中形成异议及答复记录。

8. 电子招标投标交易平台生成开标记录，由参加电子开标的相关人员电子签名确认。交易平台应当留出一定的时长供所有投标人电子签名。

9. 经电子签名确认的开标记录表向所有投标人公布，并通过电子招标投标交易平台向社会公众和电子招标投标公共服务平台同步发布。至此，整个电子开标流程结束。

【法律与政策依据】

《招标投标法》

第三十四条　开标应当在招标文件确定的提交投标文件截止时间的同一时间公开进行；开标地点应当为招标文件中预先确定的地点。

第三十五条　开标由招标人主持，邀请所有投标人参加。

第三十六条　开标时，由投标人或者其推选的代表检查投标文件的密封情况，也可以由招标人委托的公证机构检查并公证；经确认无误后，由工作人员当众拆封,宣读投标人名称、投标价格和投标文件的其他主要内容。

招标人在招标文件要求提交投标文件的截止时间前收到的所有投标文件,开标时都应当当众予以拆封、宣读。

开标过程应当记录,并存档备查。

《招标投标法实施条例》

第四十四条　招标人应当按照招标文件规定的时间、地点开标。

投标人少于3个的,不得开标;招标人应当重新招标。

投标人对开标有异议的,应当在开标现场提出,招标人应当当场作出答复,并制作记录。

《电子招标投标办法》

第三十条　开标时,电子招标投标交易平台自动提取所有投标文件,提示招标人和投标人按招标文件规定方式按时在线解密。解密全部完成后,应当向所有投标人公布投标人名称、投标价格和招标文件规定的其他内容。

第三十二条　电子招标投标交易平台应当生成开标记录并向社会公众公布,但依法应当保密的除外。

83 电子开标需要唱标吗?

A:《招标投标法》规定,开标时工作人员需当众拆封投标文件,宣读投标人名称、投标价格和投标文件的其他主要内容,即我们通常所说的唱标。《电子招标投标办法》也同样规定,投标文件解密全部完成后,应当向所有投标人公布投标人名称、投标价格和招标文件规定的其他内容。这里所说的"公布"并不一定是要"宣读",以数据形式展示给所有参与的投标人即可,因为电子开标模式的特殊性,很多电子开标是远程在线进行,采用宣读的方式效果并不理想,且在投标人较多的情况下宣读过程耗时较长,不符合电子化提高效率、降低成本的优势,而采用解密完成后,电子招标投标交易平台向所有投标人公开展示开标记录信息更合适。

【法律与政策依据】

《电子招标投标办法》

第三十条　开标时,电子招标投标交易平台自动提取所有投标文件,提示招标人和投标人按招标文件规定方式按时在线解密。解密全部完成后,应当向所有投标人公布投标人名称、投标价格和招标文件规定的其他内容。

84 电子模式下，还有必要邀请公证员或监督部门参与开标吗？

A：首先，法律并未规定开标过程必须要公证或者有监督部门在场。

其次，传统纸质模式下，开标环节邀请公证员或监督人员参加主要是为了见证检验投标文件的密封性及开标程序。电子模式下，投标文件必须先加密才能递交，投标人未按规定加密的投标文件，电子交易平台应当拒收，且在投标截止时间前，除投标人补充、修改或者撤回投标文件外，任何单位和个人不得解密、提取投标文件，投标文件的保密性得到严格保障。同时，开标程序被交易平台固化，合法合规，全程记录并留档备查。此时，再邀请公证员或监督部门参与开标就显得没有必要了。

【法律与政策依据】

《电子招标投标办法》

第二十六条　电子招标投标交易平台应当允许投标人离线编制投标文件，并且具备分段或者整体加密、解密功能。

投标人应当按照招标文件和电子招标投标交易平台的要求编制并加密投标文件。

投标人未按规定加密的投标文件,电子招标投标交易平台应当拒收并提示。

第二十七条(第三款)　在投标截止时间前,除投标人补充、修改或者撤回投标文件外,任何单位和个人不得解密、提取投标文件。

85 开标期间可以更换电脑吗?

A:可以。

开标期间投标人的核心工作是完成投标文件的解密,因此只要在规定的时间内完成解密和签名工作,就能顺利完成开标。投标人应当登录招标项目使用的电子交易平台准时在线参加开标会,开标期间电脑出现故障无法继续参加开标的,投标人可以中途离场,及时更换电脑重新登录电子交易平台,进入项目开标大厅继续参加开标。

投标人在投标文件解密完成前离开开标大厅的,投标人只要在投标文件解密时限内重新登录交易平台进入开标大厅完成投标文件解密即可。投标人在解密完成后、开标一览表签名确认前离开开标大厅的,可在开标一览表签名时限内登录交易平台进入开标大厅完成开标一览表签名,如招标文件未明确规定必须完成开标一览表签名的,投标人可不进行签名。

86 电子交易平台可以具备开标现场投标文件澄清的功能吗?

A:不可以。

开标解密完成后,电子交易平台只能对投标文件的部分内容向所有投标人进行公开展示,以达到公开、公平的目的,即使发现投标文件中有内容相互矛盾的地方,也只能据实公布和记录。工作人员不得要求投标人对投标文件进行现场澄清,而应当把问题交由评标委员会在评标阶段处理,如果工作人员越权让投标人进行澄清,不但会影响评标委员会工作的正常开展,还可能侵犯其他投标人的合法权益。

【法律与政策依据】

《招标投标法》

第三十六条(第一款) 开标时,由投标人或者其推选的代表检查投标文件的密封情况,也可以由招标人委托的公证机构检查并公证;经确认无误后,由工作人员当众拆封,宣读投标人名称、投标价格和投标文件的其他主要内容。

第三十九条 评标委员会可以要求投标人对投标文件中含义不明确的内容作必要的澄清或者说明,但是澄清或者说明不得超出投标文件的范围或者改变投标文件的实质性内容。

《招标投标法实施条例》

第五十二条(第一款)　投标文件中有含义不明确的内容、明显文字或者计算错误,评标委员会认为需要投标人作出必要澄清、说明的,应当书面通知该投标人。投标人的澄清、说明应当采用书面形式,并不得超出投标文件的范围或者改变投标文件的实质性内容。

87 线上开标过程中，招标人可以提前结束开标吗？

A：交易平台对开标时间有严格控制，在开标倒计时结束前，如所有投标人都已完成解密、签名操作的，招标人可提前结束开标，无须等待倒计时结束；如在倒计时结束前，有投标人尚未完成解密、签名的，招标人不能提前结束开标，便于投标人在规定的时间内完成相关操作，以保障投标人的正当权利。

88 开标过程没有签到还能参与解密吗?

A:按照开标程序,应当先签到才能进入解密环节,投标人未签到无法解密。

部分电子交易平台为了简化操作,提升用户体验,默认投标人进入线上开标大厅即自动完成签到,表面上看是没有签到即开始解密了,实际上还是先签到后解密。

89 常见的投标文件加密、解密方式有哪些？哪种方式最可靠？

A：数据电文形式的投标文件的加密相当于纸质投标文件的密封。电子招标投标交易平台的设计和开发者可根据实际情况采取不同的加密方式。

在电子招标投标交易平台的应用实践中，有三种加密、解密的方式：

1. 投标时由投标人加密，开标时由投标人解密。这种方式最为常用。在这种方式下，投标人对电子招标投标交易的信任度最高，不存在由于其他人的操作失误导致投标人不能加密、解密的可能，但可能因网络通信条件、投标人密钥管理不善或者操作失误、终端软件环境等因素造成解密失败，影响开标效率，甚至产生各种纠纷。

2. 招标人或交易平台运营机构加密、解密。这种方式不存在由于投标人操作不当造成加密、解密失败而影响开标顺利进行的风险，但容易出现招标人或交易平台运营机构操作失误导致加密、解密失败和投标人对其不信任的问题。把投标人排斥在加密、解密行为之外，投标人对投标文件在开标之前的安全性有疑虑。

3. 招标人或交易平台运营机构和投标人共同参与加密、解密过程，即由招标人或交易平台运营机构和投标人组合进行加密、解密。这种方式使各方信任程度最高，但因为参与操作解密的主体增多了、环节增加了，加密、解密失败的风险也最高。

上述三种方式，各有利弊。《电子招标投标办法》规定投标人应当按照招标文件和电子招标投标交易平台的要求编制并加密投标文件。即把加密、解密方式的选择权交给了招标投标活动当事人，招标人应当在招标文件中明确交易平台所使用的加密、解密方式。

实际上，电子招标投标交易平台所使用的加密、解密方式，对投标人而言是一个既定事实，投标人不可能单独要求电子招标投标交易平台采用其他加密、解密方式，投标人只能被动选择。而对招标人或者其委托的招标代理机构来说，事先要判断各种加密、解密方式的利弊、影响，再结合其他因素来选择使用适合自身的电子招标投标交易平台。

【法律与政策依据】

《电子招标投标办法》

第二十六条（第二款）　投标人应当按照招标文件和电子招标投标交易平台的要求编制并加密投标文件。

第三十条　开标时，电子招标投标交易平台自动提取所有投标文件，提示招标人和投标人按招标文件规定方式按时在线解密。解密全部完成后，应当向所有投标人公布投标人名称、投标价格和招标文件规定的其他内容。

《技术规范》

5.5　投标

5.5.1　资格预审申请文件/投标文件

资格预审申请文件/投标文件（在5.5.1中统称“文件”）管理应满足以下要求：

……

h）应具备投标人按照招标文件约定的加密方式选择按标段（包）分段或整体加密、递交文件的功能。

……

90 线上开标时，投标文件由招标人或交易平台解密的，投标人还有必要参加开标吗？

A：在电子招标投标系统的应用实践中，常见的加密、解密方式有三种：

1. 投标时由投标人加密，开标时由投标人解密。

2. 招标人或交易平台运营机构加密、解密。

3. 招标人或交易平台运营机构和投标人组合进行加密、解密。

《电子招标投标办法》要求所有投标人均应当准时在线参加开标，最主要的是考虑到主流的加密、解密方式是采取投标人加密、解密的方式，投标人如不在线参加开标会，任何其他单位和个人都不能对投标文件进行解密。

但是，在开标环节，除了投标文件解密外，开标记录表也需要投标人签名确认，投标人对开标有异议的可以现场提出，招标人应当当场做出解答，投标人未签名确认，也未提出异议的，视为同意。

综上，投标文件由招标人或交易平台解密的，投标人是否参加开标并不影响投标文件解密的结果，投标人未参与开标的，意味着放弃了开标环节异议的权利，对投标人自身其实是不利的。

【法律与政策依据】

《电子招标投标办法》

第二十九条　电子开标应当按照招标文件确定的时间，在电子招标投标交易平台上公开进行，所有投标人均应当准时在线参加开标。

《招标投标法实施条例》

第四十四条（第三款）　投标人对开标有异议的，应当在开标现场提出，招标人应当当场作出答复，并制作记录。

91 招标人参与投标文件解密有何意义?

A:部分电子交易平台线上开标时,投标人解密完成后还需要招标人再进行一遍解密,此种情形属于招标人与投标人组合解密,采用这种解密方式的,在投标文件加密环节,同样需要招标人与投标人组合进行加密。

招标人与投标人组合加密、解密意味着对投标文件进行了双重加密,给投标文件上了两道安全锁,提高了投标文件的安全性,同时减少了招标人、投标人对平台运营机构违规解密的质疑风险。但也增加了因操作不当等原因导致解密不成功的可能性。

92 投标人如何减少开标时解密失败的可能性?

A:投标人可以从以下几方面进行规避:

1. 按照电子交易平台规范的使用手册编制电子投标文件,避免因投标文件编制操作不当导致解密失败。

2. 部分电子交易平台允许投标文件加密后进行解密自检,投标人可通过解密自检查看投标文件是否可以成功解密,提前进行问题排查。

3. 加密和解密时使用同一台电脑,减少因电脑软硬件环境导致解密失败的可能。

4. 开标前提前检查电脑环境,使用 CA 登录进入系统,做好开标解密准备。

5. 部分交易平台提供了解密的补救措施,如密码信封等,可在 CA 解密失败时发挥作用。

93 招标文件中可以约定哪些解密失败的补救措施?

A:为了保证电子开标的顺利进行,减少由于解密失败导致的招标项目失败情形发生,电子招标投标交易平台可以提供投标文件解密失败的补救方案。《电子招标投标办法》第 31 条第 2 款规定,“招标人可以在招标文件中明确投标文件解密失败的补救方案”。补救方案的好坏,也是评价电子招标投标交易平台安全性、可靠性的一个重要指标,是招标人或者招标代理机构决策选择平台的重要考量因素。

解密失败的补救方案,实际上是一项应急措施。在实践中,有以下三种常见办法。

1. 采用纸质文件作备份。在电子招标投标时,允许投标人递交一份纸质文件作为备份。在解密失败时,采用纸质文件。按相关规定,在投标截止时间前,投标人提交纸质形式的投标文件,招标人对此进行密封检查;在开标时由投标人或监标人进行密封检查,而后拆封、唱标、录入开标一览表的信息等。

2. 采用“电子文件哈希摘要备份”方法。在电子投标文件加密递交前,做一个哈希摘要。哈希摘要是一组定长的数据,该数据对任何一份文件,都是唯一的。只要文件发生任何变化,该摘要数据就会发生变化。该摘要数据不包含任何可识别的招标文件内容信息。投标人将此摘要数据托管到可信的第三方，如电子招标投标公共服务平台。如果解密正常，此摘要数据无用。如果解密失败，电子招标投标交易平台可以要求投标人再行通过网络递交一份投标文件。电子招标投标交易平台在收到原文后做哈希运算，如果得到的数值与投标人托管的哈希摘要数据完全一致，则该文件就可用做开标时补救的投标文件。这种方法可较好地解决解密失败风险的防范问题。

3. 采用密码信封解密。部分交易平台提供密码信封解密的补救措施，可在CA解密失败时发挥作用。投标人在加密投标文件时，可另行设置一个解密密码即密码信封，当CA解密投标文件失败时，可使用密码信封进行解密。

由于电子招标投标交易平台采用的解密失败的补救方案总是有限的，投标人只能就该交易平台运营机构提供的补救方案作出响应。

94 解密时限截止，投标文件只完成部分解密，能算成功吗？

A：解密时限截止，部分文件尚未解密成功的，属于投标文件解密失败。

《电子招标投标办法》规定，解密全部完成后，应当向所有投标人公布投标人名称、投标价格和招标文件规定的其他内容。若投标文件未能全部解密成功，交易平台无法获取全部投标文件的信息，无法提取需要向投标人公布的关键信息并向投标人公布。

通常情况下解密时间是以秒计算的，除投标文件和 CA 的问题外，只要是开始解密后，极少有在截止时间前不能完成解密的情况。

【法律与政策依据】

《电子招标投标办法》

第三十条　开标时，电子招标投标交易平台自动提取所有投标文件，提示招标人和投标人按招标文件规定方式按时在线解密。解密全部完成后，应当向所有投标人公布投标人名称、投标价格和招标文件规定的其他内容。

95 投标文件解密失败，投标保证金可以不退还吗？

A：《电子招标投标办法》从责任的角度对投标文件解密失败情况一分为二，即投标人的原因和非投标人的原因。

1. 投标人的原因导致投标文件解密失败

《电子招标投标办法》规定，投标人原因导致解密失败的，视为撤销其投标文件。投标时间截止后，投标有效期开始计算。投标有效期内的投标文件对招标人和投标人均具有法律约束力。电子开标时间（与投标截止时间为同一时间）已到，表明已进入投标有效期，此时投标人不得撤销其投标，否则将削弱投标的竞争性。根据《招标投标法实施条例》第35条第2款的规定，“投标截止后投标人撤销投标文件的，招标人可以不退还投标保证金”，因此，投标保证金是可以没收的，但在实际项目中，保证金是否退还，由招标人在招标文件中明确。

2. 非投标人的原因导致投标文件解密失败

因投标人之外的原因造成投标文件未解密的，视为撤回其投标文件。从合同订立的角度，投标属于要约。潜在投标人是否做出要约，完全取决于其自身的意愿。在电子招标投标活动中，投标人递交投标文件并按规定进行解密，是其做出要约的完整过程。投标文件在投标截止时间递交后，投标人有意愿且按规定在电子招标投标交易平台上做了解密过程的一系列操作，即做出要约。其他原因导致电子招标投标交易平台未收到其准确的解密指令，投标人不存在过错情形，则不应当由其承担相应的法律责任。根据《招标投标法实施条例》第35条第1款的规定，“投标人撤回已提交的投标文件，应当在投标截止时间前书面通知招标人。招标人已收取投标保证金的，应当自收到投标人书面撤回通知之日起5日内退还”，因此，招标人不能没收投标人的保证金，且投标人有权向责任方要求赔偿其因此遭受的直接损失。

【法律与政策依据】

《电子招标投标办法》

第三十一条（第一款） 因投标人原因造成投标文件未解密的，视为撤销其投标文件；因投标人之外的原因造成投标文件未解密的，视为撤回其投标文件，投标人有权要求责任方赔偿因此遭受的直接损失。部分投标文件未解密的，其他投标文件的开标可以继续进行。

《招标投标法实施条例》

第三十五条 投标人撤回已提交的投标文件，应当在投标截止时间前书面通知招标人。招标人已收取投标保证金的，应当自收到投标人书面撤回通知之日起5日内退还。

投标截止后投标人撤销投标文件的，招标人可以不退还投标保证金。

96 电子开标时，投标文件解密时限和开标记录表签名时限应设置为多长时间？

A：投标文件解密和开标记录表签名没有固定的时限规定，招标人或招标代理机构可根据待解密的投标文件数量、投标人的使用习惯以及历史经验设置解密和签名时限。解密和签名时限过短，可能投标人来不及完成投标文件解密和电子签名，解密和签名时限过长，可能存在部分人员不及时解密和签名而导致影响开标效率，因此设置一个合理的时限很有必要，通常将投标文件解密设置为30分钟，开标一览表签名设置为10分钟，既能保证投标人能及时处理各种突发情况（断网、断电等），又能保证开标过程顺利完成进入后续流程。

97 投标人参与多个标段/标包投标的，开标时需要解密多次吗？

A：对于同一项目下并且同一时间开标的多个标段/标包，技术上可以实现统一解密、统一签名。但具体情况要视投标人使用的电子交易平台的解密功能设置而定，部分交易平台实现了统一解密、统一签名，部分交易平台仍采用分别解密、分别签名的方式。

98 线上开标时，投标人未完成开标解密前能看到其他已解密的投标人的报价信息吗？

A:《电子招标投标办法》第 21 条规定，在投标截止时间前，电子招标投标交易平台运营机构不得向招标人或者其委托的招标代理机构以外的任何单位和个人泄露下载资格预审文件、招标文件的潜在投标人名称、数量以及可能影响公平竞争的其他信息。但并未对开标过程中，应当何时公布投标人信息作相关规定。

在传统模式下，投标文件的唱标通常由工作人员负责，所有投标人逐一拆开密封袋，并唱出投标人报价等信息。而电子模式下，在投标截止时间点，虽然投标文件已编制完成并递交，但还需完成在线解密工作，如果解密工作由招标人完成，参会投标人获取其他投标人的信息并不会影响项目公平公正；如果解密工作由投标人完成，则可能存在投标人视其他投标人的参与或报价情况而决定自身是否解密。虽然《电子招标投标办法》有规定，投标人自身原因造成解密失败的，属于撤销投标文件，但是在目前的实践中，招标人往往不会追究投标人解密失败的原因和责任。所以，线上开标时，投标文件解密完成前是否可以允许参会投标人获知其他投标人的信息，应视交易平台的功能设置而定。为稳妥起见,在投标文件全部解密完成后再展示参与开标会的投标人的信息更为合理。

【法律与政策依据】

《电子招标投标办法》

第二十一条　在投标截止时间前,电子招标投标交易平台运营机构不得向招标人或者其委托的招标代理机构以外的任何单位和个人泄露下载资格预审文件、招标文件的潜在投标人名称、数量以及可能影响公平竞争的其他信息。

99 投标人解密失败，如何界定是系统问题还是投标人责任？

A：对于责任归属明确的原因导致解密失败，如CA损坏或过期、解密密码丢失、开标时所使用的电脑无法识别CA等原因造成的投标文件解密失败，应属于投标人责任，因系统崩溃等原因导致的投标文件解密失败，则应属于交易平台原因。

对于一些责任归属模糊、不易认定的情形，可以借助以下三个方面进行判定：

1. 解密失败的投标人数量。如属于系统原因导致的解密失败，通常会出现规模性的投标人解密失败情况，如只有单个投标人解密失败，大概率是投标人自身原因导致。

2. 交易平台提供的技术佐证。交易平台可根据数据记录开展技术分析，提供具有说服力的技术佐证，作为责任界定的依据，如投标人在什么时间登录系统实施了哪些操作等记录。

3. 第三方提供的技术鉴定。引入第三方进行技术鉴定，根据技术鉴定结果进行判定。

总体上来说,在解密失败时,投标人很难举证是交易平台的原因,因此交易平台应从技术和服务两方面入手,尽可能避免此情况发生,提升用户体验。

100 投标文件解密失败，导致有效投标人不足三家，项目还能继续吗？

A：此问题属电子招标中产生的新问题，在《招标投标法》、《招标投标法实施条例》和《电子招标投标办法》中均没有特别有针对性的对应条款。

《招标投标法》第28条第1款规定：“投标人应当在招标文件要求提交投标文件的截止时间前，将投标文件送达投标地点。招标人收到投标文件后，应当签收保存，不得开启。投标人少于三个的，招标人应当依照本法重新招标。”

《招标投标法实施条例》第44条第1款、第2款规定：“招标人应当按照招标文件规定的时间、地点开标。投标人少于3个的，不得开标；招标人应当重新招标。”

《电子招标投标办法》第31条第1款规定：“因投标人原因造成投标文件未解密的，视为撤销其投标文件；因投标人之外的原因造成投标文件未解密的，视为撤回其投标文件，投标人有权要求责任方赔偿因此遭受的直接损失。部分投标文件未解密的，其他投标文件的开标可以继续进行。”

《招标投标法》《招标投标法实施条例》均只对投标截止时间前的投标人家数进行了规定，不足三家不能开标，要求重新招标。而《电子招标投标办法》仅对不成功解密的投标人怎么处理做了说明，但没有明确解密不成功，导致只有两家解密成功后后续如何进行操作。

针对此问题，业内也有两种观点：一种观点认为，在投标截止时间前，投标人家数已满足了三家条件，按《招标投标法》的规定就应该正常予以唱标和评标。在评标中，评标委员会有权根据项目的竞争性情况来决定是否评出有效中标人（当然除政府采购项目，政府采购项目中只要评标时满足招标条件的有效投标人不足三家就予以"废标"）。即在非政府采购项目的电子招标中，只有两家解密成功的项目可以正常进行开标和评标。另一种观点认为，这种情况下进行正常的开标和评标似有不妥之处，如果正常开标和评标，最后项目流标了，已经唱标的两家投标人在重新招标时报价会有不便，甚至会导致投标人的异议和投诉。

因此，类似情况建议在招标文件中明确只有两家投标人解密成功时应当如何处理。

【法律与政策依据】

《招标投标法》

第二十八条（第一款） 投标人应当在招标文件要求提交投标文件的截止时间前，将投标文件送达投标地点。招标人收到投标文件后，应当签收保存，不得开启。投标人少于三个的，招标人应当依照本法重新招标。

《招标投标法实施条例》

第四十四条（第二款） 投标人少于3个的，不得开标；招标人应当重新招标。

《电子招标投标办法》

第三十一条（第一款） 因投标人原因造成投标文件未解密的，视为撤销其投标文件；因投标人之外的原因造成投标文件未解密的，视为撤回其投标文件，投标人有权要求责任方赔偿因此遭受的直接损失。部分投标文件未解密的，其他投标文件的开标可以继续进行。

101 双信封招标如何进行开标解密?

A:双信封招标要求投标人将投标报价和工程量清单单独密封在一个报价信封中,其他商务和技术文件密封在另一个信封中。在开标前,两个信封同时提交招标人。

在电子模式下,开标解密程序如下:

1. 第一步开标时,投标人用自己的 CA 密钥解密自己的商务和技术文件,解密后展示商务技术开标一览表,包括投标人名称、项目(货物)名称、工期(交货期)、保证金信息等(以货物开标为例)。

2. 评标委员会对商务和技术文件进行初步评审和详细评审,确定通过商务和技术评审的投标人名单。

3. 通过电子交易平台有关功能向所有已参加第一步开标的投标人发布通知,告知第二步开标的时间(一般同时还以短信进行提醒)。

4. 到达第二步开标时间后,投标人再一次用 CA 密钥解密价格文件,此时不允许未通过商务和技术评审的投标人解密价格文件,但允许其最终查看其他人的开标记录。

5. 第二步解密完成后电子交易平台自动展示价格开标一览表。

102 电子招标投标模式有哪些更为简便的界定投标人围标、串标的方法?

A:目前,无论是电子招标还是纸质招标,认定串标行为的法律依据还是紧扣《招标投标法实施条例》第 39 条、第 40 条、第 41 条,只是电子招标投标会带来一些新式的认定串标的手段,使认定串标行为变得更加简便。例如,

1. 平台自动识别不同投标人的投标文件是否异常一致或者投标报价呈规律性差异;

2. 平台自动识别投标 CA 证书是否为同一个;

3. 根据投标文件制作信息识别是否为同一台电脑编制;

4. 制作工程量清单所使用的报价软件的密码狗的用户信息是否一致。

【法律与政策依据】

《招标投标法实施条例》

第三十九条　禁止投标人相互串通投标。

有下列情形之一的,属于投标人相互串通投标:

(一)投标人之间协商投标报价等投标文件的实质性内容;

(二)投标人之间约定中标人;

（三）投标人之间约定部分投标人放弃投标或者中标；

（四）属于同一集团、协会、商会等组织成员的投标人按照该组织要求协同投标；

（五）投标人之间为谋取中标或者排斥特定投标人而采取的其他联合行动。

第四十条　有下列情形之一的，视为投标人相互串通投标：

（一）不同投标人的投标文件由同一单位或者个人编制；

（二）不同投标人委托同一单位或者个人办理投标事宜；

（三）不同投标人的投标文件载明的项目管理成员为同一人；

（四）不同投标人的投标文件异常一致或者投标报价呈规律性差异；

（五）不同投标人的投标文件相互混装；

（六）不同投标人的投标保证金从同一单位或者个人的账户转出。

第四十一条　禁止招标人与投标人串通投标。

有下列情形之一的，属于招标人与投标人串通投标：

（一）招标人在开标前开启投标文件并将有关信息泄露给其他投标人；

（二）招标人直接或者间接向投标人泄露标底、评标委员会成员等信息；

（三）招标人明示或者暗示投标人压低或者抬高投标报价；

（四）招标人授意投标人撤换、修改投标文件；

（五）招标人明示或者暗示投标人为特定投标人中标提供方便；

（六）招标人与投标人为谋求特定投标人中标而采取的其他串通行为。

103 两家投标人递交的投标文件 IP 地址一致，可以视为串标吗？

A：不可以。

《招标投标法》及其实施条例中把“不同投标人委托同一单位或者个人办理投标事宜”作为认定投标人相互串通的法定情形，某些地区和企业将投标人递交的投标文件 IP 地址相同视为“不同投标人委托同一单位或者个人办理投标事宜”，递交投标文件属于办理投标事宜，但是递交投标文件的 IP 地址相同并不能完全证明同一单位或个人办理投标事宜。

IP 地址（Internet Protocol Address）是 IP 协议提供的一种统一地址格式，分为内网 IP 地址和公网 IP 地址，只有公网 IP 地址是全球唯一的，而内网 IP 地址只是在局域网内有效。我们所说的投标文件 IP 地址指的是公网 IP 地址，同一个公网下可能有多个内网 IP 地址，如果投标文件递交的 IP 地址显示是相同的，有可能这两家投标人在递交投标文件时处于同一个局域网内，如两家投标人在同一家宾馆登录电子交易平台递交投标文件，但并不能证明这两家投标人串标。

因此，IP 地址相同只能作为串标的线索之一，而不能完全确定。

【法律与政策依据】

《招标投标法实施条例》

第四十条　有下列情形之一的,视为投标人相互串通投标:

(一)不同投标人的投标文件由同一单位或者个人编制;

(二)不同投标人委托同一单位或者个人办理投标事宜;

(三)不同投标人的投标文件载明的项目管理成员为同一人;

(四)不同投标人的投标文件异常一致或者投标报价呈规律性差异;

(五)不同投标人的投标文件相互混装;

(六)不同投标人的投标保证金从同一单位或者个人的账户转出。

104 电子化评标模式下，一个项目经理可以同时组织多个项目开展评标吗？

A：可以。

招标投标相关法律法规并没有规定一个项目经理在同一时间段内只能组织一个项目的评标工作。招标代理机构项目经理在评标环节通常担任评标组织者的角色，但这并不是固定的，项目经理也可以在评标前直接指定某一评委为评标组长，或在评标开始时组织选举评标组长，确定评标组长后将组织评标的工作交由评标组长负责。

电子模式下，传统模式下评标的辅助工作如发放和搜集打分表、汇总并核查评委的评分、协助编写评标报告等都由计算机完成，使一个项目经理可以在同一时间段组织多个项目评标，这也是电子化之后效率提升的表现。

105 评标时，招标人可以进入线上评标室查看吗？

A：根据有关法律规定，依法必须进行招标的项目，其评标委员会由招标人的代表和有关技术、经济等方面的专家组成，招标人可以通过授权招标人代表以评委的形式参与评标，但在评标期间，招标人不得通过线上模式远程进入评标室查看评标情况，否则无法保证评标信息的保密性。

非依法必须招标项目，评委会组成可由招标人自行负责，招标人进入线上评标室不违背法律要求，但具体谁能进入应由招标人在内部管理制度中予以明确，确保评标工作的保密性、公正性。电子交易平台运营机构可以根据招标人需求，对招标人开放进入评标室的权限。

106 评标期间投标人需要一直保持在线,以备评委发起评标澄清吗?

A:不需要。

电子模式下,评委发起评标澄清后,系统可自动向投标人发起语音电话或短信通知,通知其及时登录电子交易平台完成澄清,投标人无须一直保持在线,保持通信畅通即可。

但现实情况中,也存在部分电子交易平台尚不具备评标澄清语音或短信通知的功能,此时,若评委发起评标澄清,可由组织评标的工作人员通知投标人登录平台进行澄清。

107 电子评标时,如何核对采购人代表授权函?

A:《政府采购货物和服务招标投标管理办法》规定,采购人或者采购代理机构负责组织评标工作,并负有核对评审专家身份和采购人代表授权函的职责。

采购人代表授权函具有两个作用:

1. 身份证明;

2. 赋予持有者作为评委参与评标的权利。

电子模式下,为达到这两个目的,首先,可以通过CA认证、人脸识别等技术核验授权函持有人是否为登录交易平台的评委本人。其次,采购人代表可通过交易平台提交经采购人电子签名的授权函,以确保采购人代表具有参与评审的权利,该授权函作为被授权人以评委身份参与评标的证明文件进行归档。

【法律与政策依据】

《政府采购货物和服务招标投标管理办法》

第四十五条　采购人或者采购代理机构负责组织评标工作,并履行下列职责:

（一）核对评审专家身份和采购人代表授权函，对评审专家在政府采购活动中的职责履行情况予以记录，并及时将有关违法违规行为向财政部门报告；

……

108 某评委无法参加线上评标，能让其他有同等资格的专家代为参加吗？

A：评委无法参与评标的，招标人可更换评委，但更换方式应当合法合规。

《招标投标法实施条例》规定，评标过程中，评标委员会成员有回避事由、擅离职守或者因健康等原因不能继续评标的，应当及时更换。被更换的评标委员会成员作出的评审结论无效，由更换后的评标委员会成员重新进行评审。

依法必须进行招标的项目，更换评标委员会的专家成员应当以随机抽取的方式重新选取，技术特别复杂、专业性要求特别高或者国家有特殊要求的招标项目，随机抽取专家难以保证胜任的，可由招标人直接指定。

对于不属于依法必须招标范围的招标项目，相关法律没有对评标委员会成员的确定方式作出规定，评委无法参与评标的，招标人可以直接更换评委，无须从专家库中随机抽取。

【法律与政策依据】

《招标投标法》

第三十七条（第三款） 前款专家应当从事相关领域工作满八年并具有高级职称或者具有同等专业水平，由招标人从国务院有关部门或者省、自治区、直辖市人民政府有关部门提供的专家名册或者招标代理机构的专家库内的相关专业的专家名单中确定；一般招标项目可以采取随机抽取方式，特殊招标项目可以由招标人直接确定。

《招标投标法实施条例》

第四十六条　除招标投标法第三十七条第三款规定的特殊招标项目外，依法必须进行招标的项目，其评标委员会的专家成员应当从评标专家库内相关专业的专家名单中以随机抽取方式确定。任何单位和个人不得以明示、暗示等任何方式指定或者变相指定参加评标委员会的专家成员。

依法必须进行招标的项目的招标人非因招标投标法和本条例规定的事由，不得更换依法确定的评标委员会成员。更换评标委员会的专家成员应当依照前款规定进行。

……

第四十八条(第三款)　评标过程中，评标委员会成员有回避事由、擅离职守或者因健康等原因不能继续评标的，应当及时更换。被更换的评标委员会成员作出的评审结论无效，由更换后的评标委员会成员重新进行评审。

109 部分交易平台允许招标人依据项目实际情况，在评标阶段划分标段，是否合法？

A：不合法。

《招标投标法》第19条第3款规定，招标项目需要划分标段、确定工期的，招标人应当合理划分标段、确定工期，并在招标文件中载明。据此，招标人如果想分标段招标，就必须在招标文件中明确各标段的内容及相应的资质要求、评审办法等相关内容，否则属于“技术要求等实质性要求和条件不明确”，违反了招标投标法的基本程序规定。

【法律与政策依据】

《招标投标法》

第十九条（第三款） 招标项目需要划分标段、确定工期的，招标人应当合理划分标段、确定工期，并在招标文件中载明。

110 跨夜评审适合线上评标吗?

A:对于大型项目或多标段集中招标的项目,可能存在一天之内无法完成评审活动,需要跨夜之后下一天继续评审。跨夜评审分为线上集中评标和线上分散评标两种情况。

线上集中评标本质上与线下评标并无区别,都是采用现场集中评审的模式,只是评标使用电脑登录交易平台评审电子投标文件,招标人或招标代理机构可组织评委在评标场所进行集中评审、统一隔离、安排跨夜住宿,防止评委与外界联系。

而线上分散评审分为评委分散在交易中心等指定的评标场所和分散在各自场所如办公室、住所等。对于前一种情况,交易中心和社会评标场所具备跨夜评标条件的,可以满足跨夜评标的需求;对于后一种情况,即评委分散在办公室、住所等私人场所评标,这种分散评审的模式,对评委的全过程监控可能存在盲区,尤其对于跨夜评审这类休息时间较长的情况,由于未对评委进行物理隔离,评委更易于与外界保持密切联系,串通投标的成功概率可能有所上升,因此跨夜评审不宜采用远程分散的方式开展。

111 交易平台进行评标录像，录像资料可以在平台上保存多久？

A：《技术规范》规定，电子招标投标交易平台存档、归档应具备评标全过程录像自投标有效期结束之日起存档90日以上的功能。

《政府采购法》中明确规定采购人、采购代理机构对政府采购项目每项采购活动的采购文件应当妥善保存，保存期限为从采购结束之日起至少保存15年。对于企业招标投标项目，在《企业文件材料归档范围和档案保管期限规定》中对于建设项目的招投标文件材料所规定的保管期限为永久。而对于其他招投标项目，重要物资的招投标文件材料应保存30年，一般物资的招投标文件材料应保存10年。

招标人使用第三方交易平台开展招标投标活动的，应当与交易平台在平台使用协议中就采购活动资料的存档事项进行提前约定，评标录像资料在交易平台上的具体保存期限应根据招标人与交易平台签订的平台使用协议确定。

【法律与政策依据】

《技术规范》

5.12　存档、归档

存档、归档管理应满足以下要求：

……

e)应具备评标全过程录像自投标有效期结束之日起存档90日以上的功能。

《政府采购法》

第四十二条(第一款)　采购人、采购代理机构对政府采购项目每项采购活动的采购文件应当妥善保存,不得伪造、变造、隐匿或者销毁。采购文件的保存期限为从采购结束之日起至少保存十五年。

《企业文件材料归档范围和档案保管期限规定》

第七条　企业档案的保管期限定为永久、定期两种,定期一般分为30年、10年。

附件:

企业管理类档案保管期限表

序号	归档范围	保管期限
……	……	……
13.2	建设项目工作文件材料	
13.2.1	建设项目工作规划、计划、总结等文件材料	永久
13.2.2	建设项目工作制度、办法、规定等文件材料	永久
13.2.3	项目前期立项、规划、论证、设计、招投标、协议、合同、申请、审批等文件材料	永久
13.2.4	项目检查、竣工验收、重要的专项报告、审批意见	永久
……	……	……
13.6	物资管理文件材料	
……	……	……
13.6.4	物资采购审批手续、招投标文件材料、合同、协议、来往函件,物资保管台账、出入库记录等	

续表

序号	归档范围	保管期限
13.6.4.1	重要物资的	30年
13.6.4.2	一般物资的	10年
……	……	……

《电子招标投标办法》

第十六条(第一款)　招标人或者其委托的招标代理机构应当在其使用的电子招标投标交易平台注册登记,选择使用除招标人或招标代理机构之外第三方运营的电子招标投标交易平台的,还应当与电子招标投标交易平台运营机构签订使用合同,明确服务内容、服务质量、服务费用等权利和义务,并对服务过程中相关信息的产权归属、保密责任、存档等依法作出约定。

112 投标文件中资质证明材料显示为链接，评标时无法访问获取，可以否决投标吗？

A：视情况而定。

评标委员会是否做出否决投标的处理应当考虑两个方面：

1. 投标人递交的投标文件是否响应招标文件的实质性要求；

2. 投标人是否违反法律法规的强制性规定。

如果缺失的材料（链接部分）不影响投标人资质认定，且招标文件未明确规定投标人递交的资质证明材料需以图片、扫描件形式展现，评委不应否决其投标。

如果投标文件中缺失链接以外的内容后，无法证明投标人资质满足招标文件要求，且招标文件已明确规定投标人递交的资质证明材料需以图片、扫描件形式展现的，评标委员会应当否决其投标，若招标文件未明确规定投标人递交的资质证明材料需以图片、扫描件形式展现的，可以由评标工作人员连接外网获取链接文件，交由评委评审。

【法律与政策依据】

《招标投标法实施条例》

第五十一条　有下列情形之一的，评标委员会应当否决其投标：

（一）投标文件未经投标单位盖章和单位负责人签字；

（二）投标联合体没有提交共同投标协议；

（三）投标人不符合国家或者招标文件规定的资格条件；

（四）同一投标人提交两个以上不同的投标文件或者投标报价，但招标文件要求提交备选投标的除外；

（五）投标报价低于成本或者高于招标文件设定的最高投标限价；

（六）投标文件没有对招标文件的实质性要求和条件作出响应；

（七）投标人有串通投标、弄虚作假、行贿等违法行为。

113 以投标保函开具的有效期长于招标文件要求的投标有效期为由否决投标，合理吗？

A:不合理。

评标委员会是否做出否决投标的处理应当考虑两个方面：

1. 投标人递交的投标文件是否响应招标文件的实质性要求；

2. 投标人是否违反法律法规的强制性规定。

投标有效期，是指为保证招标人有足够的时间在开标后完成评标、定标、合同签订等工作，要求投标人提交的投标文件在一定时间内保持有效的期限。投标有效期一方面是为了约束投标人在有效期内不随意更改和撤销投标，保障招标人的权益；另一方面也是考虑到市场价格波动，避免因招标方的拖延增加投标风险，保障投标人的权益。投标人递交的投标保函有效期比投标有效期长，对招标人其实是有利的，评委不应以投标保函开具的有效期比招标文件要求的投标有效期长为由做出否决投标的处理。

【法律与政策依据】

《招标投标法实施条例》

第五十一条　有下列情形之一的，评标委员会应当否决其投标：

(一)投标文件未经投标单位盖章和单位负责人签字;

(二)投标联合体没有提交共同投标协议;

(三)投标人不符合国家或者招标文件规定的资格条件;

(四)同一投标人提交两个以上不同的投标文件或者投标报价,但招标文件要求提交备选投标的除外;

(五)投标报价低于成本或者高于招标文件设定的最高投标限价;

(六)投标文件没有对招标文件的实质性要求和条件作出响应;

(七)投标人有串通投标、弄虚作假、行贿等违法行为。

《政府采购货物和服务招标投标管理办法》

第二十三条　投标有效期从提交投标文件的截止之日起算。投标文件中承诺的投标有效期应当不少于招标文件中载明的投标有效期。投标有效期内投标人撤销投标文件的,采购人或者采购代理机构可以不退还投标保证金。

114 远程异地评标作为一种新事物，有哪些优点？

A：远程异地评标是指依托互联网信息技术，让身处不同地域的评委通过电子交易平台的在线评标系统，在线打分，远程完成项目评标。其优势可归纳为以下三个方面：

1. 实现跨区域专家资源共享。远程异地评标可随机抽取两地或多地省综合评标专家库的评标专家，实现资源共享，解决了某些地或市、县评标专家资源不足的问题。

2. 预防腐败，减少围标串标。远程异地评标可以在更大地域范围抽取评标专家，可以将招标人、投标人和评委从地域上实施隔离，减少了人为因素的干扰，在一定程度上破解了“熟面孔”、“老关系”、评委成“常委”、“围标串标”等招标采购疑难问题。

3. 提高监管效率。行业监管部门或综合监管部门可以对其开评标项目实施全程视频在线监控，也可以事后调取开评标监控信息，提高了监管效率。

115 远程异地分散评标,有哪些分散形式?

A:远程异地分散评标常见的分散方式有三种。

1. 分散在不同的交易场所,如专家分散在北京市、天津市、上海市,或者一个省内的不同地市。这是一种分散方式,也是目前最常见的远程异地评标方式。

2. 分散在不同的社会力量评审场所,如不少大型央企、地方国企在全国各地都建有满足监控要求的评标场所。这种分散方式在企业招标中实现起来较为简单,要想推广到全行业,则必须有统一的评审场所信息集中管理和发布平台。

3. 分散在评委各自场所,如办公室或家庭。这是最经济高效的分散方式,评委无须来回奔波,招标人无须租用评标场地,但也存在很多监管的安全问题,还需考虑评委是否具备相应的居家评标条件。

116 电子招标投标模式下，评委居家评标合法吗？

A：居家评标并不违反法律规定。

招标投标相关法律法规并未禁止专家居家评标。《招标投标法》第 38 条第 1 款规定，招标人应当采取必要的措施，保证评标在严格保密的情况下进行。

根据上述规定，为保证评标严格保密，采取必要措施的应当是招标人，而不是公共资源交易中心等场所运营机构或者监督部门。招标投标活动中的保密，是对与评标无关的人员保密，防止无关人员知道评审信息后非法干预正常评审活动，从而避免影响评标结果的公平、公正。评标委员会成员不得与外界有任何接触，评标情况不得向无关人员透露评审信息，即为严格保密。那么何为“必要措施”，这个在法律法规规章层面并没有统一规定。在传统纸质模式下，为了监督的便利，有形交易评标场地应运而生。目前，作为事业单位法人的各地公共资源交易中心开办的交易场所，通常向交易活动主体提供信息服务（如信息发布等）、场所服务（开评标场地）。所有评审活动都在有形场所开展，评委进入评标室前手机统一保管，评审结束前不得离开评标区域，评审所用电脑无法访问外部网络。这样就彻底切断了与外界联系的途径，可认为实现了严格保密。但上面所述的上交手机、进入有形场所、屏蔽电脑对外联络通道，都只是实现严格保密的措施之一，并非法律法规规章要求。

《招标投标法实施条例》第5条第1款规定，设区的市级以上地方人民政府可以根据实际需要，建立统一规范的招标投标交易场所，为招标投标活动提供服务。此处用的是“可以”，不是“必须”或者“应当”，即并没有规定政府必须建立招标投标交易场所，也没有规定依法必须招标的项目必须要进入政府建立的招标投标交易场所。

近年来，随着国家颁布一系列公共资源交易改革的文件，很多地区组建了公共资源交易集中监督机构，以公共资源交易平台整合的名义，将进场交易的项目范围持续扩大，发文要求所有公共资源交易进入有形场所。这其实是对“平台”的误解，把“平台”等同于“场所”，把“纳入公共资源交易平台”等同于“进入公共资源交易中心建设运营的场所和电子交易系统交易”。国家部委对“公共资源交易平台”有明确的定义，是指实施统一的制度和标准、具备开放共享的公共资源交易电子服务系统和规范透明的运行机制，为市场主体、社会公众、行政监督管理部门等提供公共资源交易综合服务的体系。定义中并没有把交易场所和电子交易系统纳入其中。

《电子招标投标办法》规定，电子评标应当在有效监控和保密的环境下在线进行，国家有规定应当进入依法设立的招标投标交易场所的，应当进场交易。此规定的目的是满足有效监控和保密的要求，对于国家没有规定的，可以不进入依法设立的招标投标交易场所。这里说的交易场所并不一定就是交易中心的场所，国务院办公厅《关于印发整合建立统一的公共资源交易平台工作方案的通知》（国办发〔2015〕63号）指出，在统一场所设施标准和服务标准条件下，公共资源交易平台不限于一个场所。对于社会力量建设并符合标准要求的场所，地方各级政府可以探索通过购买服务等方式加以利用。国家发展改革委等14个部门联合颁布的《公共资源交易平台管理暂行办法》第12条第2款规定，“市场主体依法建设的交易场所符合省级人民政府规定标准的，可以在现有场所办理业务”。家庭独立房间只要符合监管和保密要求，也可以作为社会力量建设运营的评标场所的组成部分。

综上，只要监管到位、符合保密要求，无论是集中评标，还是分散评标；无论是在交易中心评标,还是在企业的办公场地评标,抑或居家评标,法无禁止即可为。

此外,值得注意的是,《政府采购货物和服务招标投标管理办法》第 45 条第 1 款第 5 项规定,采购人或者采购代理机构负责组织评标工作,并履行下列职责:在评标期间采取必要的通讯管理措施,保证评标活动不受外界干扰。在实施专家居家评标时,招标人应通过技术手段管理评标专家的通讯工具,以满足规章的相关规定。

【法律与政策依据】

《招标投标法》

第三十八条(第一款)　招标人应当采取必要的措施,保证评标在严格保密的情况下进行。

《招标投标法实施条例》

第五条(第一款)　设区的市级以上地方人民政府可以根据实际需要,建立统一规范的招标投标交易场所,为招标投标活动提供服务。招标投标交易场所不得与行政监督部门存在隶属关系,不得以营利为目的。

《电子招标投标办法》

第三十三条　电子评标应当在有效监控和保密的环境下在线进行。

根据国家规定应当进入依法设立的招标投标交易场所的招标项目,评标委员会成员应当在依法设立的招标投标交易场所登录招标项目所使用的电子招标投标交易平台进行评标。

……

《公共资源交易平台管理暂行办法》

第十二条　公共资源交易平台应当按照省级人民政府规定的场所设施标准,充分利用已有的各类场所资源,为公共资源交易活动提供必要的现场服务设施。

市场主体依法建设的交易场所符合省级人民政府规定标准的,可以在现有场所办理业务。

《关于印发整合建立统一的公共资源交易平台工作方案的通知》(国办发〔2015〕63号)

四、有序整合资源

(七)整合场所资源。各级公共资源交易平台整合应充分利用现有政务服务中心、公共资源交易中心、建设工程交易中心、政府集中采购中心或其他交易场所,满足交易评标(评审)活动、交易验证以及有关现场业务办理需要。整合过程中要避免重复建设,严禁假借场所整合之名新建楼堂馆所。在统一场所设施标准和服务标准条件下,公共资源交易平台不限于一个场所。对于社会力量建设并符合标准要求的场所,地方各级政府可以探索通过购买服务等方式加以利用。

117 远程异地分散评标存在哪些风险点?

A:传统模式下,由招标人或招标代理机构安排场地,组织评委在封闭的空间集中进行评审,远程异地分散评标则由评委自行选择安静、封闭的空间,使用可联网的电脑进行评审。与传统模式相比,远程异地分散评标存在的风险点主要有以下四类:

1. 抽取到的评标专家的电脑设备、网络环境、系统操作技能等无法满足远程异地分散评标的条件;

2. 评标过程中,评委中途走动或离开,通过手机或电脑对外联系,泄露评标信息,并与投标人串通;

3. 由于系统或网络原因导致评标工作暂停;

4. 评标报告签名时,评委签名不规范导致评标报告不具备法律效力。

118 远程异地分散评标是否会增加评委与投标人的串标风险？

A：远程异地分散评标模式下，评委与投标人串通的风险并未明显增加。可从组建评标委员会、评标前身份核验、投标文件评审三个环节进行分析。

1. 组建评标委员会环节

在组建评标委员会这一环节，原有模式与远程异地分散评标模式并无区别。而且，在远程异地分散评标模式下，由于评委无须搭乘交通工具到达指定地点，评委获取评标通知的时间还可以缩减，投标人拦截评委的难度增加，在一定程度上降低了评委与投标人串标的风险。

2. 评标前身份核验环节

远程异地分散评标模式下，无法通过身份证核验评委身份，但可通过虹膜识别、与公安机关联网进行人脸识别等方式核验身份。相比于现场出示身份证，更具可靠性和严密性，防止评委替代评标，杜绝评委与投标人在此环节的“暗箱操作”。

3. 投标文件评审环节

远程异地分散评标模式下，此环节评委与投标人串通的方式主要有以下两种：

(1)评委通过手机或电脑对外联系，泄露评标信息；

(2)评委中途走动或离开，并对外联系。

针对第一种串通方式，原有评审模式下通常采用集中保管手机，使用局域网络，评审电脑只能看文件，无法访问外网的措施进行监控；远程异地分散评标模式下，则利用手机监控、电脑摄像头监控并录制评委行为及语言，系统全程录屏，防止评委通过互联网与外界联系。

电脑录屏技术是一个溯源系统。原有模式下，评标过程中如修改评分，无记录、不留痕，纸质或电子交易平台只记录最终结果，中间过程无法复原。电脑录屏技术系统全程记录每一位使用电子交易平台的评委操作画面的任何一个动作，评委如何打分的，中间是否发生修改，如何修改的……都可以通过录屏技术进行复原，评审全过程可回放、可追溯，此举颠覆了现有评审模式，特别是纸质评标过程的"暗箱操作"。

针对第二种串通方式，原有评审模式下评标结束前不得离开评标现场，远程异地分散评标模式下，可限制评委离场时间，离场期间，项目经理通过系统暂停该评委查看评标信息的权限，降低评委串标风险。

但是，这种方式并不能完全杜绝评委与投标人串标的风险，同时，远程异地分散评标毕竟不像现场评审一样旁边有人盯着，电脑摄像头的监控范围也有限，可能存在评委通过另一部手机对外联系，专家有两台电脑，并安排其他人配合操作的情形。但评委如果要和投标人成功串通，并让意向投标人中标，在评标期间需要经过以下五个步骤：

(1)评委从投标文件中获取投标人的联系信息；

(2)评委与投标人电话或短信联系；

(3)评委给投标人打高分；

(4)想办法让别的评委给投标人打高分；

(5)意向投标人排名第一。

监控评委行为以阻断对外联系，主要解决的是第二步的问题。在这方面，现场集中评审时成功对外联系的可能性的确比远程异地分散评标要小一些，但这并不意味着远程异地分散评标就会显著增加串标风险。事实上,在全程监控且录屏录音录像的情况下,评委想不被人发现与外界取得联系,存在一定难度。另外,还可以采用暗标评审且先评技术标再开启价格后评商务标的方式,从源头切断评委联系投标人的渠道。同时,只有一个评委给投标人打高分并不足以决定评标结果,在基于网络协同的分散评标模式下,系统可以隐藏所有评委身份信息,评委也就无从得知其他评委身份并告知投标人。

119 远程异地分散评标如何保证公平公正?

A:1. 加强对评标过程的监督管理,保证评标工作的保密性。

(1)辅助以暗标评审,使评委无法识别投标人名称;

(2)跨地区抽取专家,使投标人难以找到专家;

(3)影音监控,利用评审电脑自带摄像头监控评委的活动及语言;

(4)利用录屏软件监控评标电脑操作,防止评委通过电脑对外联系;

(5)要求评委在居家评标期间禁止离开摄像头监控范围,或限制评委离开摄像头监控范围的时间,降低评委与投标人串标的可能性。

2. 招标人或招标代理机构加强对评委在评标过程中言行的管理。

在评标过程中,如发现评委存在违反评标纪律发表倾向性意见或者征询招标人的倾向性意见、对需要专业判断的主观评审因素协商评分等,评标工作人员及时制止并做好相关记录。

3. 招标人或招标代理机构提前对评标工作进行合理安排。

为防止评委在评标过程中随意评标,评标工作人员可在评标准备阶段为各专家分配评标工作。

120 远程异地分散开标、评标，应当如何核验原件？

A：在传统模式下，招标文件中往往要求投标人在开标现场或投标文件中提供原件，而如果采用远程开标、评标模式，让投标人提交原件显然不符合全流程电子化的要求，也无法真正实现不见面开评标的需要。

事实上，无论是《招标投标法》及其实施条例还是《政府采购法》及其实施条例，均未规定投标人需要在投标时递交任何原件。《国务院办公厅转发国家发展改革委员会〈关于深化公共资源交易平台整合共享指导意见〉的通知》(国办函〔2019〕41号)中，明确提出"系统梳理公共资源交易流程，取消没有法律法规依据的投标报名、招标文件审查、原件核对等事项以及能够采用告知承诺制和事中事后监管解决的前置审批或审核环节"。

通常来说，投标人提供原件的类型主要有以下几种：

1. 开标：授权代表证明函；

2. 评标：业绩合同、资信证明、资质证书等；

3. 有的项目中，尽管只要求投标人提供复印件或扫描件，但也会在招标文件中说明原件备查。

事实上，要求投标人提交原件主要还是为了证明投标人的资质、业绩等资料信息真实无误。例如,在开标环节,防止其他人假冒投标人负责人或授权代表投标;在评审投标文件或资格审查时,防止投标人通过 PS 等手段对上述材料进行造假。然而,在实际操作中,大部分情况下仅仅只是查验投标人有没有原件,而并不对原件的真伪进行核验,这种方式只能说稍微提高了投标人的造假成本,但实际上并不能真正起到应有的作用。

对于授权函等核实投标代表身份的资料,由于投标人是通过交易平台递交电子投标文件,递交时已经通过 CA 验证身份,且仅需要线上参与开标活动。因此也就不存在需要授权代表现场递交文件、参与开标的情形,自然无须开具授权函。

对于投标人资信、业绩等材料,实际上评委在评标期间并没有义务核实投标信息的真伪。投标人应当对所递交材料的真实性负责。如果评标委员会需要投标人对文件中含义不明确的内容进行说明,可以在线上发起对投标人的语音或书面澄清。

对于第三方机构出具的证书如 ISO 系列的认证证书、CMMI 系列证书等,通常能够从官网查询证书序列号,以查验证书真伪和其有效期。此外,国家市场监督管理总局已建立“全国认证认可信息公共服务平台”,其中也可以查询到部分类别证书资质的有效性。

因此,如果投标人存心要造假,仅凭查看原件很难辨别真伪,要求递交原件意义不大,只会增加投标人交易成本。

121 远程异地分散评标如何对样品进行评审？

A：远程异地分散评标并不适用于所有项目，对于需要提供样品评审的项目，不建议采用远程异地分散的评审方式。

因特殊情况必须采用远程异地分散评审的，可以要求投标人提前邮寄样品给招标人或招标代理机构，评标时由组织评标的工作人员向评委视频演示样品。样品和演示视频文件均归档。

如果条件允许，还可以探索使用VR技术增强评委审看样品的真实感，但短期内很难实现，且会增加投标成本。

122 不同地区对评标细节要求不同，专家们如何顺利开展远程异地分散评标？

A：对于跨地区组建评标委员会的，各地区评委评标时均应当以招标文件的规定为准。项目经理或评委会主任可在评标开始时先宣贯有关政策规定和招标文件要求，帮助评委理解应用。从实际情况来看，各地有关评标要求的差异主要体现在评审程序、评标方法的权重设置或价格计算方式上，并不影响评委利用自己的专业知识对投标文件给出专业性评审意见。

123 远程异地分散评标时，如何控制评审进度？

A：招标人或招标代理机构可以通过设置串行评审阶段控制评审的总体进度。

常规的评标程序分为初步评审和详细评审两个阶段，均为串行评审的模式，即所有评委全部完成初步评审后，方可启动详细评审阶段。在详细评审阶段，详细评审的各评审模块虽然可以同步开展，但只有所有专家完成评审工作后，方可汇总评标结果，出具评标报告。

无论是集中评审还是远程异地分散评审，都会存在评审进度不一致的情况，并不因评审模式的选择而产生显著差异。在分散评审模式下，评审组织者可通过音视频技术与评委实时在线沟通，及时掌握评委的评审进度，并根据实际情况调整评审时间。

124 远程异地分散评标如何保证评委具备远程评标的条件?

A:远程异地分散评标要求评委具备一定的电脑操作能力,因此,招标人和代理机构可能担心评委在评标时遇到困难或障碍,不具备远程异地分散评标的条件。通常来说,评委不具备远程异地分散评标条件的情形有以下三种:

1. 年龄大,不知道如何操作系统、如何进行签字;

2. 使用的电脑设备不符合条件;

3. 居住环境不具备符合条件的网络环境。

招标人或代理机构在抽取评委前,专家库管理机构可提前确定评委的电脑设备和网络环境是否符合居家评标的条件,同时招标人或交易平台运营机构可安排专人对专家进行系统操作远程培训,帮助专家调试电脑设备。除此之外,长期来看,可对专家库内专家进行标签化管理,对不具备远程异地分散评标条件的专家打上标签,抽取专家时实现自动屏蔽。

125 远程异地分散评标，如何保证登录电子交易平台参与项目评标的评委就是其本人？

A：远程异地分散评标模式下，常见的身份核验方式有两种：

1. 通过CA进行身份认证

评委已办理CA的，可使用CA登录电子交易平台，完成身份认证，当然在评委不见面的情况下，仅凭CA方式核验身份存在CA借用、冒用带来的信息泄露和串标的风险，最好有其他方式配合。

2. 通过人脸识别进行身份认证

评委使用账号密码登录电子交易平台后需进行人脸识别，人脸识别过程中，系统自动采集专家的人脸图像，与公安部网的图像信息进行对比核验，比对通过的即表明身份认证通过。

126 远程异地分散评标如何实现专家身份认证和签名？

A：如果该专家已经有CA证书，则可继续使用原证书登录系统，开展评标和签名等活动。CA证书是评委进行身份认证的一种方式，除此之外还可通过虹膜识别、人脸识别等生物识别方式进行身份认证。如远程异地分散评标时可采用人脸识别技术对评委身份进行确认，通过系统自动采集评委的人脸图像，与公安网的图像信息进行对比。

评标报告签名环节，根据《电子签名法》的规定，只要使用可靠的电子签名即可。可靠的电子签名法律效力与纸质签字的法律效力一致。评委除了使用传统有介质的CA证书签名外，还可以使用无介质的场景证书、生物识别等电子签名方式完成电子签名。

【法律与政策依据】

《电子签名法》

第十四条　可靠的电子签名与手写签名或者盖章具有同等的法律效力。

127 人脸识别的身份核验方式是否存在个人隐私泄露的风险？

A：人脸识别技术的使用场景已经非常普遍了，在出行交通、住宿、银行等业务办理过程中都会使用到人脸识别技术，有些人会担心个人信息泄露。

在招标投标活动中，使用人脸识别技术的主要场景在验证评审专家身份等环节。对此，招标人和招标代理机构首先应当选用安全可靠的电子招标投标交易平台，而是否通过检测认证是衡量交易平台是否安全可靠最便捷的方法。

已依法通过检测认证的电子交易平台是严格按照《技术规范》建设的，具有完善的运营和安全管理制度，平台的安全性和保密性符合交易平台技术规范的要求，能够满足个人隐私保护的需求。

此外，很多第三方交易平台为了进一步确保其平台信息安全保障能力和水平，在通过检测认证的基础上，还通过了公安部的信息系统安全等级保护测评。

128 非招标采购也可以采用远程异地分散的方式进行评审吗?

A:可以。

常见的非招标方式有竞争性谈判、竞争性磋商、询价和单一来源。

询价采购中供应商一次报出不可更改的价格,在评审阶段,专家无须再与供应商进行谈判,其远程异地分散评审的实现方式与招标模式下实现方式一致。

竞争性谈判、竞争性磋商和单一来源的评审阶段与招标相比,增加了谈判/磋商环节。在远程异地分散评审过程中,专家可以通过发起谈判/磋商邀请,逐一邀请单个供应商进行谈判/磋商,通过语音系统与供应商进行在线交流,供应商可递交最终报价文件,电子招标投标系统将对所有语音及文件资料进行存档备查。

129 在电子交易平台提交的电子异议（质疑）、投诉是否有效？

A：我国《招标投标法》及相关法律法规针对招标投标活动制定了异议、投诉制度，"异议"在我国以招标方式进行政府采购的活动中被称为"质疑"，实为同一争议解决程序。《电子招标投标办法》第7条第3项规定，电子招标投标交易平台应当提供行政监督部门和监察机关依法实施监督和受理投诉所需的监督通道。第39条规定，投标人或者其他利害关系人依法对资格预审文件、招标文件、开标和评标结果提出异议，以及招标人答复，均应当通过电子招标投标交易平台进行。即电子模式下，异议和投诉应当通过电子交易平台提交，但提交的异议和投诉是否有效还应当考虑：

1. 提出异议或投诉的主体身份是否合格；
2. 提出异议或投诉的时间是否超出了法定时效；
3. 是否具备明确的异议或投诉主体；
4. 异议或投诉所附的证据来源是否合法；
5. 异议或投诉是否具备合法的电子签名。

对于无效的电子异议（质疑）和投诉，受理人员可以不予受理直接驳回。

【法律与政策依据】

《电子招标投标办法》

第七条　电子招标投标交易平台应当按照本办法和技术规范规定，具备下列主要功能：

……

（三）提供行政监督部门和监察机关依法实施监督和受理投诉所需的监督通道；

……

第三十九条　投标人或者其他利害关系人依法对资格预审文件、招标文件、开标和评标结果提出异议，以及招标人答复，均应当通过电子招标投标交易平台进行。

《招标投标法实施条例》

第二十二条　潜在投标人或者其他利害关系人对资格预审文件有异议的，应当在提交资格预审申请文件截止时间2日前提出；对招标文件有异议的，应当在投标截止时间10日前提出……

第四十四条（第三款）　投标人对开标有异议的，应当在开标现场提出……

第五十四条（第二款）　投标人或者其他利害关系人对依法必须进行招标的项目的评标结果有异议的，应当在中标候选人公示期间提出……

第六十条　投标人或者其他利害关系人认为招标投标活动不符合法律、行政法规规定的，可以自知道或者应当知道之日起10日内向有关行政监督部门投诉。投诉应当有明确的请求和必要的证明材料。

就本条例第二十二条、第四十四条、第五十四条规定事项投诉的，应当先向招标人提出异议，异议答复期间不计算在前款规定的期限内。

第六十一条（第三款）　投诉人捏造事实、伪造材料或者以非法手段取得证明材料进行投诉的，行政监督部门应当予以驳回。

130 招标人或招标代理机构通过交易平台发送的异议答复，需要投标人确认接收并同意吗？

A：不需要。

《招标投标法实施条例》仅要求招标人对异议内容在3日内作出答复，并未对答复的标准和取得的效果作出规定，也并未要求答复必须由投标人确认接收。因此，只要招标人对投标人的异议作出答复即可，无须投标人确认接收并同意，如果投标人对招标人的答复不满意，可以依法向有关行政监督部门投诉。

【法律与政策依据】

《招标投标法实施条例》

第五十四条（第二款） 投标人或者其他利害关系人对依法必须进行招标的项目的评标结果有异议的，应当在中标候选人公示期间提出。招标人应当自收到异议之日起3日内作出答复；作出答复前，应当暂停招标投标活动。

131 电子标必须签署电子合同吗?

A:《电子招标投标办法》规定,招标人应当通过交易平台,以数据电文形式与投标人签订合同。但是实务操作中,大多数电子标仍采用签署纸质合同的方式,出现这种现象的主要原因是目前实施全流程电子化的条件还不够成熟,许多招标人和投标人还不能完全接受全流程电子化的交易形式,并且,市面上部分电子交易平台尚不具备签署电子合同的功能,无法满足在线签署合同的需求,但电子合同仍是未来发展的必然趋势。

【法律与政策依据】

《电子招标投标办法》

第三十六条(第二款) 招标人应当通过电子招标投标交易平台,以数据电文形式与中标人签订合同。

132 电子招标投标活动中的哪些数据电文需要进行电子签名与电子存档?

A:1. 资格预审公告、招标公告或者投标邀请书;

2. 资格预审文件、招标文件及其澄清、补充和修改;

3. 资格预审申请文件、投标文件及其澄清和说明;

4. 资格审查报告、评标报告;

5. 资格预审结果通知书和中标通知书;

6. 合同;

7. 国家规定的其他文件。

【法律与政策依据】

《电子招标投标办法》

第四十条 招标投标活动中的下列数据电文应当按照《中华人民共和国电子签名法》和招标文件的要求进行电子签名并进行电子存档:

(一)资格预审公告、招标公告或者投标邀请书;

(二)资格预审文件、招标文件及其澄清、补充和修改;

(三)资格预审申请文件、投标文件及其澄清和说明;

（四）资格审查报告、评标报告；

（五）资格预审结果通知书和中标通知书；

（六）合同；

（七）国家规定的其他文件。

133 使用第三方电子交易平台的，招标过程资料由谁负责存档，招标人还是第三方电子交易平台？

A:《电子招标投标办法》第16条第1款规定，招标人或其委托的招标代理机构选择使用第三方运营的电子招标投标交易平台的，应当与电子招标投标交易平台运营机构签订使用合同，对服务过程中相关信息的产权归属、保密责任、存档等依法作出约定。即招标人使用第三方电子交易平台开展招标投标交易活动的，招标人与交易平台运营机构应当提前在平台使用协议中就招标过程资料归档问题进行约定，通常是由第三方交易平台在项目结束后统一移交给招标人进行存档。

【法律与政策依据】

《电子招标投标办法》

第十六条(第一款) 招标人或者其委托的招标代理机构应当在其使用的电子招标投标交易平台注册登记，选择使用除招标人或招标代理机构之外第三方运营的电子招标投标交易平台的，还应当与电子招标投标交易平台运营机构签订使用合同，明确服务内容、服务质量、服务费用等权利和义务，并对服务过程中相关信息的产权归属、保密责任、存档等依法作出约定。

134 电子招标投标是否还要纸质归档?

A:《电子招标投标办法》第 62 条规定,电子招标投标某些环节需要同时使用纸质文件的,应当在招标文件中明确约定;当纸质文件与数据电文不一致时,除招标文件特别约定外,以数据电文为准。这就意味着在电子招标投标交易过程中,纸质文件并不是必需的。

《档案法》第 37 条第 2 款规定:“电子档案与传统载体档案具有同等效力,可以以电子形式作为凭证使用。”即电子档案与纸质档案具有同等法律效力,已采用电子形式归档的,无须再进行纸质归档。

《档案法》第 38 条规定:“国家鼓励和支持档案馆和机关、团体、企业事业单位以及其他组织推进传统载体档案数字化。已经实现数字化的,应当对档案原件妥善保管。”这意味着国家鼓励和支持招标人、招标代理机构等负有档案保管义务的交易主体,将原有的已归档招标投标文件转成数字化形式保管,进一步释放实体存档空间,提高档案的可利用性。这进一步说明了档案管理数字化为必然趋势,电子招标投标进行电子归档的,无须再进行纸质归档。

【法律与政策依据】

《档案法》

第三十七条(第二款) 电子档案与传统载体档案具有同等效力,可以以电子形式作为凭证使用。

第三十八条 国家鼓励和支持档案馆和机关、团体、企业事业单位以及其他组织推进传统载体档案数字化。已经实现数字化的,应当对档案原件妥善保管。

《电子招标投标办法》

第六十二条 电子招标投标某些环节需要同时使用纸质文件的,应当在招标文件中明确约定;当纸质文件与数据电文不一致时,除招标文件特别约定外,以数据电文为准。

135 电子文件的归档期限有何要求？

A：《电子招标投标办法》中仅规定招标投标活动中的数据电文应当进行电子存档，但并未指明具体保存期限。

在保存期限上，对于政府采购项目，《政府采购法》中明确规定采购人、采购代理机构对政府采购项目每项采购活动的采购文件应当妥善保存，保存期限为从采购结束之日起至少保存15年。对于企业招投标项目，在《企业文件材料归档范围和档案保管期限规定》中对于建设项目的招投标文件材料所规定的保管期限为永久。而对于其他招投标项目，重要物资的招投标文件材料应保存30年，一般物资的招投标文件材料应保存10年。

【法律与政策依据】

《政府采购法》

第四十二条（第一款）　采购人、采购代理机构对政府采购项目每项采购活动的采购文件应当妥善保存，不得伪造、变造、隐匿或者销毁。采购文件的保存期限为从采购结束之日起至少保存十五年。

《企业文件材料归档范围和档案保管期限规定》

第七条　企业档案的保管期限定为永久、定期两种，定期一般分为30年、10年。

附件：

企业管理类档案保管期限表

序号	归档范围	保管期限
……	……	……
13.2	建设项目工作文件材料	
13.2.1	建设项目工作规划、计划、总结等文件材料	永久
13.2.2	建设项目工作制度、办法、规定等文件材料	永久
13.2.3	项目前期立项、规划、论证、设计、招投标、协议、合同、申请、审批等文件材料	永久
13.2.4	项目检查、竣工验收、重要的专项报告、审批意见	永久
……	……	……
13.6	物资管理文件材料	
……	……	……
13.6.4	物资采购审批手续、招投标文件材料、合同、协议、来往函件，物资保管台账、出入库记录等	
13.6.4.1	重要物资的	30年
13.6.4.2	一般物资的	10年
……	……	……

136 电子文件有哪些归档方式？

A：《电子招标投标办法》中并未指明数据电文电子归档的具体归档方式。

一般来说，电子文件的归档方式可分为两种：物理归档和逻辑归档。物理归档是指将应归档的电子文件下载到脱机载体上，向相关方移交的过程。逻辑归档，是指通过计算机网络，在不改变原存储方式和位置的情况下，实现将电子文件的管理权限向相关方移交的过程。

除归档方式外，许多地区的规范性文件中对电子文件归档的数据类型、存储介质、存储环境、抽样检验、转存、删除和销毁等做了具体且严格的要求，招标人和招标代理机构在电子存档时应特别注意。

137 与传统竞价采购相比,电子竞价有哪些优势?

A:电子竞价,国际上也称电子逆向拍卖,主要依托于网络技术,采用异地、限时、连续、竞争报价的方法,通过增加供应商的竞争性来实现降低采购成本的目标。主要用于采购需求简单、质量标准简易的项目,无须或很少考虑方案的优劣。因其操作简单,有助于降低采购成本,被广泛应用于企业采购中。

与传统竞价采购相比,电子竞价从物理现场转换为虚拟现场,减少了响应人往返时间,缩短了竞价周期,通过技术手段可设置全透明、半透明、不透明等不同的竞价模式,以调节竞争性,依托交易平台进行异地、连续、多轮报价,并且支持总项报价和分项报价,节约双方成本,增加采购行为的便捷性和保密性。

138 交易平台提供的服务属于电子商务服务还是电子政务服务?

A:在日常工作中经常听到诸如“电子招标投标不是电子商务,因为交易标的大多属于公共资源,公共资源的交易涉及公共利益,需要政府部门的监管,所以交易平台只能由政府提供,而不能由市场供给”。这种说法实际上还是计划经济的思维,是抗拒资源配置市场化的托词。电子招标投标交易平台从本质上来说是电子商务平台,而不是部分人所认为的电子政务平台。

《电子商务法》第2条第2款规定:“本法所称电子商务,是指通过互联网等信息网络销售商品或者提供服务的经营活动。”根据百度百科解释:电子政务是指国家机关在政务活动中,全面应用现代信息技术、网络技术以及办公自动化技术等进行办公、管理和为社会提供公共服务的一种全新的管理模式。

《电子招标投标办法》第3条规定,电子招标投标系统根据功能的不同,分为交易平台、公共服务平台和行政监督平台。交易平台是以数据电文形式完成招标投标交易活动的信息平台。公共服务平台是满足交易平台之间信息交换、资源共享需要,并为市场主体、行政监督部门和社会公众提供信息服务的信息平台。行政监督平台是行政监督部门和监察机关在线监督电子招标投标活动的信息平台。

在招标投标程序中,政府机关通过公共服务平台提供招标投标基础信息服务,通过行政监督平台实施在线监督,包括招标项目的有关审批及核准事项,而在电子交易平台上发生的是交易行为,使用者是招标人(及委托的代理机构)和投标人,投标人通过交易平台出售其生产(代理)的货物和服务,政府机关并不直接登录交易平台提供服务或实施监督,所以很显然交易平台属于电子商务的范畴。

2015年《国务院关于积极推进"互联网+"行动的指导意见》推出了11项重点行动,其中"按照市场化、专业化方向,大力推广电子招标投标"列入了第8项重点行动,即"互联网+"电子商务,表明官方认定了电子招标投标交易属于电子商务范畴。

【法律与政策依据】

《电子商务法》

第二条(第二款) 本法所称电子商务,是指通过互联网等信息网络销售商品或者提供服务的经营活动。

《电子招标投标办法》

第三条 电子招标投标系统根据功能的不同,分为交易平台、公共服务平台和行政监督平台。

交易平台是以数据电文形式完成招标投标交易活动的信息平台。公共服务平台是满足交易平台之间信息交换、资源共享需要,并为市场主体、行政监督部门和社会公众提供信息服务的信息平台。行政监督平台是行政监督部门和监察机关在线监督电子招标投标活动的信息平台。电子招标投标系统的开发、检测、认证、运营应当遵守本办法及所附《电子招标投标系统技术规范》(以下简称技术规范)。

《国务院关于积极推进"互联网+"行动的指导意见》(国发〔2015〕40号)

(八)"互联网+"电子商务。

2.大力发展行业电子商务。鼓励能源、化工、钢铁、电子、轻纺、医药等行业企业,积极利用电子商务平台优化采购、分销体系,提升企业经营效率。推动各类专业市场线上转型,引导传统商贸流通企业与电子商务企业整合资源,积极向供应链协同平台转型。鼓励生产制造企业面向个性化、定制化消费需求深化电子商务应用,支持设备制造企业利用电子商务平台开展融资租赁服务,鼓励中小微企业扩大电子商务应用。按照市场化、专业化方向,大力推广电子招标投标。

139 交易平台能不能收费运营？

A：交易平台的建设本身需要投入大额的资金，投入运营后一方面需要维持一定规模的技术人员，不断更新、优化平台功能适应各项法规和政策的变化，以满足不同用户的需求；另一方面需要配备适当规模的服务人员，为平台用户使用平台提供一系列咨询和服务。为更好地保障招标人、招标代理机构、投标人（供应商）、评委等各类交易主体的利益，进一步提升平台持续经营的能力和服务水平，营造诚信有序的市场交易环境，交易平台需要收取合理的费用，即收费是为了创造更大的价值、提供更好的服务。国家部委一系列规章和通知精神也明确了收费原则。

《电子招标投标办法》第16条第1款规定，招标人或者其委托的招标代理机构应当在其使用的电子招标投标交易平台注册登记，选择使用除招标人或招标代理机构之外第三方运营的电子招标投标交易平台的，还应当与电子招标投标交易平台运营机构签订使用合同，明确服务内容、服务质量、服务费用等权利和义务，并对服务过程中相关信息的产权归属、保密责任、存档等依法作出约定。

《关于进一步规范电子招标投标系统建设运营的通知》（发改委法规

〔2014〕1925号)第1条第3项规定:依法合规运营。交易平台在功能设置、技术标准、安全保障、运营管理等方面要严格执行《电子招标投标办法》有关规定。交易平台可自主确定经营模式,按照"谁使用、谁付费"的原则进行服务收费,但不得通过绑定工具软件收费。

《关于做好〈电子招标投标办法〉贯彻实施工作的指导意见》(发改法规〔2013〕1284号)第4条第3项规定:交易平台平等竞争。各交易平台运营机构应当通过规范经营、科学管理、技术创新、优质服务和合理收费提高市场占有率,其经营范围不得因建设主体、所处行业地区,以及所有制的不同而有所限制或歧视。

【法律与政策依据】

《电子招标投标办法》

第十六条(第一款) 招标人或者其委托的招标代理机构应当在其使用的电子招标投标交易平台注册登记,选择使用除招标人或招标代理机构之外第三方运营的电子招标投标交易平台的,还应当与电子招标投标交易平台运营机构签订使用合同,明确服务内容、服务质量、服务费用等权利和义务,并对服务过程中相关信息的产权归属、保密责任、存档等依法作出约定。

《关于进一步规范电子招标投标系统建设运营的通知》(发改委法规〔2014〕1925号)

一、交易平台要实现公平竞争、确保合规运营

(三)依法合规运营。交易平台在功能设置、技术标准、安全保障、运营管理等方面要严格执行《办法》有关规定。交易平台可自主确定经营模式,按照"谁使用、谁付费"的原则进行服务收费,但不得通过绑定工具软件收费。招标投标交易场所建设运营的交易平台不得利用其优势地位巧立名目乱收费。

《关于做好〈电子招标投标办法〉贯彻实施工作的指导意见》(发改法规〔2013〕1284号)

四、加快交易平台的建设应用步伐

(三)交易平台平等竞争。各交易平台运营机构应当通过规范经营、科学管理、技术创新、优质服务和合理收费提高市场占有率,其经营范围不得因建设

主体、所处行业地区,以及所有制的不同而有所限制或歧视。除按照《办法》进行检测认证和注册登记外,任何单位和个人不得对交易平台的建设运营设置或变相设置行政许可或备案。

140 地方政府能否就交易平台收费问题进行发文明确？

A：正因为电子招标投标交易平台属于电子商务范畴，国家发改委等八部委联合发布的《电子招标投标办法》以及后续发布的通知中都明确平台可以收费，费用事宜由平台运营方和使用方在合同中约定。在使用合同中约定服务费用即表明第三方电子交易平台收费属于市场主体行为，其价格属于市场调节价，不属于《价格法》和《价格管理条例》规定的政府指导价和政府定价范围。

由于电子招标投标交易平台由多类主体按市场竞争原则建设运营，所以对于平台使用费用，应由使用方与平台运营机构自主协商确定，政府不应对此进行干预。对费用支付方，即由招标人或者其委托的招标代理机构支付还是投标人支付电子招标投标交易平台的使用费用，本条没有作出详细规定，交由招标投标活动当事人自主协商确定，留出空间促进电子招标投标交易平台探索和实践各种收费模式。

【法律与政策依据】

《电子招标投标办法》

第十六条(第一款) 招标人或者其委托的招标代理机构应当在其使用的电子招标投标交易平台注册登记,选择使用除招标人或招标代理机构之外第三方运营的电子招标投标交易平台的,还应当与电子招标投标交易平台运营机构签订使用合同,明确服务内容、服务质量、服务费用等权利和义务,并对服务过程中相关信息的产权归属、保密责任、存档等依法作出约定。

《关于进一步规范电子招标投标系统建设运营的通知》(发改法规〔2014〕1925号)

一、交易平台要实现公平竞争、确保合规运营

(三)依法合规运营。交易平台在功能设置、技术标准、安全保障、运营管理等方面要严格执行《办法》有关规定。交易平台可自主确定经营模式,按照“谁使用、谁付费”的原则进行服务收费,但不得通过绑定工具软件收费。招标投标交易场所建设运营的交易平台不得利用其优势地位巧立名目乱收费。

141 电子交易平台向谁收费更合情合理?

A:《关于进一步规范电子招标投标系统建设运营的通知》(发改法规〔2014〕1925 号)指出:"交易平台可自主确定经营模式,按照'谁使用、谁付费'的原则进行服务收费。"交易平台的使用者包括招标人、投标人、招标代理机构和评委,但招标代理机构和评委是受招标人的委托帮助招标人行使部分权利的,因此主要使用者是交易活动的双方即招标人和投标人。按照"谁使用、谁付费"的原则,交易平台可以向招标人和投标人同时收费,也可以单独向招标人和投标人中的某一方收费,具体向谁收费、如何收费,可由交易平台自主确定经营模式。

在招标投标领域,在招标代理服务费被认定为政府指导价存续期间,2002 年 10 月 15 日国家计划委员会印发的《招标代理服务收费管理暂行办法》(计价格〔2002〕1980 号,已失效)规定实行"谁委托、谁付费",收费对象为招标人。由于市场对此反响巨大,反对声音特别多,2003 年 9 月 15 日国家发展改革委员会办公厅发布《关于招标代理服务收费有关问题的通知》(已失效),将"招标代理服务实行'谁委托、谁付费',修改为"招标代理服务费用应由招标人支付,招标人、招标代理机构与投标人另有约定的,从其约定"。这充分尊重了商业惯例并顺应了民意。现在招标代理服务费已被政府取消政府指导定价,改由市场主体自主定价,大部分项目仍然是向中标单位收取费用。这就是市场形成的结果。

《电子招标投标办法》规定,招标人和/或其委托的招标代理机构与交易平台签订的使用合同,主要是对服务和收费等双方的权利和义务作出约定。此情形与招标人选择招标代理需要与招标代理签订合同明确双方的权利和义务类似,均可以根据约定向投标方收取相关费用。

实践中由投标人付费使用电子招标投标交易平台的做法,有其合理之处。《电子招标投标办法》规定电子招标投标交易平台的主要功能是实现招标投标业务的全流程电子化,投标人可以登录电子招标投标交易平台在线查看资格预审公告、招标公告,在线查阅或下载资格预审文件、招标文件,在线投标、开标和澄清答复,在线提出异议、接收答复,在线获知投标结果,省却了投标过程的文件印刷、差旅费用,节省了投标时间,提高了工作效率,降低了投标人的交易成本。电子招标投标交易平台给投标人创造了价值,该交易平台运营机构适当向投标人收取平台的使用费,应当予以支持。当然,收取的费用应当小于投标人所节省的交易成本。

【法律与政策依据】

《电子招标投标办法》

第十六条(第一款) 招标人或者其委托的招标代理机构应当在其使用的电子招标投标交易平台注册登记,选择使用除招标人或招标代理机构之外第三方运营的电子招标投标交易平台的,还应当与电子招标投标交易平台运营机构签订使用合同,明确服务内容、服务质量、服务费用等权利和义务,并对服务过程中相关信息的产权归属、保密责任、存档等依法作出约定。

《关于进一步规范电子招标投标系统建设运营的通知》(发改法规〔2014〕1925号)

一、交易平台要实现公平竞争、确保合规运营

(三)依法合规运营。交易平台在功能设置、技术标准、安全保障、运营管理等方面要严格执行《办法》有关规定。交易平台可自主确定经营模式,按照“谁使用、谁付费”的原则进行服务收费,但不得通过绑定工具软件收费。招标投标交易场所建设运营的交易平台不得利用其优势地位巧立名目乱收费。

142 交易中心平台免费与第三方平台收费是否冲突?

A:交易中心隶属于政府或政府部门,其建设电子交易平台所使用的资金属于财政性资金(纳税人缴纳的税费),因此其投入运营的交易平台免费为市场主体提供服务有其合理性;软件开发单位由于收到了政府平台建设和运营资金,因此也不能再向市场主体收费。此种模式类似于政府通过招标模式选择施工单位建设省道、国道,应当免费由各类客车、货车自由通行。

市场主体建设运营的第三方电子招标投标交易平台,所有建设和运营资金均由其自身投入,其向平台用户收取的平台技术服务费属于市场行为,当然也可以免费服务。招标人或其委托的代理机构根据性价比最优原则自愿选择适合的平台开展公共资源交易活动。此种模式类似于政府在不投资的情况下,通过 BOO 模式选定高速公路的建设运营方,允许其在高速公路建成后向通行客车、货车收取通行费。

公共资源交易活动的采购人作为买方,可以选择使用交易中心建设运营的交易平台开展交易活动,也可以选择第三方交易平台开展交易活动,类似于客车驾驶员可以选择免费的国道出行,也可以选择收费的高速公路出行,完全看采购人或其委托的代理机构自身的选择。采购人或其委托的代理机构如果选择了向投标人收费运营的交易平台，投标人觉得平台收费将导致其削弱或丧失竞争优势，该投标人可以放弃投标，由此产生的后果由采购人承担。在引入多家市场主体建设运营交易平台的竞争格局下，市场主体建设运营的交易平台收费一定符合市场经济的价值规律，会在合理范围之内，甚至有些交易平台会就平台使用环节提供免费服务，依赖在其他环节提供增值或延伸服务收费运营。因此，第三方交易平台收费运营与交易中心平台免费服务可以合理并存、互为补充。

143 电子模式下招标文件能否收取费用?

A:《招标投标法实施条例》第16条第2款规定:“招标人发售资格预审文件、招标文件收取的费用应当限于补偿印刷、邮寄的成本支出,不得以营利为目的。”我们应当考虑到《招标投标法实施条例》是2011年发布,当时招标投标还没有使用电子化方式,该规定仅针对传统纸质招标,因为只有纸质文件才会发生印刷、邮寄费用。《招标投标法实施条例》规定的印刷、邮寄成本均属于发放招标文件所必需支出的除招标人或代理机构本身成本之外的成本。

在电子模式下,招标人或者其委托的招标代理机构无须支出印刷、邮寄成本,那么是不是就没有额外的成本了呢?在电子招标投标情形下,招标人或代理机构将招标文件加载至电子招标投标交易平台,供潜在投标人下载,这个过程中所要支出的网络使用费、交易平台使用费即属于额外的成本。从这个意义上来讲,纸质招标文件的印刷、邮寄事项转化为电子招标文件的复制、传输事项,电子文件存在复制、传输成本。

基于上述分析,电子招标文件可以适当收取费用,该费用应当限于在标书发售环节的电子招标投标交易平台的成本支出。电子招标投标情况下,发售招标文件、资格预审文件收取费用应当注意以下两点:(1)对资格预审文件、招标文件的网上查阅或浏览不应收费。(2)由于信息技术的固有特征,电子文件的复制、传输的成本小于纸质文件的印刷、邮寄成本,所以针对电子文件收取的费用应当小于纸质文件的印刷、邮寄费用。

【法律与政策依据】

《招标投标法实施条例》

第十六条(第二款) 招标人发售资格预审文件、招标文件收取的费用应当限于补偿印刷、邮寄的成本支出,不得以营利为目的。

144 公共服务平台能不能收费运营?

A:《电子招标投标办法》第3条第1款规定,公共服务平台是满足交易平台之间信息交换、资源共享需要,并为市场主体、行政监督部门和社会公众提供信息服务的信息平台。公共服务平台是为社会提供公共信息服务的平台,属于公益性质。可以由政府或协会、招标投标交易场所等部门以公益为目的按专业或行业建立、运营。

鉴于公共服务平台的公益性,服务平台中依法必须公开的信息应当免费下载,无偿提供。《电子招标投标办法》第44条第2款规定,属于依法必须公开的信息,公共服务平台应当无偿提供。

《电子招标投标办法》没有规定不属于应当公开信息的下载是否收费,如何收费。为了建设和维持服务平台的正常运行,允许服务平台本着非营利的原则对本平台加工的信息适当收费,但公共服务平台的运营机构可能属于政府部门或事业单位,其收费可能属于政府定价范围,地方政府或服务平台管理部门应当规定服务平台有偿收费的范围和标准。

【法律与政策依据】

《电子招标投标办法》

第三条(第二款) ……公共服务平台是满足交易平台之间信息交换、资源共享需要,并为市场主体、行政监督部门和社会公众提供信息服务的信息平台……

第四十四条(第二款) 属于依法必须公开的信息,公共服务平台应当无偿提供。公共服务平台应同时遵守本办法第八条至第十五条规定。

145 行政监督平台能不能收费运营?

A:《电子招标投标办法》第 3 条第 2 款规定,行政监督平台是行政监督部门和监察机关在线监督电子招标投标活动的信息平台。监督平台属于行政权力维持和保证市场秩序的渠道,监督平台由政府行政监督部门和监察部门依照法定分工组建和维持其运行并开展监督活动。

《电子招标投标办法》第 47 条规定,行政监督部门、监察机关结合电子政务建设,提升电子招标投标监督能力。因此,监督平台属于电子政务的范畴。2011 年,财政部、国家发展改革委、工业和信息化部联合发布《关于规范电子政务平台收费管理的通知》(财综函〔2011〕14 号),明确规定"电子政务平台是各级人民政府及有关部门为社会提供公共服务的窗口,应免费向企业、个人和社会开放""不得利用电子政务平台从事任何商业经营活动""不得以技术维护费、服务费、电子介质成本费等名义向企事业单位和个人收取任何经营服务性费用"。

因此,行政监督平台不得收费运营。

【法律与政策依据】

《电子招标投标办法》

第三条(第二款) ……行政监督平台是行政监督部门和监察机关在线监督电子招标投标活动的信息平台……

第四十七条 行政监督部门、监察机关结合电子政务建设,提升电子招标投标监督能力,依法设置并公布有关法律法规规章、行政监督的依据、职责权限、监督环节、程序和时限、信息交换要求和联系方式等相关内容。

《关于规范电子政务平台收费管理的通知》(财综函〔2011〕14号)

一、电子政务平台是各级人民政府及有关部门为社会提供公共服务的窗口,应免费向企业、个人和社会开放,各级人民政府及其部门和单位不得利用电子政务平台从事任何商业经营活动,此前有类似行为的应立即停止。

三、各级行政机关、代行政府职能的事业单位、社会团体及其他组织通过电子政务平台提供政府公开信息和办理有关业务,应严格执行《中华人民共和国政府信息公开条例》(国务院令第492号)和《财政部 国家发展改革委关于提供政府公开信息收取费用等有关问题的通知》(财综〔2008〕44号)等有关规定,不得以技术维护费、服务费、电子介质成本费等名义向企事业单位和个人收取任何经营服务性费用。

146 招标代理服务费与交易平台收费有关系吗?

A:招标代理服务收费,是指招标代理机构接受招标人委托,从事编制招标文件(包括编制资格预审文件和标底),审查投标人资格,组织投标人踏勘现场并答疑,组织开标、评标、定标,以及提供招标前期咨询、协调合同的签订等业务所收取的费用。收费主体是招标代理机构,收费对象是招标人或者与招标人、投标人约定一致时由中标人支付。

交易平台使用费,是指招标人或其委托的招标代理机构和投标人,通过交易平台开展电子招标投标交易活动,平台运营机构收取的平台维护、信息服务、业务咨询、开评标保障等费用。收费主体是平台运营机构,收费对象是平台的使用者,包括招标人、投标人中的一方或多方。

因此,招标代理服务费与交易平台使用费在费用组成、收费主体和收费对象方面都存在显著区别,彼此之间没有关联。

147 电子招标投标交易平台市场化存在哪些阻力?

A:根据对市场主体调查反馈发现,电子招标投标交易平台市场化的阻力主要在于以下几个方面:

1. 招标投标项目被要求进入项目所在地交易中心进行交易,市场主体建设或租赁的电子招标投标交易平台不被招标投标监督部门和交易中心所认可。

2. 部分交易中心自行建设运营了电子交易系统,要求市场主体必须用其系统进行招标投标业务的操作。

3. 部分招标投标监督部门、交易中心建设的系统不与市场主体建设的交易平台对接。

4. 中央政府各部委发布的要求市场化的文件,到了地方就走样,执行上出现偏差,甚至有些地方还出台了自己的规定。

148 招标投标电子化能给招标代理机构带来哪些益处？

A：电子招标投标这一重要技术创新，改变了传统招标投标方式，为招标代理行业带来提升效率、降低成本等诸多益处。

1. 信息公开，提高采购透明度。

采用电子模式交互的公告信息发布方式，发布时间减少，发布更加便捷，通过交易平台公开招标投标各环节信息，提高了交易过程的透明度，降低了权力寻租、腐败等违法行为的可能。

2. 技术监督，促进公平竞争。

电子模式下，违法违规行为识别更加简便。通过技术检测文件编制与上传IP 地址是否相同、CA 锁是否一致，智能检测投标文件的雷同性，大数据分析供应商疑似异常行为等方式，快速识别围标串标行为，促进公平竞争。

3. 流程固化，提高采购合规性。

通过电子交易平台固化招标采购流程，减少招标采购业务操作中的随意性，提高采购合规性；同时，通过随机抽取评标专家、线上开标、线上评标等功能，可以减少人为操作因素的干扰，最大限度保证程序公平。

4. 降本增效，提升采购效益。

电子化技术突破了传统物理空间的限制，使招标代理机构在人员投入、场地租赁、往来差旅、文件印刷等诸多方面直接节省了大量成本，操作线上化与流程自动化更是大幅提高了招标代理机构的工作效率。

149 招标投标电子化对招标代理机构有哪些冲击和影响?

A:招标投标电子化给招标代理机构带来诸多直接利益的同时,也带来市场竞争加剧、招标业务萎缩等冲击。

1. 招标人自主招标增加,业务回流。

招标代理资质取消,为招标人自主招标减少了制度性壁垒;同时,电子招标投标交易平台可为招投标提供全过程规范化、模块化的信息服务,降低了招标工作的难度和成本,招标人自主招标更为便捷,可能会导致招标代理业务回流。

2. 大型代理机构业务扩张,竞争激烈。

部分大型代理机构建设运营电子交易平台,助力代理业务扩张,加之市场放开,行业进入壁垒降低,市场竞争愈加激烈。

3. 招标服务同质化、低价化倾向严重。

随着电子招标投标系统的推广,招标投标活动在电子交易平台中按照批量化、流程化完成。加之招标代理市场本身已出现供过于求的苗头,部分招标代理机构为抢占市场,低价、无序竞争,服务质量更是难以保证,招标服务同质化、低价化现象严重。

4. 资源投入压力加剧，经营成本居高不下。

一方面，招标投标电子化建设过程中，系统建设成本巨大，加之后期运营维护的持续投入，给招标代理机构经营运作带来巨大的压力；另一方面，电子招标投标作为一个新事物，为实现招标采购从传统模式到电子模式的顺利过渡，还需在人员培训、人才梯度建设等方面持续、稳定地投入。

150 面对招标投标电子化的趋势，招标代理机构应当做好哪些准备？

A：为应对电子化趋势下，服务同质化严重、市场竞争加剧、招标业务萎缩等问题，招标代理机构应当加快信息化建设，提高专业化水平，探索多元化业务领域，积极关注人才培养。

1. 借助信息化

招标代理机构应当加快信息化建设，资金雄厚、业务量大的大型招标代理机构可以自建电子交易系统，中小型招标代理机构可选择租用成熟度较高、风险较小的第三方交易平台。建设/租用电子交易平台的同时，着手进行运营模式的转换，加强内部相关制度和运营体系建设，为下一步的发展奠定基础。

2. 提高专业化

从程序性服务向专业型、顾问型服务转变。挖掘服务深度，向深层次了解、发现招标人需求，把精力转移到策划招标方案、优化采购体系、协助成本管理等重要工作上，逐步提升服务层次，增加服务价值。

3. 探索多元化

探索招标采购全过程咨询、采购外包等多元化增值业务，与招标项目全过程的其他服务紧密结合，如招标业务咨询、造价咨询、项目后评估等，提高招标代理服务的专业化价值、集约化水平，并适应系统化项目管理要求。

4. 关注人才培养

电子招标投标系统能充分发挥其高效、快捷的作用，必然离不开一批高素质的招标从业人员。招标代理机构应当重视人才培养，加强法律法规、业务知识、操作技能方面的培训，可聘请外部专家定期授课，或安排业务人员走出去进行行业学习，提升招标代理队伍的整体水平。

技术篇

151 电子招标投标系统建设面临的技术难点有哪些?

A:基于我们对电子招标投标系统建设的经验,主要技术难点总结如下:

1. 业务功能涵盖广:从外网门户到工作平台、计划管理、招标管理、合同管理、统计分析、基础支撑及接口平台,大约包含 72 个一级功能点,二级功能点 300 余项。

2. 业务流程节点长:从采购计划管理到采购方案管理,采购立项管理、公告邀请、投开标管理、定标管理、合同管理等业务流程,以及采购监督、供应商管理、信息资源库管理等环节,一共包含 40 余个流程节点。

3. 系统集成对接较广:系统需要与企业内的各大系统进行数据对接,如 OA 系统、财务系统、ERP 系统、企业门户、档案系统等。

4. 业务数据增长较快:据我们实施的华能、国电、建行等项目数据情况看,其年均项目数都在 5000 余个,月均开标数高达 500 多次,年文件存储增长量也在 5TB ~ 10TB 以上。

152 电子招标投标系统采用微服务技术架构方案有何优势?

A:关于电子招标投标系统建设采用微服务技术的方案,具体优势体现在以下几个方面:

1. 业务解耦:每个业务微服务只关心一定范围特定业务功能的实现,服务之间业务边界清晰,降低耦合;

2. 独立部署:每个服务可以独立部署、发布、上线,单个服务重启或出现故障不会影响到系统全局;

3. 按需伸缩:可根据业务发展趋势及体量,按需对部分服务进行服务器资源的伸缩扩容;

4. 容易扩展:对新业务服务扩展相对容易,可通过灵活新增微服务单元达到业务功能扩展的目的。

153 电子招标投标系统在对微服务框架的技术选型方面有哪些原则?

A:关于电子招标投标系统技术选型原则可以参考以下几个方面:

1. 主流前沿:技术框架一定要主流,要有强大的机构背书,是技术人员主流学习和掌握的;

2. 开源免费:IT 框架技术领域一定要开源,只有开源才能让框架更安全;

3. 更新维护:一个好的框架一定要具备旺盛的生命力,持续优化、版本升级、修复漏洞是关键。

154 电子招标投标系统分布式系统技术路线的主流框架有哪些?

A:目前电子招标投标系统技术方案中,实现分布式系统的技术路线主流的框架主要是 Dubbo、Spring Cloud、Service Mesh 这三种技术路线,而 Spring Cloud 全家桶技术应该可以认为是当下分布式技术实现路线的标杆,Dubbo 是早期阿里巴巴开源的服务治理框架,相比目前主流 Spring Cloud 全家桶显得有些简陋。对 Service Mesh 技术其实也不是新东西,适合应用于超大规模的分布式集群,且对大部分企业来说,运维和研发能力要求极高,所以一般应用面较少。

155 电子招标投标系统主流的微服务技术框架有哪些?

A:通过目前各大互联网公司招聘要求、培训机构、IT 技术论坛及公有云平台等来看,不难发现 Spring Cloud 全家桶最受开发者热爱,也是目前生产环境应用最广的技术框架。Spring Cloud 全家桶主要包括像 Eureka、Zuul、Spring Cloud Config、Sleuth、Hystrix 等基础组件构成,基本解决了微服务技术领域的各项技术难题。

156 电子招标投标系统采用前后端分离技术架构模式有哪些优势？

A：前后端分离的技术在电子招标投标系统的建设中的应用也越来越普及。前后端分离技术一般又叫单页应用技术，相比传统的前端技术，主要包括以下特点与优势：

1. 页面无刷新，用户体验更佳；

2. 降低前后端代码的耦合性，减少服务端压力；

3. 可更好地支持多终端设备；

4. 从人员专业化方面来说，分工更明确、各自更专业，做出来的东西质量也自然更高。

157 电子招标投标系统在微服务化过程中面临哪些技术问题？

A：电子招标投标系统在服务化过程中，面临的核心问题包括如何拆分服务、人员专业能力如何跟进以及系统部署及运维工作量如何降低这几个重要方面。服务的拆分需要技术与业务相结合进行深入分析考虑，人员的专业能力需要采用外聘新技术力量加内部快速培养人员进行解决，系统的部署及运维工作需要靠公司核心技术团队研发相关的技术工具及监控面板来降低服务化后系统的运维难度。

158 目前建设电子招标投标系统主流的前端技术栈有哪些？

A：目前建设电子招投标系统主流的前端技术栈包括 Vue 全家桶、React 生态、AngularJS 等，Angular 属于最早一批单页应用技术框架，但后来其生态发展受限，目前应用较少，Vue 及 React 都有强大的社区支持，二者目前市场占有率相差无几，从发展趋势上看，Vue 的活跃度越来越高。

159 建设电子招标投标系统可供选择的主流数据库产品有哪些?

A:电子招标投标系统的数据存储技术方案选型非常重要,因为数据无价,业务数据的丢失或不稳定将严重影响系统的使用。关于数据库一般分为关系型数据库及非关系型数据库,关系型数据库主要包括 MySQL、Oracle、SQLServer、PG 等,非关系型数据库主要包括 Redis、MongoDB、HBase 等。随着这些年互联网技术的发展,Oracle 被互联网公司应用的越来越少,基本以应用 MySQL 数据库为主流,Redis 应用也非常广泛,非关系型数据库主要作为缓存数据库应用。

160 建设电子招标投标信息化系统时，选择数据库应当遵循什么原则？

A：电子招标投标在数据库的选择上可以参考以下几个原则：

1. 稳定可靠：可靠性原则是所有选择设备和系统中首要考虑的，尤其是在大型的、有大量处理要求的、需要长期运行的系统上。

2. 可扩展：服务器需要能够处理一定时期的业务发展所带来的数据量，需要服务器能够在相应时间对其自身根据业务发展的需要进行相应的升级。

3. 安全性：服务器处理的大都是相关系统的核心数据，其上存放和运行着关键的交易和重要的数据。这些交易和数据对于拥有者来说是一笔重要的资产，它们的安全性就非常敏感。

4. 可管理性：服务器既是核心又是系统整体中的一个节点部分，就像网络系统需要进行管理维护一样，也需要对服务器进行有效的管理。

161 电子招标投标系统主流数据库选型产品有何特点?

A:电子招投标系统建设过程中,其数据库选型主要以 MySQL 及 Oracle 两款数据库为主流,下面主要对比一下 MySQL 与 Oracle 数据库。两款数据库都是目前数据库领域优秀的数据库选型,且历经了较多大型系统生产环境的验证,目前 MySQL 与 Oracle 都属于 Oracle 公司旗下产品,主要区别在于 MySQL 有社区版(免费开源)与商业化支持版,MySQL 相比要更轻量级,且部署成本相对较低,对其进行数据库的备份、扩容等相对容易。Oracle 数据库的优势主要在于处理千万级及以上的数据量,其性能明显优于 MySQL。

162 电子招标投标系统在使用微服务架构建设时，其分布式事务问题如何解决？

A：复杂的电子招标投标系统在进行微服务化后，带来的比较棘手的就是分布式事务问题，因为它将影响数据的一致性。一般来说，我们在服务拆分时，就会从设计上尽可能去避免分布式事务问题的产生，当确实避免不了时，业界目前有相对考虑的技术可以处理，比如 TCC 框架、消息事务及阿里巴巴的 Seata 框架等。

163 电子招标投标系统有哪些负载均衡及高可用保障技术?

A:对于电子招投标应用整体来说,对外的负载均衡技术主要包括:F5 硬件负载设备、Nginx 软负技术、Apache 软负载技术等,对于微服务领域的负载均衡技术保障主要有 Zuul、Spring Cloud Gateway 网关技术、Feign 声明式接口调用技术、Hystrix 熔断限流技术等。

164 如何实现电子招标投标系统访问资源的动静分离？

A：电子招标投标系统访问的资源一般分为静态与动态两种类型，我们熟知的JS、css、HTML、img图片等资源都属于静态资源，而像后端的JSP页面、JSON数据、XML数据等一般属于动态资源。静态资源一般可以由web服务器直接处理交好，可以极大地减少静态资源请求对动态资源服务器的压力，一般像nginx之类的负载均衡服务都支持配置动静分离的代理模式。

165 如何提升电子招标投标系统的并发数及系统的吞吐量?

A:电子招标投标系统中的开标环节常常有数十家甚至数百家投标人同时登录系统进行开标相关操作,对系统将造成较大的访问压力。关于系统性能的提升,从软件角度来讲,可以应用分布式缓存技术、高性能消息队列、数据库的读写分离机分库分表、jvm 调优、数据库性能调优等技术与手段,能够显著提升系统整体性能。当然从硬件角度来说,可以根据业务体量,适当提升硬件配置。例如,增加服务端内存、使用 SSD 固态硬盘等。

166 电子招标投标系统建设采用 MySQL 数据库，如何做到高可用？

A：目前，在电子招投标建设过程中，使用 MySQL 数据的客户越来越多。关于 MySQL 的高可用方案有较多实现手段，主要包括 MySQL 主从复制、读写分离、MyCat 中间件加 Keeplive 及 MySQL 官方推荐的 MGR 方案等，当然，从应用的技术框架层面看，也有一些技术能够实现，典型的代表有 SharingJDBC。另外，MySQL 还提供商业化版本的支持，有更加完备的高可用及监控工具可供选择。

167 分布式电子招标投标系统中的日志文件应当如何管理?

A:分布式电子招投标系统中的日志文件散落在多台服务器资源上,需要应用分布式日志收集及管理技术才能将日志进行有效的管理起来,常见的分布式日志处理技术为 ELK,它由 ElasiticSearch、Logstash、Kibana 三个部分组成,分工协作,且提供友好的管理面板对日志进行查询、分析与统计。

168 区块链技术可以应用于电子招标投标领域的哪些场景？

A：根据区块链的技术特性，电子招投标系统中有诸多数据可以上链存储，例如，投标文件hash上链、企业关键信息、招标项目信息上链、招标公告、开标一览表、评标报告及中标公示及中标通知书、合同履约等信息，这些招投标过程中产生的所有数据都可以上到区块链平台上，通过分布式部署多个区块链节点，且多方公正机构持有账户进行管理，能够进一步提升招标投标过程中的公平、公正、公开、透明等特性。

169 区块链技术可以解决电子招标投标领域的哪些问题？

A：从宏观角度来分析，区块链技术的信息防篡改、防抵赖、可追溯等特性与招标投标领域的公开、公平、公正等理念十分契合。区块链技术可以有效地解决电子招标投标领域的“暗箱操作”、围标串标等一系列不正当手段及行为，且供求双方在发生合同违约及赔偿等问题时，可以提供有效的数据链证据。

170 电子招标投标系统积累的数据资源有哪些潜在应用价值？

A：在招标投标活动开展过程中，无论是早期线下的纸质文件数据还是早期线上的一些业务数据，只要积累到一定体量以后，都具备较为重要的分析价值。目前我们正在使用的NLP、OCR技术可以很好地解决历史非结构化数据的提取问题，形成结构化数据，然后对数据的进一步清洗、处理，进行一系列处理分析，进而训练一些数据模型。这些模型，可以再反过来应用到我们招标投标系统中的招标计划的制订、供应商的选择等业务环节中，让系统更智能、让人脑更轻松。

171 AI技术未来在电子招标投标领域具备哪些应用价值?

A:AI相关技术在电子招投标系统中的落地应用,一定需要这个行业积累了较多的数据体量,通过积累的数据,使用大数据分析技术对其进行清洗与结构化,并利用一些数学领域的算法模型加以训练,可以从中得到我们意想不到的收获。比如,可以判断能源、电力、机械设备制造等行业的招标方案及计划趋势,可以分析招标项目的核心要求、供应商的核心优势及竞争力等,这些憧憬都可以通过未来人工智能及深度学习技术一一实现,将会对招标投标业务领域影响深远。

172 电子招标投标系统网上开标解密方式有哪些?

A:目前主流的电子招标投标系统,网上开标的解密方式主要包括:插入硬件CA解密、密码信封解密两种形式。一般正常情况下,投标人应采用插入CA设备进行解密,在CA设备出现丢失、电脑兼容性出现问题或其他意外情况时,可以使用密码信封进行临时应急解密操作。

173 投标人解密和招标人解密有何优缺点?

A:投标人解密相比招标人解密方式,其优势体现在让投标文件更安全、让投标人更放心方面。但是,由于是投标人自行进行解密操作,可能存在因投标人自身原因导致解密失败,如投标人没有做解密操作、电脑环境出现问题等。招标人解密会造成投标人不够信任,导致在开标前投标人才上传文件,出现系统压力巨大、拥堵等,技术上也无法完全保证开标前没有被解密。目前主流的都是让投标人自行对投标文件进行解密。

174 开标解密CA损坏有哪些补救方案?

A:电子招标投标开展开标解密过程中,若出现CA数字证书设备损坏时,可以采用加密时生成的密码信封解密进行解密。密码信封是在投标人制作完投标文件,对投标文件使用CA数字证书进行加密时,生成的一长串加密密钥串(一般也称加密摘要),这个密钥需要妥善进行保管,当使用CA数字证书解密失败或CA丢失、损坏时,可以使用密码信封进行应急解密。

175 5G 技术会给电子招标投标系统带来哪些影响和变化?

A:随着 5G 技术的成熟,将会催生出高清视频传输、VR、AR 及物联网等技术领域蓬勃发展。

结合电子招投标领域业务,我们可以遇见的一些招标投标业务也会随之变化,比如在线谈判、竞争性磋商、远程讲标与答疑澄清等,都可以异地远程线上开展;对于物联网领域技术的应用:我们未来设备的生产周期、运转情况、保养升级等信息会通过各类传感器收集到我们系统中,从而跟踪产品的质量,辅助设备的维护等。

176 电子招标投标系统建设技术的发展趋势有何特点？

A：近些年来，系统建设技术的发展趋势总结起来可以归纳为：数字化、服务化、共享化、智能化；首先要做的就是所有数据尽可能上线，让业务更透明、让流程更清晰，然后让我们的系统变得更健壮、更稳定，能逐步引入新的技术，使其具备快速迭代的能力。通过几年系统的运行，系统间积累的海量数据可以互相共享，用于深度挖掘，最终训练出这个行业里特定的数据模型，从而再应用到业务中去，最终这些技术将会让系统变得更智能，我们的工作变得更轻松。

177 从电子招标投标系统出发，如何构思集团型企业的招标采购信息化架构设计？

A：中台化思想其实也是实现集团内服务、数据共享化、智能化的一种重要战略，电子招标投标系统中有很多模块都与其他系统有重叠或高度关联。例如，我们的人员机构、组织权限、审批流、消息待办等。所以一般可以将这些共性的功能模块都沉淀成为一套业务中台服务，然后将招标投标过程中的招标计划、准备、投开标、评定标及合同执行等模块作为前台应用，当然具体的模块还需要看整个集团的信息化系统规划情况。业务中台的底层架构设计也建议考虑再划分数据中台及技术后台两层，数据中台主要为未来规划而设计，技术后台实则是将基础设施及硬件资源进行整合及共享。

178 移动互联网时代的到来对电子招标投标系统有哪些影响？

A：互联网时代的到来，改变了我们生活的方方面面，当然也改变了我们很多工作的内容及形式。就电子招标投标系统而言，从无到有，从有到全都在时刻发生着变化。让我们明显感觉到的就是许多以前线下进行的工作，都需要借助计算机进行完成了，从早期仅用计算机记录一些关键数据，到现在几乎整个招标流程都可以线上开展，而且相比线下成本更低，招标的过程更安全、更透明。近几年的移动互联网时代也对系统的建设产生了不少影响，很多工作可以直接在一只小小的移动设备上开展完成。

179 移动互联网技术在电子招标投标系统中有哪些落地应用?

A:随着近些年移动互联网的普及,相关的技术也在飞速的发展,APP、H5、小程序等应用也在深入我们的工作中。电子招标投标系统中以前很复杂的流程,现在变得非常的简单与轻松,比如通过移动设备的人脸识别技术,能够轻松完成企业的注册与个人的身份认证等场景,以前线下的签名签章等环节,都可以使用手机进行扫二维码进行签名签章,未来几年随着5G时代的到来,投标人使用移动设备完成在线视频开标、澄清答疑等环节也即将实现。

180 电子招标投标系统有哪些国产化数据库技术选型?

A:国产化技术的数据库选型目前来看并不多,电子招标投标系统需要应用其技术的成熟度也有待进一步的发展和验证。这里可以说一下目前我们研究的几款国产化数据库产品:

1. 巨杉数据库;

2. TiDB 数据库;

3. 达梦数据库。

这几款产品的特性大家感兴趣可以到百度中搜索其官网,进行更进一步的了解。

181 电子招标投标系统部署时，服务器操作系统及版本有何推荐？

A：关于电子招标投标应用软件部署的环境，推荐大家使用 Linux 内核的操作系统，其稳定性和性能都久经市场验证。Linux 发行版这里我们主要推荐商业化版本的 Redhat 及开源社区版的 CentOS 两款，内核最少在 3.10 及以上即可，比如 CentOS 推荐使用 7.4 及以上版本，操作系统也需要安全运维人员经常升级漏洞或补丁等，以保障应用系统的安全。

182 目前电子招标投标系统应用国产化操作系统及相关技术应用都面临哪些挑战和机遇？

A：近年，国产操作系统随着全球形式的变动，越来越受到国人的关注，这里主要提一下银河麒麟、深度OS两款国产系统，目前也有少部分国内的企业在使用，其他相关国产化软件主要推荐企业使用金山公司的WPS套件，对工作中的文档进行查阅及编辑。关于这些国产化技术的挑战主要面临的难点还是在于其成熟度、性能及兼容性等方面，这些都还需要不少时间的考验。

183 如何提升电子招标投标系统的用户体验?

A:关于电子招标投标系统用户体验方面的提升,可以归纳为以下几个要点:认知统一化、设计轻量化、操作智能化。通过对电子招标投标系统的分析和提炼,运用一些组件化、规划化的设计理念,保持产品体验的一致性。减少任务流程的干扰,保持核心流程的顺畅,能够有效提升工作效率,降低人工成本。引入一些新的技术、以大数据 + AI 算法为基础,达到人机最佳交互状态,可以提升系统操作的智能感。

184 早期建设的电子招标投标系统可能存在哪些方面的安全及漏洞等问题?

A:早期建设的电子招标投标系统,由于使用的各项技术都相对较老,可能存在很多安全隐患,需投入不少运维的力量进行保障。具体安全包括网络、应用的架构及数据库等技术方面,其中网络安全技术及应用架构是至关重要的,例如,早期系统建设使用的一些技术框架可能存在一些漏洞没有及时升级更新、一些加密算法已经被放弃或可以破解等,所以这两块技术更新速度非常快,需要特别关注。

185 如何解决招标项目数据体量增长带来的数据存储问题?

A:数据体量的增长主要体现分为结构化数据与非结构化数据,在结构化数据库方面,我们可以根据业务场景分析,一般可以使用历史数据归档的方式对历史数据进行归档和转移,如果是一些关键性数据,经常需要使用到的情况,我们可以考虑对数据表做分库分表设计。非结构化数据主要就是我们系统中产生的文件,这些一般都可以采用将历史文件进行归档并转移存储,或者利用分布式文件存储系统对其进行存储,文件转移存储可以考虑存储到云上的 OSS 服务,既能保证文件的可靠性,同时存储的成本也非常低。

186 电子招标投标系统中的审批流技术实现有哪些技术方案?

A:关于电子招标投标系统中的审批流技术实现,一般包括柔性的审批与刚性的审批两类,里面经常需要涉及各类条件的判断,走不同的审批流程,常常伴随着前加签、后加签等复杂逻辑,有些流程能并行,有些流程必须串行等。这些需求的实现,通常都非常复杂,一般的开源技术如 Activity5 等框架也是无法满足我们的实际需求的,都需要对其进行大量的改造和定制化,才能满足各集团的一些特殊要求。

187 电子招标投标系统中的多租户方案设计需要考虑哪些关键要点？

A：鉴于我们对多租户设计方案的经验，关键要点可以总结为以下三个方面：

1. 租户间的数据隔离要考虑适合逻辑隔离或物理隔离；
2. 租户内的统一管理及统计分析应该如何设计；
3. 租户级别相关的规则及个性配置和管理考虑如何管控。

188 对于历史招标项目的纸质资料，能够通过哪些技术将其电子化与格式化？

A：目前业界能够将历史的纸质归档文件进行电子化及数据化转换的相关技术主要有NLP、OCR等，这些技术可以很好地解决历史非结构化数据的提取问题，形成结构化数据，然后对数据进一步清洗、处理，再进行一系列处理分析，进而训练一些数据模型。

189 传统信息化技术架构应用面临哪些问题?

A:传统信息化架构在当下面临的问题:

1. 技术架构落后存在诸多安全性问题,运维难度高;
2. 技术栈落后导致招聘匹配相关技术人员维稳难度较高;
3. 无法满足当下业务发展速度,很难做到快速响应需求;
4. 用户体验及 UI 风格已经陈旧,其易操作性与美观性也相对落后。

190 电子招标投标系统业务的发展，给信息化技术带来了哪些方面的挑战？

A：电子招标投标系统近 10 年业务的发展，也受到了很多行业信息化及互联网化的影响，这些影响不乏有很多对业务系统的建设具有指导作用，同时，电子招标投标系统也有其特殊的一面，从总体的层面分析，其业务涵盖范围相当广、业务流程既长又复杂，并且，文件存储体量也较大，每个企业有非常多的差异化需求需要实现，还有较多周边系统需要对接，这些都是对信息化技术带来的挑战。

191 电子招标投标互联网平台的技术发展趋势呈现出哪些特点?

A:从宏观上看,互联网行业的技术发展在这些年里有以下明显趋势:

1. 轻量化:技术实现上尽可能选用轻量化的技术实现路线;

2. 简洁化:UI 的布局、排版及文字描述等都偏向更简洁易懂、系统更易操作;

3. 服务化:一个复杂的系统一定会考虑使用分布式相关技术进行服务化,提升其可用性及扩展性;

4. 智能化:会适当结合自身业务特点,融入一些具有潜在价值的智能化功能。例如,大数据看板、数据趋势判断、智能预警等。

192 如何解决电子招标投标系统中大文件容量存储技术需求问题？

A：电子招标投标系统经常会产生大量的招标活动相关文件，这些文件有大有小，大的如投标人递交的投标文件、资格预审文件，小的如开标一览表、评标报告、公式及中标通知书等，这些文件的存储技术也十分重要。早期对于大文件存储技术一般采用磁盘阵列、NAS盘等，目前文件存储主流的技术一般是分布式文件存储技术（如FastDFS）及对象存储技术（如阿里云的OSS），都可以很好地解决电子招标投标系统的大文件、高安全、高可用等存储需求。

193 如何做好电子招标投标系统的监控及运维?

A:从大体上讲,要做好系统监控及运维的工作,主要还是靠运维团队的专业性及技术团队的配合。如今处于信息化系统服务化进程加速中,其运维与监控更加重要和关键,在安全性方面主要需要考虑的方面包括系统的安全漏洞升级、网络安全的防护、病毒木马的查杀,在系统稳定性方面,需要利用一些可视化面板对系统全方位进行管理和监控。例如,系统的日志管理、服务器的资源监控、应用的流量监控等。常用的工具有 Zabbix、ELK、Prometheus、Grafana、Hystrix dashbard、Sentinel 等相关工具及插件。

194 远程异地分散评标技术实现有哪些要点？

A：通过我们对这方面的实践经验，可以总结为以下技术要点：

1. 实现远程语音抽取专家；

2. 实现人脸识别认证技术；

3. 接入视频监控，集成录屏技术，实现全过程监控；

4. 实现扫描签名、智能评审等核心技术。

195 业务中台化对电子招标投标系统的建设有哪些指导意义?

A:谈到业务中台化及数据中台化战略,也是实现服务的共享化与业务系统智能化的前提:可能单独看电子招投标系统业务中台化,它的作用当然是有限的,万事开头难,但是如果没有电子招标投标系统这样的一个先行者引路,很难去推动大中型集团性企业里的信息化技术的创新与进步,我们做这件事情的目的也是有一种未雨绸缪的考虑,避免将来再做平台架构模式的调整措手不及。所以借用中台化思想,在设计电子招标投标系统时,也应该更多从服务中台化方面考虑如何拆分系统服务及业务服务。

196 如何保障微服务架构下的电子招标投标系统的安全?

A:微服务架构的应用系统,更需要关注各微服务单元的运行情况及服务之间的调用链路、流量等信息。一般使用 Spring Cloud 技术框架构建的微服务生态,都有相关的监控面板可以对这些相关监控指标进行管理,如 Hystrix、Sleuth 等监控服务,当然微服务架构下的系统日志监控也是非常重要的,推荐让系统各微服务单元的日志接入 ELK 分布式日志管理平台进行集中搜集、管理与统计。

197 涉及国际业务的电子招标投标系统建设应当关注哪些要点?

A:招标投标活动中,也经常可能涉及国际标或者国外用户参与进来,所以系统常需考虑对国际化的支持。国际化的实现方案通常包括两个层面,一个是技术层面,另一个是业务层面。业务层面需要考虑国际类型的业务功能的设计,至少需要支持双语信息的录入,且相关金额方面需要提供人民币与美元等字段信息的录入与转换。技术层面主要考虑页面信息的展示需要做到国际化,可以自动或手动切换不同语种。其技术实现路线业界各有千秋,如早期的 JSP 页面,一般页面上的字段信息在编码实现时,通过国际化 key 进行编码,对应的语言都编写在各语言资源文件中,统一维护。当下流行的单页应用框架,也是类似做法,只是将国际化内容全部维护在前端的 JS 文件中,通过 JS 文件中定义的国际化函数获取到相应的语种内容。

198 分布式架构的电子招标投标系统，在部署时需要配备的硬件资源是否远超传统单体架构？

A：分布式电子招标投标系统的硬件部署资源，相比传统架构的应用是有所增加，但也并不像大家想象的那么夸张。系统在正式生产环境部署时，本身就需要考虑到每个部件的高可用性，尽可能保证系统无单点故障。分布式系统较传统系统而言，其主要变化在于需要从应用系统拆分的服务数量及其业务量两个方面进行考虑，服务拆分后，需要根据实际业务评估每个服务的并发量，一个系统并不是所有的服务都会在同一时间遇到较高并发的场景，我们完全可以可以将压力较小的服务合并部署在统一资源上，压力较大的服务单独进行部署，且每台服务器资源的配置要求可以相对较低。这样一来，对比传统单体架构的部署资源，其硬件配置也仅相对略高出一部分。

199 电子招标投标系统常见的敏感数据有哪些？如何实现数据的加密及脱敏？

A：电子招标投标系统中，常见的敏感数据一般包括用户账户密码、身份证号码、银行卡号、投标文件、相关金额价格等，常用的加密算法一般有BASE64 编码、md5、sha256、国密 SM2/SM3/SM4 等算法、CA 加密等手段，对于不同的业务场景，可以使用对应的加密算法对其进行数据的脱敏。

200 电子招标投标系统进行公有云部署应当如何选型？

A:为了节省系统建设成本,电子招标投标系统上公有云部署已成为趋势所向。目前主流的公有云品牌有阿里云、腾讯云、华为云、UCloud、亚马逊云等云服务商,阿里云目前的市场份额应该在国内占有率最高,阿里云提供的服务的稳定性及质量也是让客户非常满意的,一般建议企业客户优先考虑系统上阿里云,对于国外的亚马逊云服务这里不予推荐。当然,如果对于上公有云依然觉得数据存在一些安全隐患,在成本允许的情况下,完全可以和这些云服务提供商谈合作,建设属于自己集团性企业的私有云服务,其硬件设备与云基础设施的管理人员都可以完全掌控在自己集团内。

附录

附录1

关于进一步规范电子招标投标系统建设运营的通知

（发改法规〔2014〕1925 号）

国务院各部门、各直属机构，各省、自治区、直辖市及计划单列市、副省级省会城市、新疆生产建设兵团发展改革委、工信委（经委）、通信管理局、住房城乡建设厅（建委、局）、交通厅（局）、水利厅（局）、商务厅（局）、国资委（局）、广播影视局，各铁路局，民航各地区管理局，各计划单列企业集团：

《电子招标投标办法》（国家发展改革委等八部委第 20 号令，以下简称《办法》）以及《关于做好〈电子招标投标办法〉贯彻实施工作的指导意见》（发改法规〔2013〕1284 号，以下简称《指导意见》）发布实施以来，电子招标投标取得积极进展，但实践中仍存在平台监督和交易功能不分、互联互通和信息共享不够、交易平台市场竞争不充分、监督手段滞后与监管越位并存等问题，市场主体反映强烈。为进一步规范电子招标投标系统建设运营，促进电子招标投标健康有序发展，现就有关事项通知如下：

一、交易平台要实现公平竞争、确保合规运营

（一）准确功能定位。交易平台由招标投标交易场所、招标人以及其他法人建设运营，支持招标代理机构、软件开发企业等第三方主体独立建设运营。政府部门投资并参与建设的交易平台仅用于政府自行投资项目，并且政府部门应委托第三方运营。招标投标交易场所建设兼具监督功能的平台，应当将监督功能交由行政监督部门和公共资源交易监管机构独立运营。

（二）鼓励平等竞争。交易平台要按照市场化、专业化、集约化方向建设运营。除按照《办法》进行检测认证和注册登记外，任何单位和个人不得对交易平台的建设运营设置或者变相设置行政许可或者备案。行政监督部门和公共资源交易监管机构不得为招标人统一规定或者强制使用指定的交易平台，也不得限制和排斥市场主体建设运营的交易平台与公共服务和行政监督平台对接以及交换信息。

（三）依法合规运营。交易平台在功能设置、技术标准、安全保障、运营管理等方面要严格执行《办法》有关规定。交易平台可自主确定经营模式，按照“谁使用、谁付费”的原则进行服务收费，但不得通过绑定工具软件收费。招标投标交易场所建设运营的交易平台不得利用其优势地位巧立名目乱收费。

二、公共服务平台要加强信息集成、实现资源共享

（一）落实责任主体。公共服务平台特指由设区的市级以上人民政府发展改革部门会同有关部门推动建立的信息集中共享平台。要按照2016年底前基本形成公共服务平台体系的目标，制定出台公共服务平台管理办法和技术规范，推动建立本地区跨部门、跨行业的统一的公共服务平台，并按规定与国家公共服务平台对接交互信息。鼓励和支持社会资本参与建设运营公共服务平台。

（二）确保公益属性。公共服务平台要立足公益性，满足电子招标投标系统之间信息交换、资源共享需求，为市场主体、行政监督部门和社会公众提供信息服务。公共服务平台应当设置行政监督通道，或者加载行政监督功能，但不得具备交易功能。已经建成或者准备建设的公共服务平台不符合《办法》、《指导意见》和本通知要求的，必须按照规定改造。

（三）实现互联互通。国家、省和市三级公共服务平台之间以及与其连接的交易平台、行政监督平台要按照规定实现互联互通、信息共享,并作为检测认证的重要条件,以此打破市场信息的分割封锁。鼓励具备条件的地方推动建立全省统一、终端覆盖市县的公共服务平台。

三、行政监督平台要体现简政放权、做到高效透明

(一)明确目标要求。各有关招标投标活动监督部门要结合电子政务建设,在2016年底前基本建成行政监督平台,实现在线监督。行政监督平台可以单独建设,也可以通过在公共服务平台中加载行政监督功能。支持设区的市级以上地方人民政府发展改革部门会同有关部门建设本地区统一的行政监督平台。国务院各部门可探索建立全国统一的本系统、本行业的行政监督平台,实现监管政策规定的一体化。

(二)独立规范运行。拟新建的行政监督平台可以具备一定公共服务功能,但不得与交易平台合并建设和运营,也不得具备任何交易功能。已经建成的行政监督平台兼具交易功能的,应按照《办法》、《指导意见》和本通知要求,将监督功能和交易功能分别交由不同的主体负责,保证在线监督的独立性和公正性。

(三)依法设置监督功能。有关招标投标活动监督部门应当按照《招标投标法》及其实施条例的规定设立行政监督环节,不得在行政监督平台和其他任何平台中擅自增设招标投标活动的审批、核准、备案功能以及其他监管方式的控制功能。不得以限定运营主体、接口或者技术标准等方式,限制或者排斥通过检测认证的其他交易平台和公共服务平台与其对接并交互信息。

四、建成运营的系统要抓紧改造并通过检测认证

(一)明确改造时限。电子招标投标系统三大平台的运营机构和相关监管部门应在2015年底之前,全面完成对已有平台的改造,确保平台定位准确、功能独立、运营规范、标准统一、接口开放、安全可靠、高效便捷。

(二)通过检测认证。待国家发展改革委会同有关部门起草的《电子招标投标系统检测认证管理办法》及检测认证规范发布后,即对电子招标投标系统进行检测、认证。

(三)规范与发展并举。各省级发展改革部门要会同有关部门,在规范电子招标投标系统建设运营的同时,结合本地实际研究制定促进电子招标投标发展的工作方案,明确总体目标和年度计划,并采取有效措施抓好落实。

特此通知。

附录2

“互联网+”招标采购行动方案(2017－2019年)

(发改法规〔2017〕357号)

为贯彻落实《国务院关于积极推进“互联网+”行动的指导意见》(国发〔2015〕40号)和《国务院关于加快推进“互联网+政务服务”工作的指导意见》(国发〔2016〕55号)部署,大力发展电子招标投标,促进招标采购与互联网深度融合,现制定本行动方案。

一、总体要求

(一)指导思想

全面贯彻党的十八大和十八届三中、四中、五中、六中全会精神,深入贯彻习近平总书记系列重要讲话精神,以“创新、协调、绿色、开放、共享”发展理念为指导,着力深化体制机制改革,创新招标采购交易机制、公共服务和监督方式,培育招标采购市场发展新动能,更好发挥招标投标制度在现代市场体系中的作用,降低制度性交易成本,提高资源配置质量效率,推动政府职能转变和党风廉政建设,助力供给侧结构性改革,促进经济社会平稳健康发展。

（二）基本原则

坚持政府引导、市场调节。按照"放管服"改革要求，破除影响"互联网+"招标采购发展的思想观念、体制机制障碍，从发展规划、技术标准、交易规则、安全保障、公共服务等方面，引导各类市场主体积极参与电子招标采购平台体系建设运营。充分发挥市场机制作用，培育"互联网+"招标采购内生动力，推动招标采购从线下交易到线上交易的转变，实现招标投标行业与互联网的深度融合。

坚持互连互通、资源共享。按照统一标准、互利互惠的要求，依托电子招标投标公共服务平台，加快各类交易平台、公共服务平台和行政监督平台协同运行、互联互通、信息共享，实现招标采购全流程透明高效运行。加快电子招标投标系统与公共资源交易平台、投资和信用等平台的对接融合，推动市场大数据充分聚合、深入挖掘和广泛运用。

坚持创新监管、提高效能。依托电子招标投标系统，充分发挥"互联网+"监管优势，实现平台技术创新与监管体制机制创新同步推进，推动动态监督和大数据监管，强化事中事后监管和信用管理，完善行政监督、行业自律和社会监督相结合的综合监督体系，进一步提高监管效能。

坚持统筹规划、协同推进。针对"互联网+"招标采购融合发展的长期性、复杂性，强化顶层设计，发挥政府、行业组织和市场主体作用，统筹安排各项政策措施，通过典型地区、行业和平台的创新示范，有计划分步骤实现全地域、全行业、全流程电子化招标采购。

（三）行动目标

2017年，电子招标采购制度和技术标准体系建立健全，覆盖各地区、各行业的电子招标投标系统基本形成，依法必须招标项目基本实现全流程电子化招标采购，电子招标投标系统建设运营更加规范，招标采购市场竞争更加有序。

2018年，市场化、专业化、集约化的电子招标采购广泛应用，依托电子招标投标公共服务平台全面实现交易平台、监督平台以及其他信息平台的互联互通、资源共享和协同运行。

2019年，覆盖全国、分类清晰、透明规范、互联互通的电子招标采购系统有序运行,以协同共享、动态监督和大数据监管为基础的公共服务体系和综合监督体系全面发挥作用,实现招标投标行业向信息化、智能化转型。

二、主要任务

(一)加快交易平台市场化发展

1. 推进交易平台建设。积极引导社会资本按照市场化方向建设运营电子招标投标交易平台,满足不同行业电子招标采购需求,推行依法必须招标项目全流程电子化招标采购。交易平台建设应当符合电子招标投标有关规定,遵守统一技术标准和数据规范,接口应当保持技术中立。鼓励交易平台按照专业化方向,明确专业类别、主要服务领域和服务对象,提供特色服务,并促进交易平台在市场竞争中实现集约化发展。支持和鼓励交易平台通过优质高效服务,吸引非依法必须招标项目自愿运用电子化招标采购。

2. 发挥交易平台作用。交易平台应当以在线完成招标投标全部交易过程为目标,逐步消除电子采购与纸质采购并存的“双轨制”现象。围绕提高资源配置质量和效率、降低企业生产经营成本进行功能设置,充分发挥信息技术在提高招标采购效率和透明度,节约资源和交易成本,解决招标投标领域突出问题等方面的独特优势,切实为交易主体服务,为行政监督部门提供监管便利。交易平台运营机构应当通过规范经营、科学管理、技术创新、优质服务、合理收费,实现交易平台依法合规运营。鼓励交易平台之间、交易平台与公共服务平台之间相互合作,实现人才、信息、技术等资源的共享共用。

3. 促进交易平台公平竞争。各级招标投标行政监督部门和公共资源交易监管机构应当打破市场壁垒,简化和规范监管流程,开放接口规范和数据接口,为交易平台实现跨地区、跨行业公平竞争营造良好发展环境。任何单位和个人不得违反法律法规规定,对市场主体建设运营交易平台设置或者变相设置行政许可或备案;不得设置不合理、歧视性准入和退出条件,也不得附加不合理条件或实行差别待遇;不得排斥、限制市场主体建设运营的交易平台,限制对接交易平台数量,为招标人直接指定交易平台;不得排斥或限制外地经营者参加本地招标采购活动。

4. 有序开展检测认证。完善电子招标投标系统检测认证制度和技术标准,引导各类主体建设的交易平台根据实际分级有序开展检测认证。2017年,交易平台全面开展检测认证,到年底检测认证通过比例达到80%以上。鼓励有专业能力的检测、认证机构申请开展电子招标投标检测认证业务,并依法公平竞争,不得乱收费。任何组织和个人不得为交易平台运营机构指定检测、认证机构。充分发挥认证机构的监督和证明作用,提升社会对电子招标采购的认可度和公信度。加强对检测、认证机构的业务指导和行政监督,确保通过认证的交易平台合法规范、安全可靠,符合互联互通和数据交换要求。

(二)完善公共服务平台体系

5. 加快服务平台建设。设区的市以上人民政府发展改革部门或本级政府指定的部门,要根据政府主导、共建共享、公益服务原则,按照电子招标投标有关规定,通过政府投资或政府与社会资本合作方式,加快建设本地区统一的电子招标投标公共服务平台,也可由符合要求的公共资源交易电子服务系统承担电子招标投标公共服务平台功能。鼓励省级行政区域搭建全行政区域统一、终端覆盖各地市的公共服务平台。到2017年底,所有省(区、市)和地市应实现本行政区域内电子招标采购活动有一个可供使用的公共服务平台。国家电子招标投标公共服务平台应当为地方公共服务平台建设提供技术和信息资源支持。

6. 优化公共服务。公共服务平台应当立足“交易平台枢纽,公共信息载体,身份互认桥梁,行政监管依托”的基本功能定位,依据统一的技术标准和数据规范,免费开放对接交易平台和行政监督平台,提供依法必须公开的市场信息,研发提供CA证书互认、主体注册共享等公共技术保障服务,向行政监督部门动态推送监管数据或提供监督通道。鼓励公共服务平台根据市场主体、社会公众、行政监督部门需要,创新拓展公共服务领域和内容,不断提高公共服务供给质量和效率。

7. 推进可持续运营。各级人民政府有关主管部门应当研究建立公共服务平台可持续运营保障机制。公共服务平台不得具有交易功能。采用政府投资建设的,有关部门应当保障公共服务平台持续运营所需经费。采用政府与社会资本合作方式建设的,应当免费提供依法必需的公共服务,同时可以通过提供个性化增值服务等方式，建立平台可持续运营机制。

（三）创新电子化行政监管

8. 推进监督平台建设。各级招标投标行政监督部门应当结合"互联网+政务服务"建设，在2017年底前抓紧搭建电子招标投标行政监督平台，满足在线监管的需要。行政监督部门可以建立专门的行政监督平台，也可以在公共服务平台上开辟行政监督通道。支持地市以上地方人民政府建立本行政区域统一的行政监督平台。国务院有关招标投标监管部门可探索建立本行业统一规范的行政监督平台。

9. 规范监督功能。行政监督平台应当公布监督职责和依据、监督对象和事项清单、监督程序和时限，并具备对招标采购全过程进行实时在线监管等功能。行政监督平台不得与交易平台合并建设和运营，也不得具备任何交易功能。已经建成的行政监督平台兼具交易功能的，应当按照电子招标投标有关规定，在2017年底前全部完成改造，并将监督功能和交易功能分别交由不同的主体负责，保证在线监督的独立性和公正性。行政监督平台应当开放数据接口，不得限制或排斥交易平台、公共服务平台与其对接交互信息。各级招标投标行政监督部门应当落实"放管服"改革要求，依托行政监督平台，探索扩大招标人自主决策权并强化相应法律责任约束，加强对招标采购活动的监管和服务。

10. 转变监管方式。加快互联网与政府公共服务体系的深度融合，实现政府部门之间数据共享，以行政监督的无纸化推动招标采购全流程的电子化。凡是能实现网上办理的事项，不得要求现场办理；凡是能够在线获取的市场主体信息，原则上不再要求市场主体以纸质方式重复提供；凡是能够通过行政监督平台在线下达的行政监督指令，原则上不再出具纸质文件。充分运用电子招标投标系统三大平台整体功能，通过电子招标采购全流程信息的动态记录、留痕追溯、透明公开，推动招标投标行政监督从事前审批、分业监督，向事中事后、动态协同方式转变，进一步提高行政监督的针对性、有效性和规范性。

（四）实现互联互通和资源共享

11. 加强系统互联共享。推动各级各类电子招标投标交易平台和行政监督平台以公共服务平台为枢纽，按照《电子招标投标办法》及其技术规范要求，实现互联互通和资源共享。交易平台应当选择任一公共服务平台对接交互信息，并可依法直接与相应的行政监督平台对接交互信息。鼓励中央企业和省属国有企业的交易平台按照规定与国家或省级公共服务平台，以及相应的行政监督平台连接并交互招标信息。公共服务平台应当与相应的行政监督平台实现对接，并负责将交易平台依法交互的交易信息、信用信息推送至相应行政监督平台。下级公共服务平台应当与上级公共服务平台对接交互信息，鼓励同级公共服务平台之间互联对接，逐步形成全国纵横联通的公共服务平台网络体系。

12. 实现与公共资源交易平台整合共享。电子招标采购是公共资源交易的重要组成部分。各地电子招标投标公共服务平台与本地区公共资源交易电子服务系统分开建设的，应当明确各自功能服务定位，协调统一技术标准和数据规范，并相互对接共享信息，充分发挥各自服务功能优势。合并建设的，应当符合规定的技术标准和数据规范，满足公共服务基本功能要求，并按规定与上级电子招标投标公共服务平台和公共资源交易电子服务系统交互信息。

13. 推进与投资和信用平台协同共享。鼓励电子招标投标交易平台、公共服务平台、行政监督平台与政府建立的投资项目在线审批监管平台对接，实现投资项目全过程在线运行、闭环监管，建立健全纵横联动协同投资监管体系。推进电子招标投标系统与信用信息共享平台对接共享。电子招标投标公共服务平台应当与信用信息共享平台对接，按要求与信用信息共享平台交互数据信息，并为市场主体查阅有关信用信息提供便利，实现招标采购信用信息与其他领域信用信息的互认共享。

（五）强化信息拓展应用

14. 加强信息记录和公开。电子招标投标系统应当如实记录招标采购过程信息、操作时间、网络地址和相关人员等信息。依托电子招标投标系统，对市场主体招标投标行为和信用状况依法实行动态公开。除按照电子招标投标有关规定依法及时公布交易和服务信息外，交易平台和公共服务平台的建设、运营、开发和维护单位名称及其主要负责人员，检测认证报告、认证标志，专业工具软件技术规范与接口标准，平台对接、运营和数据交互动态，以及免费服务项目、增值服务项目及其收费标准等主要信息，必须在平台实时公布。行政监督平台应当及时公布投诉举报受理情况、调查处理结果等监管信息。

15. 促进信息全网有序流动。研究建立电子招标投标数据信息分类、所有、使用、交互共享和保密机制，明确电子招标投标交易平台、公共服务平台、行政监督平台及相关主体的权利义务责任。在推动电子招标投标平台之间、电子招标投标系统与其他信息平台系统之间互联互通的同时，积极培育各类平台主动交互信息的内生动力。按照互利互惠原则，提供依法公开数据的交易平台和公共服务平台可以按照交互数据的结构类别和规模比例，分享集合数据使用权利和大数据分析成果运用的增值效益。对于关系国家安全的重要敏感数据，各类电子招标投标平台特别是公共服务平台应当加强安全保障，不得用于商业用途；国务院有关部门对此类数据的交互另有规定的，从其规定。

16. 强化信息大数据应用。适应“互联网 +”趋势，运用大数据理念、技术和资源，依托电子招标投标系统特别是公共服务平台，依法高效采集、有效整合和充分运用招标采购信息数据，为行政监督部门和市场主体提供大数据服务。通过对招标采购信息大数据统计分析，为把握市场动态、预测行业趋势和研判经济形势提供研究支撑，为制定完善相关法规制度和政策措施提供决策支持，为甄别、预警违法违规行为，实行科学、精准、高效的智能化监督提供重要依据。

17. 发挥信用信息作用。鼓励各类电子招标投标平台建立招标投标信用数据库，按照客观记录、统一标准、公开共享、用户评价的原则，利用电子招标投标交易大数据动态生成招标人、投标人、招标代理机构等市场主体信用基本信息，并通过公共服务平台和信用信息共享平台进行共享，为开展失信联合惩戒和守信联合激励提供支撑，促进招标采购市场主体信用自律，引导诚信体系建设。

（六）完善制度和技术保障

18. 健全法规制度。推动修订招标投标法律法规，进一步明确电子招标投标数据电文法律效力，对实行全流程电子化招标采购并按照规定公开相关信息的，合理简化和缩短有关程序和时限要求，为推广应用电子招标采购提供制度支持。制定公共服务平台管理办法，明确公共服务内容、提供方式和信息集成共享要求，以及公共服务平台运营机构权利义务和法律责任。制定行政监督平台管理办法，明确在线监督权限、方式、内容、程序等。编制公共服务平台和行政监督平台技术规范，明确基本功能、数据编码、系统接口、技术支撑和保障要求。研究制定电子开标、投标、评标的具体规定，以及电子招标采购档案管理规范，为推行招标采购全过程电子化提供制度保障。各地区各部门应完善本地区、本行业适应电子招标采购发展的配套制度和政策措施。

19. 优化制度环境。各地区各部门要按照国务院批准的《关于建立清理和规范招标投标有关规定长效机制的意见》要求，结合本地区本行业实际建立有关长效机制，适时对不适应“互联网 +”招标采购发展的规章制度和政策文件进行清理，重点针对违反《招标投标法》、《招标投标法实施条例》和《电子招标投标办法》，以及针对电子招标采购增设审批许可、指定交易平台和工具软件、排斥限制市场主体建设运营的交易平台、实行地区封锁和行业保护等内容，增强制度的统一性和适用性，为“互联网 +”招标采购发展营造良好制度环境。

20. 加强安全保障。电子招标投标系统开发单位应根据电子招标采购业务特点，重点围绕招标投标文件的安全传输技术、防篡改技术、安全存储技术以及开标保障技术等，开发相应信息安全技术和产品。平台运营机构承担系统安全和数据安全主体责任，确保本机构运营电子招标投标平台所有服务器均设在中华人民共和国境内。使用云服务的，云服务提供商必须提供安全承诺。运营机构应当建立健全安全管理制度，以及身份识别和鉴定、访问控制、入侵防范、恶意代码防范、补丁升级、数据存储和传输加密、备份与恢复等工作程序，并通过有关管理措施和技术手段，加强风险管理和防范，及时识别和评估电子招标投标系统安全风险，确保平台运营安全和数据安全。

21. 培育和规范开发市场。按照规范架构、统一标准、分散开发、组件集成的原则，鼓励研发推广数据交互接口、分析处理、存储发布、安全控制等标准化基础应用软件和专业工具软件，以及技术组件库，满足电子招标投标系统开发、维护和对接交互需求。着力消除技术壁垒，鼓励各类研发机构公平竞争，促进技术创新，不断提升电子招标投标系统技术研究和开发水平。开发运维机构不得以低于成本的形式不正当竞争，不得通过滥用垄断地位、设置技术壁垒等方式等获取额外利益，不得开发违反招标投标法律法规的软件，不得在开发的电子招标投标系统或软件中违法设置后门程序，不得违法采集和利用相关数据。

三、组织实施

22. 加强组织领导。国家发展改革委将会同工业和信息化部、住房城乡建设部、交通运输部、水利部、商务部等加强对行动方案实施工作的指导协调,依托招标投标部际联席会议,完善“互联网+”招标采购协调推进工作机制,在规划指导、制度建设、技术标准、信息共享体系等方面加大力度,统筹协调解决“互联网+”招标采购发展中的重大问题,切实推动本行动方案的贯彻落实。各省(区、市)应当建立本地区部门协调工作机制,确定牵头落实部门和相关责任部门,制定本地区行动目标和具体工作方案,明确考核指标和相关进度要求,推进“互联网+”招标采购深入发展。各省(区、市)牵头落实部门应当于2017年4月前,将本地区工作方案、责任部门和联系人报国家发展改革委(法规司)。

23. 落实主体责任。招标投标行业组织应当发挥行业服务、智力支持和桥梁纽带作用,倡导诚信自律,促进公平竞争,组织做好政策宣传、业务培训、行业自律、合作交流、经验推广等工作,及时收集反映本行动方案实施情况、存在问题以及市场主体意见建议。大型国有企业特别是中央企业应当发挥好带头示范作用,抓紧制定发展电子化招标采购的目标、实施计划和保障措施,积极推行集团化电子招标采购,在实现全流程电子化招标采购、与公共服务平台和行政监督平台互联共享、有序通过检测认证、挖掘大数据应用等方面,为交易平台发展作出表率。招标代理机构应当积极适应“互联网+”趋势,依托建设运营第三方交易平台,为委托人提供更加优质高效的电子招标投标代理服务和综合咨询服务,不断提高行业竞争力。

24. 深化交流合作。发挥国家电子招标投标试点示范和引领带动作用,注重总结、转化、推广试点经验和成果,从试点地区和单位及其他先进地区和单位中选取若干在创新监管体制机制、促进交易平台市场化发展、深化大数据应用、加强平台互联共享等的典型,作为创新示范向全国推广。积极开展“互联网+”招标采购领域国际合作,深入学习借鉴国际经验,与有关国际组织和国家开展电子招标采购多领域、多层次交流与合作,积极参与国际标准和区域标准的制定,促进我国“互联网+”招标采购制度与国际接轨,为我国企业拓展海外市场提供平台、通道和服务。

25. 严格督促考核。在行动方案实施期限内，各省、自治区、直辖市负责行动方案落实的牵头部门应当于每年12月底前，将本年度阶段性工作总结和下一年度重点工作计划报送国家发展改革委和有关部门。国家发展改革委将会同有关部门加强监督和指导，组织对行动方案实施情况进行检查和第三方评估，对推进工作不力的地方和单位予以通报督促。

附录3

关于做好《电子招标投标办法》贯彻实施工作的指导意见

（发改法规〔2013〕1284号）

国务院各部门、各直属机构，各省、自治区、直辖市及计划单列市、副省级省会城市、新疆生产建设兵团发展改革委、工信委（经委）、住房城乡建设厅（建委、局）、交通厅（局）、水利厅（局）、商务厅（局），各铁路局，民航各地区管理局，各计划单列企业集团：

《电子招标投标办法》（以下简称《办法》）已经国家发展改革委、工业和信息化部、监察部、住房城乡建设部、交通运输部、原铁道部、水利部、商务部联合发布，并于2013年5月1日起实施。现就做好贯彻实施工作提出以下意见。

一、充分认识《办法》贯彻实施的重要意义

完善电子招标投标制度，充分发挥信息技术在提高招标采购透明度，节约资源和交易成本，解决招标投标领域突出问题方面的独特优势，是落实党的十八大关于大幅提升信息化水平、推动信息化和工业化深度融合要求的一项重要举措，也是落实中央惩治和预防腐败长效机制建设的一项重要任务。《办法》

在总结我国实践经验和存在问题的基础上，规划了电子招标投标的系统架构，确立了互联互通的技术规范，建立了信息集约的共享机制，提供了交易安全的制度保障，创新了监督管理的方式方法，为电子招标投标活动提供了制度保障。做好《办法》贯彻实施，对促进招标采购市场的健康发展、推动政府职能转变、推进生态文明和党风廉政建设，具有重要意义。各级人民政府有关部门要高度重视，采取有效措施抓好落实。

二、贯彻实施《办法》的基本要求

（一）坚持统筹规划与分步实施相结合。电子招标投标市场发展的最终目标，是在全国范围内推动建立起由交易平台、公共服务平台、行政监督平台构成，分类清晰、功能互补、互联互通的电子招标投标系统，实现所有招标项目全过程电子化。鉴于全面建成满足各类采购需求的电子招标投标系统不可能一蹴而就，《办法》没有对实行电子招标投标的项目范围及其环节作出强制要求，留由各地方各部门和有关市场主体根据实际情况分阶段逐步实施。

（二）坚持政府引导与市场调节相结合。各级人民政府有关部门要按照中央关于机构改革和职能转变的要求，从发展规划、技术标准、交易规则、安全保障、公共服务等方面，积极引导市场主体采用电子化方式进行招标投标活动。在此过程中，要妥善处理好政府与市场的关系，充分发挥市场在资源配置中的基础性作用，在交易平台的建设运营和选择使用等方面，鼓励平等竞争，提高效率、改善服务。

（三）坚持统一规范与鼓励创新相结合。在电子招标投标系统由不同主体分散建立的情况下，《办法》通过统一技术和数据接口标准以及信息交换要求，为实现电子招标投标系统的互联互通和信息共享提供了制度保障。各部门、地方和有关市场主体应当严格执行有关规定，切实消除技术壁垒，避免形成信息孤岛。与此同时，要充分考虑信息技术快速发展的实际，将统一规范的要求严格限定在保证交易安全和消除技术壁垒的范围内，为技术创新留出足够空间。

（四）坚持提高效率和确保安全相结合。为最大限度地发挥电子招标的效率优势，有必要减少管理环节，优化交易流程，提倡全部交易过程的电子化。但是，提高效率需要以行为规范和交易安全为前提。为此，要按照《办法》和技术规范要求设置身份识别、权限监控、局部隔离、离线编辑、加密解密、操作记录、信息留痕、存档备份以及系统检测、认证等安全制度。

三、广泛深入地开展宣传培训

各级人民政府有关监督管理部门要充分利用广播、电视、报纸、网络等多种媒体，采取专家解读、问题解答、实践动态、知识竞赛等方式，广泛宣传《办法》；组织本部门、本系统从事招标投标监督管理的人员进行专门培训或者结合有关招标投标业务进行培训，并将《办法》学习培训纳入考核内容。招标人、投标人、招标代理机构要将《办法》的学习作为提高员工业务素质的一项基础性工作，进一步规范招标投标行为和招标代理行为。电子招标投标系统建设、运营、检测、认证等机构和相关从业人员要认真学习《办法》及技术规范，确保系统安全规范高效便捷。组建评标专家库的省级人民政府和国务院有关部门，要对评标专家进行集中培训。有关行业组织要立足服务，加大宣传力度，组织开展会员单位的培训。各种培训不得以营利为目的，不得乱收费，确保培训质量。

四、加快交易平台的建设应用步伐

（一）引导各类主体有序建设运营交易平台。建设满足各类采购需求的交易平台，是推进电子招标投标的基础和前提。依法设立的招标投标交易场所、招标人、招标代理机构以及其他依法设立的法人组织可以按行业专业类别，以及市场化、专业化、集约化方向，建设运营交易平台。鼓励一次性采购以及采购规模小、采购频率低的单位选择使用第三方建设运营的交易平台，促进交易平台适度规模经营，避免低水平重复建设和无序竞争。

（二）依法合规建设运营交易平台。交易平台要坚持标准统一、互联互通、公开透明、安全高效的原则，在功能设置、技术标准、安全保障、运营管理等方面严格执行《办法》及技术规范，经检测和第三方认证并在公共服务平台上免费注册登记后投入运营。交易平台应当保持技术中立，不得限制或者排斥符合技术规范的工具软件与其对接。交易平台应当以在线完成招标投标交易为主，可以兼具部分公共服务功能。在《办法》颁布实施前已经建成运营的电子招标投标系统，要按照《办法》和技术规范要求进行改造，其中兼具部分公共服务和行政监督功能的交易平台，应按照管办分开的原则将交易功能和行政监督功能分由不同主体负责。交易平台运营机构应当严格遵守招标投标规定,不得以任何手段为弄虚作假、串通投标等违法违规行为提供便利,不得泄露招标投标活动应当保密的信息。

(三)交易平台平等竞争。各交易平台运营机构应当通过规范经营、科学管理、技术创新、优质服务和合理收费提高市场占有率,其经营范围不得因建设主体、所处行业地区,以及所有制的不同而有所限制或歧视。除按照《办法》进行检测认证和注册登记外,任何单位和个人不得对交易平台的建设运营设置或变相设置行政许可或备案。

五、积极推动公共服务平台建设

(一)加快公共服务平台建设。电子招标投标的持续健康发展,对借助公共服务平台实现资源共享、打破技术壁垒、提高交易透明度、加强信息集成等提出了迫切要求。设区的市级以上地方人民政府发展改革部门会同有关部门,按照政府主导、共建共享、公益服务的原则,推动建立本地区统一的公共服务平台。公共服务平台原则上分为国家、省和市三个层级,具备条件的地方可推动建立全省统一、终端覆盖市县的公共服务平台。公共服务平台的功能设置、安全保障、运营管理要严格执行《办法》和技术规范。已经建成或者准备建设的具有部分公共服务功能的电子招标投标系统,要按照《办法》和技术规范要求进行改造,为市场主体提供相应服务。公共服务平台经检测认证后投入运营,但不得具备交易功能。

(二)实现各平台之间的互联互通。下一层级的公共服务平台应当与上一层级的公共服务平台连接并注册登记,交易平台应当选择任一公共服务平台注册登记。交易平台与公共服务平台之间,不同层级的公共服务平台之间,应当按照《办法》规定及时交互有关信息,最终形成以交易平台为基础,以公共服务平台为枢纽,以行政监督平台为保障,互联互通的电子招标投标系统网络。

(三)探索形成可持续运营的机制。在立足公益服务这一基本定位下,要结合本地区实际情况,按照“政府主导、共建共享、公益服务”的原则建设运营公共服务平台,确保公共服务的及时、全面和可持续。公共服务平台要妥善处理好与交易平台、行政监督平台的关系,拓宽信息来源渠道,不断充实并及时更新有关信息，夯实服务基础。

六、加强和改进行政监管

（一）明确执法主体。推行电子招标投标对加强和改进行政监督提出了新的要求。各级行政监督部门、监察机关按照规定的职责分工，依法查处电子招标投标活动中的违法行为。省级以上人民政府有关部门按照职责分工，对本行政区域内电子招标投标系统的建设、运行，以及相关检测、认证活动实施监督。

（二）建设行政监督平台。有关行政监督部门、监察机关要结合电子政务建设，按照《办法》要求建设行政监督平台，明确监管事项、监管流程和监管要求。交易平台、公共服务平台应当向行政监督部门、监察机关开放监管通道。已经建成的行政监督平台，要根据《办法》以及将要发布的行政监督平台技术规范进行改造。行政监督平台已经嵌入交易平台的，要保证在线监督的独立性和公正性，允许通过检测认证的其他交易平台和公共服务平台与其对接，不得限制或排斥。

（三）推动在线监管。各级行政监督部门和监察机关要逐步减少使用纸质载体的监督管理方式，取消违法设置的行政审批和核准环节，加强与项目审核、财政资金拨付、项目实施、合同管理等环节的联动，以行政监督的无纸化推动招标投标全流程的电子化，最大限度地发挥电子招标投标节约成本、提高效率、促进公开的优势。

七、抓紧完善相关制度机制

（一）尽快制定配套规定。电子招标投标是成长性和创新性很强的新兴领域，做好贯彻落实工作，需要不断完善配套制度，健全相关机制。当前，国家发展改革委要会同有关部门，起草制定电子招标投标系统检测认证办法，明确检测认证的主体、标准和程序；起草制定公共服务平台管理办法，明确公共服务范围、提供方式，进一步界定各方权利义务关系，加强信息集成、共享和再利用；编制出台公共服务平台和行政监督平台技术规范，明确基本功能、信息资源库、数据编码规则、系统接口、技术支撑与保障要求等。各地区各部门要对不适应电子招标投标的法规规章和规范性文件进行清理，增强规定的统一性和适用性。

（二）健全以信息为基础的机制建设。电子招标投标为进一步提高采购透明度提供了技术支撑。除依法应当公开的政府信息、项目交易信息外，鼓励公布不涉及商业、技术秘密的招标文件、投标文件，以及项目完成质量、期限、结算金额等履约信息。通过最大限度的公开保证竞争的公平公正。充分发挥公共服务平台信息整合功能，做好全国或者本地区、本行业数据统计利用，分析预警招标投标违法行为，增强监管的针对性、前瞻性和有效性。在推动招标投标信息在全国范围内联动共享的同时，加强信用体系建设，不断健全奖优罚劣的信用机制。

八、确保贯彻实施工作落到实处

（一）制定贯彻落实方案。为尽快实现全部招标项目全过程电子化的目标，省级发展改革部门要会同有关部门，结合本地实际研究制定贯彻落实方案，科学规划公共服务平台建设模式、建设步骤、推进措施和各阶段要求，于 2013 年 9 月报国家发展改革委。

（二）开展创新示范。国家发展改革委会同有关部门，选择若干工作基础较好的省市和单位，作为推进电子招标投标的创新示范点，以点带面，不断提高电子招标投标的广度和深度。

（三）加强协调配合。推行电子招标投标是一项系统工程，需要各部门密切配合。发展改革部门要发挥好指导协调作用，加强统筹规划和沟通协调，在发展目标、综合性政策、技术标准等方面，充分听取各方面意见，凝聚共识，形成合力。各有关部门按照职责分工，做好贯彻落实和监督执法工作。

附录4

关于印发《整合建立统一的公共资源交易平台工作方案》的通知

（国办发〔2015〕63 号）

各省、自治区、直辖市人民政府，国务院各部委、各直属机构：

《整合建立统一的公共资源交易平台工作方案》已经国务院同意，现印发给你们，请认真贯彻执行。

国务院办公厅

2015 年 8 月 10 日

整合建立统一的公共资源交易平台工作方案

为深入贯彻党的十八大和十八届二中、三中、四中全会精神，落实《国务院机构改革和职能转变方案》部署，现就整合建立统一的公共资源交易平台制定以下工作方案。

一、充分认识整合建立统一的公共资源交易平台的重要性

近年来，地方各级政府积极推进工程建设项目招标投标、土地使用权和矿业权出让、国有产权交易、政府采购等公共资源交易市场建设，对于促进和规范公共资源交易活动，加强反腐倡廉建设发挥了积极作用。但由于公共资源交易市场总体上仍处于发展初期，各地在建设运行和监督管理中暴露出不少突出问题：各类交易市场分散设立、重复建设，市场资源不共享；有些交易市场职能定位不准，运行不规范，公开性和透明度不够，违法干预交易主体自主权；有些交易市场存在乱收费现象，市场主体负担较重；公共资源交易服务、管理和监督职责不清，监管缺位、越位和错位现象不同程度存在。这些问题严重制约了公共资源交易市场的健康有序发展，加剧了地方保护和市场分割，不利于激发市场活力，亟需通过创新体制机制加以解决。

整合工程建设项目招标投标、土地使用权和矿业权出让、国有产权交易、政府采购等交易市场，建立统一的公共资源交易平台，有利于防止公共资源交易碎片化，加快形成统一开放、竞争有序的现代市场体系；有利于推动政府职能转变，提高行政监管和公共服务水平；有利于促进公共资源交易阳光操作，强化对行政权力的监督制约，推进预防和惩治腐败体系建设。

二、指导思想和基本原则

（一）指导思想。全面贯彻党的十八大和十八届二中、三中、四中全会精神，按照党中央、国务院决策部署，发挥市场在资源配置中的决定性作用和更好发挥政府作用，以整合共享资源、统一制度规则、创新体制机制为重点，以信息化建设为支撑，加快构筑统一的公共资源交易平台体系，着力推进公共资源交易法制化、规范化、透明化，提高公共资源配置的效率和效益。

（二）基本原则。

坚持政府推动、社会参与。政府要统筹推进公共资源交易平台整合，完善管理规则，优化市场环境，促进公平竞争。鼓励通过政府购买服务等方式，引导社会力量参与平台服务供给，提高服务质量和效率。

坚持公共服务、资源共享。立足公共资源交易平台的公共服务职能定位，整合公共资源交易信息、专家和场所等资源，加快推进交易全过程电子化，实现交易全流程公开透明和资源共享。

坚持转变职能、创新监管。按照管办分离、依法监管的要求，进一步减少政府对交易活动的行政干预，强化事中事后监管和信用管理，创新电子化监管手段，健全行政监督和社会监督相结合的监督机制。

坚持统筹推进、分类指导。充分考虑行业特点和地区差异，统筹推进各项工作，加强分类指导，增强政策措施的系统性、针对性和有效性。

三、整合范围和整合目标

（三）整合范围。整合分散设立的工程建设项目招标投标、土地使用权和矿业权出让、国有产权交易、政府采购等交易平台，在统一的平台体系上实现信息和资源共享，依法推进公共资源交易高效规范运行。积极有序推进其他公共资源交易纳入统一平台体系。民间投资的不属于依法必须招标的项目，由建设单位自主决定是否进入统一平台。

统一的公共资源交易平台由政府推动建立，坚持公共服务职能定位，实施统一的制度规则、共享的信息系统、规范透明的运行机制，为市场主体、社会公众、行政监管部门等提供综合服务。

（四）整合目标。2016 年 6 月底前，地方各级政府基本完成公共资源交易平台整合工作。2017 年 6 月底前，在全国范围内形成规则统一、公开透明、服务高效、监督规范的公共资源交易平台体系，基本实现公共资源交易全过程电子化。在此基础上，逐步推动其他公共资源进入统一平台进行交易，实现公共资源交易平台从依托有形场所向以电子化平台为主转变。

四、有序整合资源

（五）整合平台层级。各省级政府应根据经济发展水平和公共资源交易市场发育状况，合理布局本地区公共资源交易平台。设区的市级以上地方政府应整合建立本地区统一的公共资源交易平台。县级政府不再新设公共资源交易平台，已经设立的应整合为市级公共资源交易平台的分支机构；个别需保留的，由省级政府根据县域面积和公共资源交易总量等实际情况，按照便民高效原则确定，并向社会公告。法律法规要求在县级层面开展交易的公共资源，当地尚未设立公共资源交易平台的，原交易市场可予以保留。鼓励整合建立跨行政区域的公共资源交易平台。各省级政府应积极创造条件，通过加强区域合作、引入竞争机制、优化平台结构等手段，在坚持依法监督前提下探索推进交易主体跨行政区域自主选择公共资源交易平台。

（六）整合信息系统。制定国家电子交易公共服务系统技术标准和数据规范，为全国公共资源交易信息的集中交换和共享提供制度和技术保障。各省级政府应整合本地区分散的信息系统，依据国家统一标准建立全行政区域统一、终端覆盖市县的电子交易公共服务系统。鼓励电子交易系统市场化竞争，各地不得限制和排斥市场主体依法建设运营的电子交易系统与电子交易公共服务系统对接。各级公共资源交易平台应充分发挥电子交易公共服务系统枢纽作用，通过连接电子交易和监管系统，整合共享市场信息和监管信息等。加快实现国家级、省级、市级电子交易公共服务系统互联互通。中央管理企业有关电子招标采购交易系统应与国家电子交易公共服务系统连接并按规定交换信息，纳入公共资源交易平台体系。

（七）整合场所资源。各级公共资源交易平台整合应充分利用现有政务服务中心、公共资源交易中心、建设工程交易中心、政府集中采购中心或其他交易场所，满足交易评标（评审）活动、交易验证以及有关现场业务办理需要。整合过程中要避免重复建设，严禁假借场所整合之名新建楼堂馆所。在统一场所设施标准和服务标准条件下，公共资源交易平台不限于一个场所。对于社会力量建设并符合标准要求的场所，地方各级政府可以探索通过购买服务等方式加以利用。

（八）整合专家资源。进一步完善公共资源评标专家和评审专家分类标准，各省级政府应按照全国统一的专业分类标准，整合本地区专家资源。推动实现专家资源及专家信用信息全国范围内互联共享，有条件的地方要积极推广专家远程异地评标、评审。评标或评审时，专家应采取随机方式确定，任何单位和个人不得以明示、暗示等任何方式指定或者变相指定专家。

五、统一规则体系

（九）完善管理规则。发展改革委要会同国务院有关部门制定全国统一的公共资源交易平台管理办法，规范平台运行、管理和监督。国务院有关部门要根据工程建设项目招标投标、土地使用权和矿业权出让、国有产权交易、政府采购等法律法规和交易特点，制定实施全国分类统一的平台交易规则和技术标准。各省级政府要根据全国统一的规则和办法，结合本地区实际，制定平台服务管理细则，完善服务流程和标准。

（十）开展规则清理。各省级政府要对本地区各级政府和有关部门发布的公共资源交易规则进行清理。对违法设置审批事项、以备案名义变相实施审批、干预交易主体自主权以及与法律法规相冲突的内容，要坚决予以纠正。清理过程和结果应在省级公共资源交易平台进行公告，接受社会监督。

六、完善运行机制

（十一）推进信息公开共享。建立健全公共资源交易信息和信用信息公开共享制度。各级公共资源交易平台应加大信息公开力度，依法公开交易公告、资格审查结果、成交信息、履约信息以及有关变更信息等。加快建立市场信息共享数据库和验证互认机制。对市场主体通过公共资源交易平台电子交易公共服务系统实现登记注册共享的信息，相应行政区域内有关行政监督部门和其他公共资源交易平台不得要求企业重复登记、备案和验证，逐步推进全国范围内共享互认。各级行政监管部门要履行好信息公开职能，公开有关公共资源交易项目审核、市场主体和中介机构资质资格、行政处罚等监管信息。公共资源交易平台应依托统一的社会信用代码，建立公共资源交易市场主体信用信息库，并将相关信息纳入国家统一的信用信息平台，实现市场主体信用信息交换共享。加强公共资源交易数据统计分析、综合利用和风险监测预警，为市场主体、社会公众和行政监管部门提供信息服务。

（十二）强化服务功能。按照简政放权、放管结合、优化服务的改革方向，简化交易环节，提高工作效率，完善公共资源交易平台服务功能，公开服务流程、工作规范和监督渠道，整治各种乱收费行为，切实降低市场主体交易成本、减轻相关负担。建立市场主体以及第三方参与的社会评价机制，对平台提供公共服务情况进行考核评价。各级公共资源交易平台不得取代依法设立的政府集中采购机构的法人地位、法定代理权以及依法设立的其他交易机构和代理机构从事的相关服务，不得违法从事或强制指定招标、拍卖等中介服务，不得行使行政审批、备案等管理职能,不得强制非公共资源交易项目在平台交易,不得通过设置注册登记、设立分支机构、资质验证、投标(竞买)许可、强制担保等限制性条件阻碍或者排斥其他地区市场主体进入本地区公共资源交易市场。凡是采取审核招标及拍卖文件、出让方案等实施行政审批,或者以备案名义变相实施行政审批的,一律限期取消。公共资源交易平台应与依法设立的相关专业服务机构加强业务衔接,保证法定职能正常履行。

七、创新监管体制

(十三)完善监管体制机制。按照决策权、执行权、监督权既相互制约又相互协调的要求,深化公共资源交易管理体制改革,推进公共资源交易服务、管理与监督职能相互分离,完善监管机制,防止权力滥用。发展改革部门会同有关部门要加强对公共资源交易平台工作的指导和协调。各级招标投标行政监督、财政、国土资源、国有资产监督管理等部门要按照职责分工,加强对公共资源交易活动的监督执法,依法查处公共资源交易活动中的违法违规行为。健全行政监督部门与监察、审计部门协作配合机制,严肃查处领导干部利用职权违规干预和插手公共资源交易活动的腐败案件。审计部门要加强对公共资源交易及平台运行的审计监督。

(十四)转变监督方式。各级行政主管部门要运用大数据等手段,实施电子化行政监督,强化对交易活动的动态监督和预警。将市场主体信用信息和公共资源交易活动信息作为实施监管的重要依据,健全守信激励和失信惩戒机制。对诚实守信主体参与公共资源交易活动要依法给予奖励,对失信主体参与公共资源交易活动要依法予以限制,对严重违法失信主体实行市场禁入。健全专家选聘与退出机制,建立专家黑名单制度,强化专家责任追究。加强社会监督,完善投诉处理机制,公布投诉举报电话,及时处理平台服务机构违法违规行为。发挥行业组织作用,建立公共资源交易平台服务机构和人员自律机制。

八、强化实施保障

(十五)加强组织领导。各地区、各部门要充分认识整合建立统一的公共资源交易平台的重要性,加强领导,周密部署,有序推进整合工作。建立由发展改革委牵头,工业和信息化部、财政部、国土资源部、环境保护部、住房城乡建设部、交通运输部、水利部、商务部、卫生计生委、国资委、税务总局、林业局、国管局、铁路局、民航局等部门参加的部际联席会议制度，统筹指导和协调全国公共资源交易平台整合工作，适时开展试点示范。各省级政府要根据本方案要求，建立相应工作机制，对行政区域内已有的各类公共资源交易平台进行清理，限期提出具体实施方案。在公共资源交易平台清理整合工作完成前，要保障原交易市场正常履行职能，实现平稳过渡。

（十六）严格督促落实。地方各级政府要将公共资源交易平台整合工作纳入目标管理考核，定期对本地区工作落实情况进行检查并通报有关情况。发展改革委要会同国务院有关部门加强对本方案执行情况的督促检查，协调解决工作中遇到的问题，确保各项任务措施落实到位。

附录5

关于促进政府采购公平竞争优化营商环境的通知

（财库〔2019〕38号）

各中央预算单位，各省、自治区、直辖市、计划单列市财政厅（局），新疆生产建设兵团财政局：

为贯彻落实中央深改委审议通过的《深化政府采购制度改革方案》和《国务院办公厅关于聚焦企业关切进一步推动优化营商环境政策落实的通知》（国办发〔2018〕104号）有关要求，构建统一开放、竞争有序的政府采购市场体系，现就促进政府采购领域公平竞争、优化营商环境相关事项通知如下：

一、全面清理政府采购领域妨碍公平竞争的规定和做法

各地区、各部门应当严格落实《中华人民共和国政府采购法》等相关法律法规的要求，依法保障各类市场主体平等参与政府采购活动的权利。要全面清理政府采购领域妨碍公平竞争的规定和做法，重点清理和纠正以下问题：

（一）以供应商的所有制形式、组织形式或者股权结构，对供应商实施差别待遇或者歧视待遇，对民营企业设置不平等条款，对内资企业和外资企业在中国境内生产的产品、提供的服务区别对待；

（二）除小额零星采购适用的协议供货、定点采购以及财政部另有规定的情形外，通过入围方式设置备选库、名录库、资格库作为参与政府采购活动的资格条件，妨碍供应商进入政府采购市场；

（三）要求供应商在政府采购活动前进行不必要的登记、注册，或者要求设立分支机构，设置或者变相设置进入政府采购市场的障碍；

（四）设置或者变相设置供应商规模、成立年限等门槛，限制供应商参与政府采购活动；

（五）要求供应商购买指定软件，作为参加电子化政府采购活动的条件；

（六）不依法及时、有效、完整发布或者提供采购项目信息，妨碍供应商参与政府采购活动；

（七）强制要求采购人采用抓阄、摇号等随机方式或者比选方式选择采购代理机构，干预采购人自主选择采购代理机构；

（八）设置没有法律法规依据的审批、备案、监管、处罚、收费等事项；

（九）除《政府采购货物和服务招标投标管理办法》第六十八条规定的情形外，要求采购人采用随机方式确定中标、成交供应商；

（十）违反法律法规相关规定的其他妨碍公平竞争的情形。

各地区、各部门要抓紧清理政府采购领域妨碍公平竞争的规定和做法，有关清理结果要及时向社会公开，并于 2019 年 10 月 31 日前报送财政部。

二、严格执行公平竞争审查制度

各地区、各部门制定涉及市场主体的政府采购制度办法，要严格执行公平竞争审查制度，充分听取市场主体和相关行业协会商会意见，评估对市场竞争的影响，防止出现排除、限制市场竞争问题。重点审查制度办法是否设置不合理和歧视性的准入条件排斥潜在供应商参与政府采购活动，是否设置没有法律法规依据的行政审批或者具有审批性质的备案，是否违规给予特定供应商优惠待遇等。经审查认为不具有排除、限制竞争效果的，可以颁布实施；具有排除、限制竞争效果的，应当不予出台或者调整至符合相关要求后出台；未经公平竞争审查的，不得出台。

在政府采购相关制度办法实施过程中,应当定期或者适时评估其对全国统一市场和公平竞争的影响,对妨碍统一市场和公平竞争的,要及时修改完善或者予以废止。

三、加强政府采购执行管理

优化采购活动办事程序。对于供应商法人代表已经出具委托书的,不得要求供应商法人代表亲自领购采购文件或者到场参加开标、谈判等。对于采购人、采购代理机构可以通过互联网或者相关信息系统查询的信息,不得要求供应商提供。除必要的原件核对外,对于供应商能够在线提供的材料,不得要求供应商同时提供纸质材料。对于供应商依照规定提交各类声明函、承诺函的,不得要求其再提供有关部门出具的相关证明文件。

细化采购活动执行要求。采购人允许采用分包方式履行合同的,应当在采购文件中明确可以分包履行的具体内容、金额或者比例。采购人、采购代理机构对投标(响应)文件的格式、形式要求应当简化明确,不得因装订、纸张、文件排序等非实质性的格式、形式问题限制和影响供应商投标(响应)。实现电子化采购的,采购人、采购代理机构应当向供应商免费提供电子采购文件;暂未实现电子化采购的,鼓励采购人、采购代理机构向供应商免费提供纸质采购文件。

规范保证金收取和退还。采购人、采购代理机构应当允许供应商自主选择以支票、汇票、本票、保函等非现金形式缴纳或提交保证金。收取投标(响应)保证金的,采购人、采购代理机构约定的到账(保函提交)截止时间应当与投标(响应)截止时间一致,并按照规定及时退还供应商。收取履约保证金的,应当在采购合同中约定履约保证金退还的方式、时间、条件和不予退还的情形,明确逾期退还履约保证金的违约责任。采购人、采购代理机构不得收取没有法律法规依据的保证金。

及时支付采购资金。政府采购合同应当约定资金支付的方式、时间和条件,明确逾期支付资金的违约责任。对于满足合同约定支付条件的,采购人应当自收到发票后30日内将资金支付到合同约定的供应商账户,不得以机构变动、人员更替、政策调整等为由延迟付款,不得将采购文件和合同中未规定的义务作为向供应商付款的条件。

完善对供应商的利益损害赔偿和补偿机制。采购人和供应商应当在政府采购合同中明确约定双方的违约责任。对于因采购人原因导致变更、中止或者终止政府采购合同的,采购人应当依照合同约定对供应商受到的损失予以赔偿或者补偿。

四、加快推进电子化政府采购

推进采购项目电子化实施。要加快完善电子化政府采购平台的网上交易功能,实现在线发布采购公告、提供采购文件、提交投标(响应)文件,实行电子开标、电子评审。逐步建立电子化政府采购平台与财政业务、采购单位内部管理等信息系统的衔接,完善和优化合同签订、履约验收、信用评价、用户反馈、提交发票、资金支付等线上流程。

加快实施"互联网+政府采购"行动。积极推进电子化政府采购平台和电子卖场建设,建立健全统一的技术标准和数据规范,逐步实现全国范围内的互联互通,推动与公共资源交易平台数据共享,提升供应商参与政府采购活动的便利程度。

五、进一步提升政府采购透明度

加强政府采购透明度建设。完善政府采购信息发布平台服务功能。中国政府采购网及地方分网等政府采购信息发布平台应当提供便捷、免费的在线检索服务,向市场主体无偿提供所有依法公开的政府采购信息。推进开标活动对外公开,在保证正常开标秩序的前提下,允许除投标人及其代表之外的其他人员观摩开标活动。

推进采购意向公开。采购意向包括主要采购项目、采购内容及需求概况、预算金额、预计采购时间等。为便于供应商提前了解采购信息,各地区、各部门应当创造条件积极推进采购意向公开(涉密信息除外)。自2020年起,选择部分中央部门和地方开展公开采购意向试点。在试点基础上,逐步实现各级预算单位采购意向公开。

六、完善政府采购质疑投诉和行政裁决机制

畅通供应商质疑投诉渠道。研究建立与"互联网+政府采购"相适应的快速裁决通道,为供应商提供标准统一、高效便捷的维权服务。对供应商提出的质疑和投诉，采购人、采购代理机构和各级财政部门应当依法及时答复和处理。完善质疑答复内部控制制度，有条件的采购人和集中采购机构应当实现政府采购质疑答复岗位与操作执行岗位相分离，进一步健全政府采购质疑投诉处理机制。

依法依规实施行政处罚。各级财政部门实施政府采购行政处罚，应当依法保障当事人的告知权、陈述权、申辩权、听证权等，保证程序合法。坚持处罚和教育相结合的原则，正确适用和区分从轻处罚、减轻处罚和不予处罚情形，作出的行政处罚应与违法行为的事实、性质、情节以及社会危害程度相当。

各地区、各部门要充分认识维护政府采购公平竞争市场秩序、优化政府采购营商环境的重要意义，加强组织领导，明确工作责任，周密安排部署，强化监督检查，确保各项要求落实到位。

本通知自2019年9月1日起施行。

附录6

国务院关于积极推进“互联网 +”行动的指导意见

（国发〔2015〕40 号）

各省、自治区、直辖市人民政府，国务院各部委、各直属机构：

“互联网 +”是把互联网的创新成果与经济社会各领域深度融合，推动技术进步、效率提升和组织变革，提升实体经济创新力和生产力，形成更广泛的以互联网为基础设施和创新要素的经济社会发展新形态。在全球新一轮科技革命和产业变革中，互联网与各领域的融合发展具有广阔前景和无限潜力，已成为不可阻挡的时代潮流，正对各国经济社会发展产生着战略性和全局性的影响。积极发挥我国互联网已经形成的比较优势，把握机遇，增强信心，加快推进“互联网 +”发展，有利于重塑创新体系、激发创新活力、培育新兴业态和创新公共服务模式，对打造大众创业、万众创新和增加公共产品、公共服务“双引擎”，主动适应和引领经济发展新常态，形成经济发展新动能，实现中国经济提质增效升级具有重要意义。

近年来，我国在互联网技术、产业、应用以及跨界融合等方面取得了积极进展,已具备加快推进“互联网+”发展的坚实基础,但也存在传统企业运用互联网的意识和能力不足、互联网企业对传统产业理解不够深入、新业态发展面临体制机制障碍、跨界融合型人才严重匮乏等问题,亟待加以解决。为加快推动互联网与各领域深入融合和创新发展,充分发挥“互联网+”对稳增长、促改革、调结构、惠民生、防风险的重要作用,现就积极推进“互联网+”行动提出以下意见。

一、行动要求

(一)总体思路。

顺应世界“互联网+”发展趋势,充分发挥我国互联网的规模优势和应用优势,推动互联网由消费领域向生产领域拓展,加速提升产业发展水平,增强各行业创新能力,构筑经济社会发展新优势和新动能。坚持改革创新和市场需求导向,突出企业的主体作用,大力拓展互联网与经济社会各领域融合的广度和深度。着力深化体制机制改革,释放发展潜力和活力;着力做优存量,推动经济提质增效和转型升级;着力做大增量,培育新兴业态,打造新的增长点;着力创新政府服务模式,夯实网络发展基础,营造安全网络环境,提升公共服务水平。

(二)基本原则。

坚持开放共享。营造开放包容的发展环境,将互联网作为生产生活要素共享的重要平台,最大限度优化资源配置,加快形成以开放、共享为特征的经济社会运行新模式。

坚持融合创新。鼓励传统产业树立互联网思维,积极与“互联网+”相结合。推动互联网向经济社会各领域加速渗透,以融合促创新,最大程度汇聚各类市场要素的创新力量,推动融合性新兴产业成为经济发展新动力和新支柱。

坚持变革转型。充分发挥互联网在促进产业升级以及信息化和工业化深度融合中的平台作用,引导要素资源向实体经济集聚,推动生产方式和发展模式变革。创新网络化公共服务模式,大幅提升公共服务能力。

坚持引领跨越。巩固提升我国互联网发展优势,加强重点领域前瞻性布局,以互联网融合创新为突破口,培育壮大新兴产业,引领新一轮科技革命和产业变革,实现跨越式发展。

坚持安全有序。完善互联网融合标准规范和法律法规，增强安全意识，强化安全管理和防护，保障网络安全。建立科学有效的市场监管方式，促进市场有序发展，保护公平竞争，防止形成行业垄断和市场壁垒。

（三）发展目标。

到2018年，互联网与经济社会各领域的融合发展进一步深化，基于互联网的新业态成为新的经济增长动力，互联网支撑大众创业、万众创新的作用进一步增强，互联网成为提供公共服务的重要手段，网络经济与实体经济协同互动的发展格局基本形成。

——经济发展进一步提质增效。互联网在促进制造业、农业、能源、环保等产业转型升级方面取得积极成效，劳动生产率进一步提高。基于互联网的新兴业态不断涌现，电子商务、互联网金融快速发展，对经济提质增效的促进作用更加凸显。

——社会服务进一步便捷普惠。健康医疗、教育、交通等民生领域互联网应用更加丰富，公共服务更加多元，线上线下结合更加紧密。社会服务资源配置不断优化，公众享受到更加公平、高效、优质、便捷的服务。

——基础支撑进一步夯实提升。网络设施和产业基础得到有效巩固加强，应用支撑和安全保障能力明显增强。固定宽带网络、新一代移动通信网和下一代互联网加快发展，物联网、云计算等新型基础设施更加完备。人工智能等技术及其产业化能力显著增强。

——发展环境进一步开放包容。全社会对互联网融合创新的认识不断深入，互联网融合发展面临的体制机制障碍有效破除，公共数据资源开放取得实质性进展，相关标准规范、信用体系和法律法规逐步完善。

到2025年，网络化、智能化、服务化、协同化的“互联网+”产业生态体系基本完善，“互联网+”新经济形态初步形成，“互联网+”成为经济社会创新发展的重要驱动力量。

二、重点行动

（一）“互联网+”创业创新。

充分发挥互联网的创新驱动作用，以促进创业创新为重点，推动各类要素资源聚集、开放和共享，大力发展众创空间、开放式创新等，引导和推动全社会形成大众创业、万众创新的浓厚氛围，打造经济发展新引擎。（发展改革委、科技部、工业和信息化部、人力资源社会保障部、商务部等负责，列第一位者为牵头部门，下同）

1. 强化创业创新支撑。鼓励大型互联网企业和基础电信企业利用技术优势和产业整合能力，向小微企业和创业团队开放平台入口、数据信息、计算能力等资源，提供研发工具、经营管理和市场营销等方面的支持和服务，提高小微企业信息化应用水平，培育和孵化具有良好商业模式的创业企业。充分利用互联网基础条件，完善小微企业公共服务平台网络，集聚创业创新资源，为小微企业提供找得着、用得起、有保障的服务。

2. 积极发展众创空间。充分发挥互联网开放创新优势，调动全社会力量，支持创新工场、创客空间、社会实验室、智慧小企业创业基地等新型众创空间发展。充分利用国家自主创新示范区、科技企业孵化器、大学科技园、商贸企业集聚区、小微企业创业示范基地等现有条件，通过市场化方式构建一批创新与创业相结合、线上与线下相结合、孵化与投资相结合的众创空间，为创业者提供低成本、便利化、全要素的工作空间、网络空间、社交空间和资源共享空间。实施新兴产业"双创"行动，建立一批新兴产业"双创"示范基地，加快发展"互联网+"创业网络体系。

3. 发展开放式创新。鼓励各类创新主体充分利用互联网，把握市场需求导向，加强创新资源共享与合作，促进前沿技术和创新成果及时转化，构建开放式创新体系。推动各类创业创新扶持政策与互联网开放平台联动协作，为创业团队和个人开发者提供绿色通道服务。加快发展创业服务业，积极推广众包、用户参与设计、云设计等新型研发组织模式，引导建立社会各界交流合作的平台，推动跨区域、跨领域的技术成果转移和协同创新。

（二）"互联网+"协同制造。

推动互联网与制造业融合，提升制造业数字化、网络化、智能化水平，加强产业链协作，发展基于互联网的协同制造新模式。在重点领域推进智能制造、大规模个性化定制、网络化协同制造和服务型制造，打造一批网络化协同制造

公共服务平台，加快形成制造业网络化产业生态体系。（工业和信息化部、发展改革委、科技部共同牵头）

1. 大力发展智能制造。以智能工厂为发展方向，开展智能制造试点示范，加快推动云计算、物联网、智能工业机器人、增材制造等技术在生产过程中的应用，推进生产装备智能化升级、工艺流程改造和基础数据共享。着力在工控系统、智能感知元器件、工业云平台、操作系统和工业软件等核心环节取得突破，加强工业大数据的开发与利用，有效支撑制造业智能化转型，构建开放、共享、协作的智能制造产业生态。

2. 发展大规模个性化定制。支持企业利用互联网采集并对接用户个性化需求，推进设计研发、生产制造和供应链管理等关键环节的柔性化改造，开展基于个性化产品的服务模式和商业模式创新。鼓励互联网企业整合市场信息，挖掘细分市场需求与发展趋势，为制造企业开展个性化定制提供决策支撑。

3. 提升网络化协同制造水平。鼓励制造业骨干企业通过互联网与产业链各环节紧密协同，促进生产、质量控制和运营管理系统全面互联，推行众包设计研发和网络化制造等新模式。鼓励有实力的互联网企业构建网络化协同制造公共服务平台，面向细分行业提供云制造服务，促进创新资源、生产能力、市场需求的集聚与对接，提升服务中小微企业能力，加快全社会多元化制造资源的有效协同，提高产业链资源整合能力。

4. 加速制造业服务化转型。鼓励制造企业利用物联网、云计算、大数据等技术，整合产品全生命周期数据，形成面向生产组织全过程的决策服务信息，为产品优化升级提供数据支撑。鼓励企业基于互联网开展故障预警、远程维护、质量诊断、远程过程优化等在线增值服务，拓展产品价值空间，实现从制造向“制造＋服务”的转型升级。

（三）“互联网＋”现代农业。

利用互联网提升农业生产、经营、管理和服务水平，培育一批网络化、智能化、精细化的现代“种养加”生态农业新模式，形成示范带动效应，加快完善新型农业生产经营体系，培育多样化农业互联网管理服务模式，逐步建立农副产品、农资质量安全追溯体系，促进农业现代化水平明显提升。（农业部、发展改

革委、科技部、商务部、质检总局、食品药品监管总局、林业局等负责)

1. 构建新型农业生产经营体系。鼓励互联网企业建立农业服务平台,支撑专业大户、家庭农场、农民合作社、农业产业化龙头企业等新型农业生产经营主体,加强产销衔接,实现农业生产由生产导向向消费导向转变。提高农业生产经营的科技化、组织化和精细化水平,推进农业生产流通销售方式变革和农业发展方式转变,提升农业生产效率和增值空间。规范用好农村土地流转公共服务平台,提升土地流转透明度,保障农民权益。

2. 发展精准化生产方式。推广成熟可复制的农业物联网应用模式。在基础较好的领域和地区,普及基于环境感知、实时监测、自动控制的网络化农业环境监测系统。在大宗农产品规模生产区域,构建天地一体的农业物联网测控体系,实施智能节水灌溉、测土配方施肥、农机定位耕种等精准化作业。在畜禽标准化规模养殖基地和水产健康养殖示范基地,推动饲料精准投放、疾病自动诊断、废弃物自动回收等智能设备的应用普及和互联互通。

3. 提升网络化服务水平。深入推进信息进村入户试点,鼓励通过移动互联网为农民提供政策、市场、科技、保险等生产生活信息服务。支持互联网企业与农业生产经营主体合作,综合利用大数据、云计算等技术,建立农业信息监测体系,为灾害预警、耕地质量监测、重大动植物疫情防控、市场波动预测、经营科学决策等提供服务。

4. 完善农副产品质量安全追溯体系。充分利用现有互联网资源,构建农副产品质量安全追溯公共服务平台,推进制度标准建设,建立产地准出与市场准入衔接机制。支持新型农业生产经营主体利用互联网技术,对生产经营过程进行精细化信息化管理,加快推动移动互联网、物联网、二维码、无线射频识别等信息技术在生产加工和流通销售各环节的推广应用,强化上下游追溯体系对接和信息互通共享,不断扩大追溯体系覆盖面,实现农副产品"从农田到餐桌"全过程可追溯,保障"舌尖上的安全"。

(四)"互联网+"智慧能源。

通过互联网促进能源系统扁平化,推进能源生产与消费模式革命,提高能源利用效率,推动节能减排。加强分布式能源网络建设,提高可再生能源占比,促进能源利用结构优化。加快发电设施、用电设施和电网智能化改造，提高电力系统的安全性、稳定性和可靠性。（能源局、发展改革委、工业和信息化部等负责）

1. 推进能源生产智能化。建立能源生产运行的监测、管理和调度信息公共服务网络，加强能源产业链上下游企业的信息对接和生产消费智能化，支撑电厂和电网协调运行，促进非化石能源与化石能源协同发电。鼓励能源企业运用大数据技术对设备状态、电能负载等数据进行分析挖掘与预测，开展精准调度、故障判断和预测性维护，提高能源利用效率和安全稳定运行水平。

2. 建设分布式能源网络。建设以太阳能、风能等可再生能源为主体的多能源协调互补的能源互联网。突破分布式发电、储能、智能微网、主动配电网等关键技术，构建智能化电力运行监测、管理技术平台，使电力设备和用电终端基于互联网进行双向通信和智能调控，实现分布式电源的及时有效接入，逐步建成开放共享的能源网络。

3. 探索能源消费新模式。开展绿色电力交易服务区域试点，推进以智能电网为配送平台，以电子商务为交易平台，融合储能设施、物联网、智能用电设施等硬件以及碳交易、互联网金融等衍生服务于一体的绿色能源网络发展，实现绿色电力的点到点交易及实时配送和补贴结算。进一步加强能源生产和消费协调匹配，推进电动汽车、港口岸电等电能替代技术的应用，推广电力需求侧管理，提高能源利用效率。基于分布式能源网络，发展用户端智能化用能、能源共享经济和能源自由交易，促进能源消费生态体系建设。

4. 发展基于电网的通信设施和新型业务。推进电力光纤到户工程，完善能源互联网信息通信系统。统筹部署电网和通信网深度融合的网络基础设施，实现同缆传输、共建共享，避免重复建设。鼓励依托智能电网发展家庭能效管理等新型业务。

（五）“互联网＋”普惠金融。

促进互联网金融健康发展，全面提升互联网金融服务能力和普惠水平，鼓励互联网与银行、证券、保险、基金的融合创新，为大众提供丰富、安全、便捷的金融产品和服务，更好满足不同层次实体经济的投融资需求，培育一批具有行

业影响力的互联网金融创新型企业。（人民银行、银监会、证监会、保监会、发展改革委、工业和信息化部、网信办等负责）

1. 探索推进互联网金融云服务平台建设。探索互联网企业构建互联网金融云服务平台。在保证技术成熟和业务安全的基础上，支持金融企业与云计算技术提供商合作开展金融公共云服务，提供多样化、个性化、精准化的金融产品。支持银行、证券、保险企业稳妥实施系统架构转型，鼓励探索利用云服务平台开展金融核心业务，提供基于金融云服务平台的信用、认证、接口等公共服务。

2. 鼓励金融机构利用互联网拓宽服务覆盖面。鼓励各金融机构利用云计算、移动互联网、大数据等技术手段，加快金融产品和服务创新，在更广泛地区提供便利的存贷款、支付结算、信用中介平台等金融服务，拓宽普惠金融服务范围，为实体经济发展提供有效支撑。支持金融机构和互联网企业依法合规开展网络借贷、网络证券、网络保险、互联网基金销售等业务。扩大专业互联网保险公司试点，充分发挥保险业在防范互联网金融风险中的作用。推动金融集成电路卡（IC卡）全面应用，提升电子现金的使用率和便捷性。发挥移动金融安全可信公共服务平台（MTPS）的作用，积极推动商业银行开展移动金融创新应用，促进移动金融在电子商务、公共服务等领域的规模应用。支持银行业金融机构借助互联网技术发展消费信贷业务，支持金融租赁公司利用互联网技术开展金融租赁业务。

3. 积极拓展互联网金融服务创新的深度和广度。鼓励互联网企业依法合规提供创新金融产品和服务，更好满足中小微企业、创新型企业和个人的投融资需求。规范发展网络借贷和互联网消费信贷业务，探索互联网金融服务创新。积极引导风险投资基金、私募股权投资基金和产业投资基金投资于互联网金融企业。利用大数据发展市场化个人征信业务，加快网络征信和信用评价体系建设。加强互联网金融消费权益保护和投资者保护，建立多元化金融消费纠纷解决机制。改进和完善互联网金融监管，提高金融服务安全性，有效防范互联网金融风险及其外溢效应。

（六）“互联网＋”益民服务。

充分发挥互联网的高效、便捷优势，提高资源利用效率，降低服务消费成本。大力发展以互联网为载体、线上线下互动的新兴消费,加快发展基于互联网的医疗、健康、养老、教育、旅游、社会保障等新兴服务,创新政府服务模式,提升政府科学决策能力和管理水平。(发展改革委、教育部、工业和信息化部、民政部、人力资源社会保障部、商务部、卫生计生委、质检总局、食品药品监管总局、林业局、旅游局、网信办、信访局等负责)

1. 创新政府网络化管理和服务。加快互联网与政府公共服务体系的深度融合,推动公共数据资源开放,促进公共服务创新供给和服务资源整合,构建面向公众的一体化在线公共服务体系。积极探索公众参与的网络化社会管理服务新模式,充分利用互联网、移动互联网应用平台等,加快推进政务新媒体发展建设,加强政府与公众的沟通交流,提高政府公共管理、公共服务和公共政策制定的响应速度,提升政府科学决策能力和社会治理水平,促进政府职能转变和简政放权。深入推进网上信访,提高信访工作质量、效率和公信力。鼓励政府和互联网企业合作建立信用信息共享平台,探索开展一批社会治理互联网应用试点,打通政府部门、企事业单位之间的数据壁垒,利用大数据分析手段,提升各级政府的社会治理能力。加强对“互联网+”行动的宣传,提高公众参与度。

2. 发展便民服务新业态。发展体验经济,支持实体零售商综合利用网上商店、移动支付、智能试衣等新技术,打造体验式购物模式。发展社区经济,在餐饮、娱乐、家政等领域培育线上线下结合的社区服务新模式。发展共享经济,规范发展网络约租车,积极推广在线租房等新业态,着力破除准入门槛高、服务规范难、个人征信缺失等瓶颈制约。发展基于互联网的文化、媒体和旅游等服务,培育形式多样的新型业态。积极推广基于移动互联网入口的城市服务,开展网上社保办理、个人社保权益查询、跨地区医保结算等互联网应用,让老百姓足不出户享受便捷高效的服务。

3. 推广在线医疗卫生新模式。发展基于互联网的医疗卫生服务,支持第三方机构构建医学影像、健康档案、检验报告、电子病历等医疗信息共享服务平台,逐步建立跨医院的医疗数据共享交换标准体系。积极利用移动互联网提供在线预约诊疗、候诊提醒、划价缴费、诊疗报告查询、药品配送等便捷服务。引导医疗机构面向中小城市和农村地区开展基层检查、上级诊断等远程医疗服务。鼓励互联网企业与医疗机构合作建立医疗网络信息平台,加强区域医疗卫生服务资源整合,充分利用互联网、大数据等手段,提高重大疾病和突发公共卫生事件防控能力。积极探索互联网延伸医嘱、电子处方等网络医疗健康服务应用。鼓励有资质的医学检验机构、医疗服务机构联合互联网企业,发展基因检测、疾病预防等健康服务模式。

4.促进智慧健康养老产业发展。支持智能健康产品创新和应用,推广全面量化健康生活新方式。鼓励健康服务机构利用云计算、大数据等技术搭建公共信息平台,提供长期跟踪、预测预警的个性化健康管理服务。发展第三方在线健康市场调查、咨询评价、预防管理等应用服务,提升规范化和专业化运营水平。依托现有互联网资源和社会力量,以社区为基础,搭建养老信息服务网络平台,提供护理看护、健康管理、康复照料等居家养老服务。鼓励养老服务机构应用基于移动互联网的便携式体检、紧急呼叫监控等设备,提高养老服务水平。

5.探索新型教育服务供给方式。鼓励互联网企业与社会教育机构根据市场需求开发数字教育资源,提供网络化教育服务。鼓励学校利用数字教育资源及教育服务平台,逐步探索网络化教育新模式,扩大优质教育资源覆盖面,促进教育公平。鼓励学校通过与互联网企业合作等方式,对接线上线下教育资源,探索基础教育、职业教育等教育公共服务提供新方式。推动开展学历教育在线课程资源共享,推广大规模在线开放课程等网络学习模式,探索建立网络学习学分认定与学分转换等制度,加快推动高等教育服务模式变革。

(七)“互联网+”高效物流。

加快建设跨行业、跨区域的物流信息服务平台,提高物流供需信息对接和使用效率。鼓励大数据、云计算在物流领域的应用,建设智能仓储体系,优化物流运作流程,提升物流仓储的自动化、智能化水平和运转效率,降低物流成本。(发展改革委、商务部、交通运输部、网信办等负责)

1.构建物流信息共享互通体系。发挥互联网信息集聚优势,聚合各类物流信息资源,鼓励骨干物流企业和第三方机构搭建面向社会的物流信息服务平台,整合仓储、运输和配送信息,开展物流全程监测、预警,提高物流安全、环保和诚信水平,统筹优化社会物流资源配置。构建互通省际、下达市县、兼顾乡村的物流信息互联网络，建立各类可开放数据的对接机制，加快完善物流信息交换开放标准体系，在更广范围促进物流信息充分共享与互联互通。

2. 建设深度感知智能仓储系统。在各级仓储单元积极推广应用二维码、无线射频识别等物联网感知技术和大数据技术，实现仓储设施与货物的实时跟踪、网络化管理以及库存信息的高度共享，提高货物调度效率。鼓励应用智能化物流装备提升仓储、运输、分拣、包装等作业效率，提高各类复杂订单的出货处理能力，缓解货物囤积停滞瓶颈制约，提升仓储运管水平和效率。

3. 完善智能物流配送调配体系。加快推进货运车联网与物流园区、仓储设施、配送网点等信息互联，促进人员、货源、车源等信息高效匹配，有效降低货车空驶率，提高配送效率。鼓励发展社区自提柜、冷链储藏柜、代收服务点等新型社区化配送模式，结合构建物流信息互联网络，加快推进县到村的物流配送网络和村级配送网点建设，解决物流配送“最后一公里”问题。

（八）“互联网+”电子商务。

巩固和增强我国电子商务发展领先优势，大力发展农村电商、行业电商和跨境电商，进一步扩大电子商务发展空间。电子商务与其他产业的融合不断深化，网络化生产、流通、消费更加普及，标准规范、公共服务等支撑环境基本完善。（发展改革委、商务部、工业和信息化部、交通运输部、农业部、海关总署、税务总局、质检总局、网信办等负责）

1. 积极发展农村电子商务。开展电子商务进农村综合示范，支持新型农业经营主体和农产品、农资批发市场对接电商平台，积极发展以销定产模式。完善农村电子商务配送及综合服务网络，着力解决农副产品标准化、物流标准化、冷链仓储建设等关键问题，发展农产品个性化定制服务。开展生鲜农产品和农业生产资料电子商务试点，促进农业大宗商品电子商务发展。

2. 大力发展行业电子商务。鼓励能源、化工、钢铁、电子、轻纺、医药等行业企业，积极利用电子商务平台优化采购、分销体系，提升企业经营效率。推动各类专业市场线上转型，引导传统商贸流通企业与电子商务企业整合资源，积极向供应链协同平台转型。鼓励生产制造企业面向个性化、定制化消费需求深化电子商务应用，支持设备制造企业利用电子商务平台开展融资租赁服务，鼓励中小微企业扩大电子商务应用。按照市场化、专业化方向，大力推广电子招标投标。

3. 推动电子商务应用创新。鼓励企业利用电子商务平台的大数据资源，提升企业精准营销能力，激发市场消费需求。建立电子商务产品质量追溯机制，建设电子商务售后服务质量检测云平台，完善互联网质量信息公共服务体系，解决消费者维权难、退货难、产品责任追溯难等问题。加强互联网食品药品市场监测监管体系建设，积极探索处方药电子商务销售和监管模式创新。鼓励企业利用移动社交、新媒体等新渠道，发展社交电商、“粉丝”经济等网络营销新模式。

4. 加强电子商务国际合作。鼓励各类跨境电子商务服务商发展，完善跨境物流体系，拓展全球经贸合作。推进跨境电子商务通关、检验检疫、结汇等关键环节单一窗口综合服务体系建设。创新跨境权益保障机制，利用合格评定手段，推进国际互认。创新跨境电子商务管理，促进信息网络畅通、跨境物流便捷、支付及结汇无障碍、税收规范便利、市场及贸易规则互认互通。

（九）“互联网+”便捷交通。

加快互联网与交通运输领域的深度融合，通过基础设施、运输工具、运行信息等互联网化，推进基于互联网平台的便捷化交通运输服务发展，显著提高交通运输资源利用效率和管理精细化水平，全面提升交通运输行业服务品质和科学治理能力。（发展改革委、交通运输部共同牵头）

1. 提升交通运输服务品质。推动交通运输主管部门和企业将服务性数据资源向社会开放，鼓励互联网平台为社会公众提供实时交通运行状态查询、出行路线规划、网上购票、智能停车等服务，推进基于互联网平台的多种出行方式信息服务对接和一站式服务。加快完善汽车健康档案、维修诊断和服务质量信息服务平台建设。

2. 推进交通运输资源在线集成。利用物联网、移动互联网等技术，进一步加强对公路、铁路、民航、港口等交通运输网络关键设施运行状态与通行信息的采集。推动跨地域、跨类型交通运输信息互联互通，推广船联网、车联网等智能化技术应用，形成更加完善的交通运输感知体系，提高基础设施、运输工具、运行信息等要素资源的在线化水平，全面支撑故障预警、运行维护以及调度智能化。

3. 增强交通运输科学治理能力。强化交通运输信息共享，利用大数据平台挖掘分析人口迁徙规律、公众出行需求、枢纽客流规模、车辆船舶行驶特征等，为优化交通运输设施规划与建设、安全运行控制、交通运输管理决策提供支撑。利用互联网加强对交通运输违章违规行为的智能化监管，不断提高交通运输治理能力。

（十）“互联网＋”绿色生态。

推动互联网与生态文明建设深度融合，完善污染物监测及信息发布系统，形成覆盖主要生态要素的资源环境承载能力动态监测网络，实现生态环境数据互联互通和开放共享。充分发挥互联网在逆向物流回收体系中的平台作用，促进再生资源交易利用便捷化、互动化、透明化，促进生产生活方式绿色化（发展改革委、环境保护部、商务部、林业局等负责）

1. 加强资源环境动态监测。针对能源、矿产资源、水、大气、森林、草原、湿地、海洋等各类生态要素，充分利用多维地理信息系统、智慧地图等技术，结合互联网大数据分析，优化监测站点布局，扩大动态监控范围，构建资源环境承载能力立体监控系统。依托现有互联网、云计算平台，逐步实现各级政府资源环境动态监测信息互联共享。加强重点用能单位能耗在线监测和大数据分析。

2. 大力发展智慧环保。利用智能监测设备和移动互联网，完善污染物排放在线监测系统，增加监测污染物种类，扩大监测范围，形成全天候、多层次的智能多源感知体系。建立环境信息数据共享机制，统一数据交换标准，推进区域污染物排放、空气环境质量、水环境质量等信息公开，通过互联网实现面向公众的在线查询和定制推送。加强对企业环保信用数据的采集整理，将企业环保信用记录纳入全国统一的信用信息共享交换平台。完善环境预警和风险监测信息网络，提升重金属、危险废物、危险化学品等重点风险防范水平和应急处理能力。

3. 完善废旧资源回收利用体系。利用物联网、大数据开展信息采集、数据分析、流向监测，优化逆向物流网点布局。支持利用电子标签、二维码等物联网技术跟踪电子废物流向，鼓励互联网企业参与搭建城市废弃物回收平台，创新再生资源回收模式。加快推进汽车保险信息系统、“以旧换再”管理系统和报废车管理系统的标准化、规范化和互联互通，加强废旧汽车及零部件的回收利用信息管理，为互联网企业开展业务创新和便民服务提供数据支撑。

4. 建立废弃物在线交易系统。鼓励互联网企业积极参与各类产业园区废弃物信息平台建设，推动现有骨干再生资源交易市场向线上线下结合转型升级，逐步形成行业性、区域性、全国性的产业废弃物和再生资源在线交易系统，完善线上信用评价和供应链融资体系，开展在线竞价，发布价格交易指数，提高稳定供给能力，增强主要再生资源品种的定价权。

（十一）“互联网+”人工智能。

依托互联网平台提供人工智能公共创新服务，加快人工智能核心技术突破，促进人工智能在智能家居、智能终端、智能汽车、机器人等领域的推广应用，培育若干引领全球人工智能发展的骨干企业和创新团队，形成创新活跃、开放合作、协同发展的产业生态。（发展改革委、科技部、工业和信息化部、网信办等负责）

1. 培育发展人工智能新兴产业。建设支撑超大规模深度学习的新型计算集群，构建包括语音、图像、视频、地图等数据的海量训练资源库，加强人工智能基础资源和公共服务等创新平台建设。进一步推进计算机视觉、智能语音处理、生物特征识别、自然语言理解、智能决策控制以及新型人机交互等关键技术的研发和产业化，推动人工智能在智能产品、工业制造等领域规模商用，为产业智能化升级夯实基础。

2. 推进重点领域智能产品创新。鼓励传统家居企业与互联网企业开展集成创新，不断提升家居产品的智能化水平和服务能力，创造新的消费市场空间。推动汽车企业与互联网企业设立跨界交叉的创新平台，加快智能辅助驾驶、复杂环境感知、车载智能设备等技术产品的研发与应用。支持安防企业与互联网企业开展合作，发展和推广图像精准识别等大数据分析技术，提升安防产品的智能化服务水平。

3. 提升终端产品智能化水平。着力做大高端移动智能终端产品和服务的市场规模，提高移动智能终端核心技术研发及产业化能力。鼓励企业积极开展差异化细分市场需求分析，大力丰富可穿戴设备的应用服务，提升用户体验。推动互联网技术以及智能感知、模式识别、智能分析、智能控制等智能技术在机器人领域的深入应用，大力提升机器人产品在传感、交互、控制等方面的性能和智能化水平，提高核心竞争力。

三、保障支撑

（一）夯实发展基础。

1. 巩固网络基础。加快实施“宽带中国”战略，组织实施国家新一代信息基础设施建设工程，推进宽带网络光纤化改造，加快提升移动通信网络服务能力，促进网间互联互通，大幅提高网络访问速率，有效降低网络资费，完善电信普遍服务补偿机制，支持农村及偏远地区宽带建设和运行维护，使互联网下沉为各行业、各领域、各区域都能使用，人、机、物泛在互联的基础设施。增强北斗卫星全球服务能力，构建天地一体化互联网络。加快下一代互联网商用部署，加强互联网协议第6版（IPv6）地址管理、标识管理与解析，构建未来网络创新试验平台。研究工业互联网网络架构体系，构建开放式国家创新试验验证平台。（发展改革委、工业和信息化部、财政部、国资委、网信办等负责）

2. 强化应用基础。适应重点行业融合创新发展需求，完善无线传感网、行业云及大数据平台等新型应用基础设施。实施云计算工程，大力提升公共云服务能力，引导行业信息化应用向云计算平台迁移，加快内容分发网络建设，优化数据中心布局。加强物联网网络架构研究，组织开展国家物联网重大应用示范，鼓励具备条件的企业建设跨行业物联网运营和支撑平台。（发展改革委、工业和信息化部等负责）

3. 做实产业基础。着力突破核心芯片、高端服务器、高端存储设备、数据库和中间件等产业薄弱环节的技术瓶颈，加快推进云操作系统、工业控制实时操作系统、智能终端操作系统的研发和应用。大力发展云计算、大数据等解决方案以及高端传感器、工控系统、人机交互等软硬件基础产品。运用互联网理念，构建以骨干企业为核心、产学研用高效整合的技术产业集群，打造国际先进、自主可控的产业体系。（工业和信息化部、发展改革委、科技部、网信办等负责）

4. 保障安全基础。制定国家信息领域核心技术设备发展时间表和路线图，提升互联网安全管理、态势感知和风险防范能力，加强信息网络基础设施安全防护和用户个人信息保护。实施国家信息安全专项，开展网络安全应用示范，提高“互联网+”安全核心技术和产品水平。按照信息安全等级保护等制度和网络安全国家标准的要求，加强“互联网+”关键领域重要信息系统的安全保障。建设完善网络安全监测评估、监督管理、标准认证和创新能力体系。重视融合带来的安全风险，完善网络数据共享、利用等的安全管理和技术措施，探索建立以行政评议和第三方评估为基础的数据安全流动认证体系，完善数据跨境流动管理制度，确保数据安全。（网信办、发展改革委、科技部、工业和信息化部、公安部、安全部、质检总局等负责）

（二）强化创新驱动。

1. 加强创新能力建设。鼓励构建以企业为主导，产学研用合作的“互联网+”产业创新网络或产业技术创新联盟。支持以龙头企业为主体，建设跨界交叉领域的创新平台，并逐步形成创新网络。鼓励国家创新平台向企业特别是中小企业在线开放，加大国家重大科研基础设施和大型科研仪器等网络化开放力度。（发展改革委、科技部、工业和信息化部、网信办等负责）

2. 加快制定融合标准。按照共性先立、急用先行的原则，引导工业互联网、智能电网、智慧城市等领域基础共性标准、关键技术标准的研制及推广。加快与互联网融合应用的工控系统、智能专用装备、智能仪表、智能家居、车联网等细分领域的标准化工作。不断完善“互联网+”融合标准体系，同步推进国际国内标准化工作，增强在国际标准化组织（ISO）、国际电工委员会（IEC）和国际电信联盟（ITU）等国际组织中的话语权。（质检总局、工业和信息化部、网信办、能源局等负责）

3. 强化知识产权战略。加强融合领域关键环节专利导航，引导企业加强知识产权战略储备与布局。加快推进专利基础信息资源开放共享，支持在线知识产权服务平台建设，鼓励服务模式创新，提升知识产权服务附加值，支持中小微企业知识产权创造和运用。加强网络知识产权和专利执法维权工作，严厉打击各种网络侵权假冒行为。增强全社会对网络知识产权的保护意识，推动建立

"互联网+"知识产权保护联盟,加大对新业态、新模式等创新成果的保护力度。(知识产权局牵头)

4. 大力发展开源社区。鼓励企业自主研发和国家科技计划(专项、基金等)支持形成的软件成果通过互联网向社会开源。引导教育机构、社会团体、企业或个人发起开源项目,积极参加国际开源项目,支持组建开源社区和开源基金会。鼓励企业依托互联网开源模式构建新型生态,促进互联网开源社区与标准规范、知识产权等机构的对接与合作。(科技部、工业和信息化部、质检总局、知识产权局等负责)

(三)营造宽松环境。

1. 构建开放包容环境。贯彻落实《中共中央、国务院关于深化体制机制改革加快实施创新驱动发展战略的若干意见》,放宽融合性产品和服务的市场准入限制,制定实施各行业互联网准入负面清单,允许各类主体依法平等进入未纳入负面清单管理的领域。破除行业壁垒,推动各行业、各领域在技术、标准、监管等方面充分对接,最大限度减少事前准入限制,加强事中事后监管。继续深化电信体制改革,有序开放电信市场,加快民营资本进入基础电信业务。加快深化商事制度改革,推进投资贸易便利化。(发展改革委、网信办、教育部、科技部、工业和信息化部、民政部、商务部、卫生计生委、工商总局、质检总局等负责)

2. 完善信用支撑体系。加快社会征信体系建设,推进各类信用信息平台无缝对接,打破信息孤岛。加强信用记录、风险预警、违法失信行为等信息资源在线披露和共享,为经营者提供信用信息查询、企业网上身份认证等服务。充分利用互联网积累的信用数据,对现有征信体系和评测体系进行补充和完善,为经济调节、市场监管、社会管理和公共服务提供有力支撑。(发展改革委、人民银行、工商总局、质检总局、网信办等负责)

3. 推动数据资源开放。研究出台国家大数据战略,显著提升国家大数据掌控能力。建立国家政府信息开放统一平台和基础数据资源库,开展公共数据开放利用改革试点,出台政府机构数据开放管理规定。按照重要性和敏感程度分级分类,推进政府和公共信息资源开放共享,支持公众和小微企业充分挖掘信

息资源的商业价值，促进互联网应用创新。（发展改革委、工业和信息化部、国务院办公厅、网信办等负责）

4. 加强法律法规建设。针对互联网与各行业融合发展的新特点，加快“互联网 + ”相关立法工作，研究调整完善不适应“互联网 + ”发展和管理的现行法规及政策规定。落实加强网络信息保护和信息公开有关规定，加快推动制定网络安全、电子商务、个人信息保护、互联网信息服务管理等法律法规。完善反垄断法配套规则，进一步加大反垄断法执行力度，严格查处信息领域企业垄断行为，营造互联网公平竞争环境。（法制办、网信办、发展改革委、工业和信息化部、公安部、安全部、商务部、工商总局等负责）

（四）拓展海外合作。

1. 鼓励企业抱团出海。结合“一带一路”等国家重大战略，支持和鼓励具有竞争优势的互联网企业联合制造、金融、信息通信等领域企业率先走出去，通过海外并购、联合经营、设立分支机构等方式，相互借力，共同开拓国际市场，推进国际产能合作，构建跨境产业链体系，增强全球竞争力。（发展改革委、外交部、工业和信息化部、商务部、网信办等负责）

2. 发展全球市场应用。鼓励“互联网 + ”企业整合国内外资源，面向全球提供工业云、供应链管理、大数据分析等网络服务，培育具有全球影响力的“互联网 + ”应用平台。鼓励互联网企业积极拓展海外用户，推出适合不同市场文化的产品和服务。（商务部、发展改革委、工业和信息化部、网信办等负责）

3. 增强走出去服务能力。充分发挥政府、产业联盟、行业协会及相关中介机构作用，形成支持“互联网 + ”企业走出去的合力。鼓励中介机构为企业拓展海外市场提供信息咨询、法律援助、税务中介等服务。支持行业协会、产业联盟与企业共同推广中国技术和中国标准，以技术标准走出去带动产品和服务在海外推广应用。（商务部、外交部、发展改革委、工业和信息化部、税务总局、质检总局、网信办等负责）

（五）加强智力建设。

1. 加强应用能力培训。鼓励地方各级政府采用购买服务的方式，向社会提供互联网知识技能培训，支持相关研究机构和专家开展“互联网 + ”基础知识和应用培训。鼓励传统企业与互联网企业建立信息咨询、人才交流等合作机制,促进双方深入交流合作。加强制造业、农业等领域人才特别是企业高层管理人员的互联网技能培训,鼓励互联网人才与传统行业人才双向流动。(科技部、工业和信息化部、人力资源社会保障部、网信办等负责)

2. 加快复合型人才培养。面向“互联网+”融合发展需求,鼓励高校根据发展需要和学校办学能力设置相关专业,注重将国内外前沿研究成果尽快引入相关专业教学中。鼓励各类学校聘请互联网领域高级人才作为兼职教师,加强“互联网+”领域实验教学。(教育部、发展改革委、科技部、工业和信息化部、人力资源社会保障部、网信办等负责)

3. 鼓励联合培养培训。实施产学合作专业综合改革项目,鼓励校企、院企合作办学,推进“互联网+”专业技术人才培训。深化互联网领域产教融合,依托高校、科研机构、企业的智力资源和研究平台,建立一批联合实训基地。建立企业技术中心和院校对接机制,鼓励企业在院校建立“互联网+”研发机构和实验中心。(教育部、发展改革委、科技部、工业和信息化部、人力资源社会保障部、网信办等负责)

4. 利用全球智力资源。充分利用现有人才引进计划和鼓励企业设立海外研发中心等多种方式,引进和培养一批“互联网+”领域高端人才。完善移民、签证等制度,形成有利于吸引人才的分配、激励和保障机制,为引进海外人才提供有利条件。支持通过任务外包、产业合作、学术交流等方式,充分利用全球互联网人才资源。吸引互联网领域领军人才、特殊人才、紧缺人才在我国创业创新和从事教学科研等活动。(人力资源社会保障部、发展改革委、教育部、科技部、网信办等负责)

(六)加强引导支持。

1. 实施重大工程包。选择重点领域,加大中央预算内资金投入力度,引导更多社会资本进入,分步骤组织实施“互联网+”重大工程,重点促进以移动互联网、云计算、大数据、物联网为代表的新一代信息技术与制造、能源、服务、农业等领域的融合创新,发展壮大新兴业态,打造新的产业增长点。(发展改革委牵头)

2. 加大财税支持。充分发挥国家科技计划作用，积极投向符合条件的“互联网＋”融合创新关键技术研发及应用示范。统筹利用现有财政专项资金，支持“互联网＋”相关平台建设和应用示范等。加大政府部门采购云计算服务的力度，探索基于云计算的政务信息化建设运营新机制。鼓励地方政府创新风险补偿机制，探索“互联网＋”发展的新模式。（财政部、税务总局、发展改革委、科技部、网信办等负责）

3. 完善融资服务。积极发挥天使投资、风险投资基金等对“互联网＋”的投资引领作用。开展股权众筹等互联网金融创新试点，支持小微企业发展。支持国家出资设立的有关基金投向“互联网＋”，鼓励社会资本加大对相关创新型企业的投资。积极发展知识产权质押融资、信用保险保单融资增信等服务，鼓励通过债券融资方式支持“互联网＋”发展，支持符合条件的“互联网＋”企业发行公司债券。开展产融结合创新试点，探索股权和债权相结合的融资服务。降低创新型、成长型互联网企业的上市准入门槛，结合证券法修订和股票发行注册制改革，支持处于特定成长阶段、发展前景好但尚未盈利的互联网企业在创业板上市。推动银行业金融机构创新信贷产品与金融服务，加大贷款投放力度。鼓励开发性金融机构为“互联网＋”重点项目建设提供有效融资支持。（人民银行、发展改革委、银监会、证监会、保监会、网信办、开发银行等负责）

（七）做好组织实施。

1. 加强组织领导。建立“互联网＋”行动实施部际联席会议制度，统筹协调解决重大问题，切实推动行动的贯彻落实。联席会议设办公室，负责具体工作的组织推进。建立跨领域、跨行业的“互联网＋”行动专家咨询委员会，为政府决策提供重要支撑。（发展改革委牵头）

2. 开展试点示范。鼓励开展“互联网＋”试点示范，推进“互联网＋”区域化、链条化发展。支持全面创新改革试验区、中关村等国家自主创新示范区、国家现代农业示范区先行先试，积极开展“互联网＋”创新政策试点，破除新兴产业行业准入、数据开放、市场监管等方面政策障碍，研究适应新兴业态特点的税收、保险政策，打造“互联网＋”生态体系。（各部门、各地方政府负责）

3. 有序推进实施。各地区、各部门要主动作为，完善服务，加强引导，以动态发展的眼光看待“互联网 +”，在实践中大胆探索拓展，相互借鉴“互联网 +”融合应用成功经验，促进“互联网 +”新业态、新经济发展。有关部门要加强统筹规划，提高服务和管理能力。各地区要结合实际，研究制定适合本地的“互联网 +”行动落实方案，因地制宜，合理定位，科学组织实施，杜绝盲目建设和重复投资，务实有序推进“互联网 +”行动。（各部门、各地方政府负责）

附录7

关于规范电子政务平台收费管理的通知

（财综函〔2011〕14号）

各省、自治区、直辖市人民政府，国务院各部委、各直属机构：

为规范电子政务平台管理，减轻企业和社会不合理负担，经国务院同意，现就有关事宜通知如下：

一、电子政务平台是各级人民政府及有关部门为社会提供公共服务的窗口，应免费向企业、个人和社会开放，各级人民政府及其部门和单位不得利用电子政务平台从事任何商业经营活动，此前有类似行为的应立即停止。

二、各级行政机关、代行政府职能的事业单位、社会团体及其他组织利用电子政务平台向社会提供公共服务过程中，需引入第三方电子认证服务的，不得以任何形式参与电子认证服务经营或收取费用，不得采取强制或变相强制的方式要求企业或个人购买第三方电子认证服务。

三、各级行政机关、代行政府职能的事业单位、社会团体及其他组织通过电子政务平台提供政府公开信息和办理有关业务，应严格执行《中华人民共和国政府信息公开条例》(国务院令第492号)和《财政部　国家发展改革委关于提供政府公开信息收取费用等有关问题的通知》(财综〔2008〕44号)等有关规定,不得以技术维护费、服务费、电子介质成本费等名义向企事业单位和个人收取任何经营服务性费用。

四、各地区、各有关部门应按照本通知的规定,对本地区、本部门电子政务平台进行清理和规范,凡与本通知规定不符的应立即纠正。各级财政、价格、工业和信息化、审计部门要加强对电子政务平台的监督,对于违反本通知规定的行为进行严肃查处,并追究行政责任。

五、本通知自印发之日起执行。

附录8

招标公告和公示信息发布管理办法

（国家发展和改革委员会令第10号）

第一条 为规范招标公告和公示信息发布活动，保证各类市场主体和社会公众平等、便捷、准确地获取招标信息，根据《中华人民共和国招标投标法》《中华人民共和国招标投标法实施条例》等有关法律法规规定，制定本办法。

第二条 本办法所称招标公告和公示信息，是指招标项目的资格预审公告、招标公告、中标候选人公示、中标结果公示等信息。

第三条 依法必须招标项目的招标公告和公示信息，除依法需要保密或者涉及商业秘密的内容外，应当按照公益服务、公开透明、高效便捷、集中共享的原则，依法向社会公开。

第四条 国家发展改革委根据招标投标法律法规规定，对依法必须招标项目招标公告和公示信息发布媒介的信息发布活动进行监督管理。

省级发展改革部门对本行政区域内招标公告和公示信息发布活动依法进行监督管理。省级人民政府另有规定的，从其规定。

第五条　依法必须招标项目的资格预审公告和招标公告，应当载明以下内容：

（一）招标项目名称、内容、范围、规模、资金来源；

（二）投标资格能力要求，以及是否接受联合体投标；

（三）获取资格预审文件或招标文件的时间、方式；

（四）递交资格预审文件或投标文件的截止时间、方式；

（五）招标人及其招标代理机构的名称、地址、联系人及联系方式；

（六）采用电子招标投标方式的，潜在投标人访问电子招标投标交易平台的网址和方法；

（七）其他依法应当载明的内容。

第六条　依法必须招标项目的中标候选人公示应当载明以下内容：

（一）中标候选人排序、名称、投标报价、质量、工期（交货期），以及评标情况；

（二）中标候选人按照招标文件要求承诺的项目负责人姓名及其相关证书名称和编号；

（三）中标候选人响应招标文件要求的资格能力条件；

（四）提出异议的渠道和方式；

（五）招标文件规定公示的其他内容。

依法必须招标项目的中标结果公示应当载明中标人名称。

第七条　依法必须招标项目的招标公告和公示信息应当根据招标投标法律法规，以及国家发展改革委会同有关部门制定的标准文件编制，实现标准化、格式化。

第八条　依法必须招标项目的招标公告和公示信息应当在“中国招标投标公共服务平台”或者项目所在地省级电子招标投标公共服务平台（以下统一简称“发布媒介”）发布。

第九条　省级电子招标投标公共服务平台应当与“中国招标投标公共服务平台”对接，按规定同步交互招标公告和公示信息。对依法必须招标项目的招标公告和公示信息，发布媒介应当与相应的公共资源交易平台实现信息共享。

“中国招标投标公共服务平台”应当汇总公开全国招标公告和公示信息，以及本办法第八条规定的发布媒介名称、网址、办公场所、联系方式等基本信息，及时维护更新，与全国公共资源交易平台共享，并归集至全国信用信息共享平台，按规定通过“信用中国”网站向社会公开。

第十条 拟发布的招标公告和公示信息文本应当由招标人或其招标代理机构盖章，并由主要负责人或其授权的项目负责人签名。采用数据电文形式的，应当按规定进行电子签名。

招标人或其招标代理机构发布招标公告和公示信息，应当遵守招标投标法律法规关于时限的规定。

第十一条 依法必须招标项目的招标公告和公示信息鼓励通过电子招标投标交易平台录入后交互至发布媒介核验发布，也可以直接通过发布媒介录入并核验发布。

按照电子招标投标有关数据规范要求交互招标公告和公示信息文本的，发布媒介应当自收到起12小时内发布。采用电子邮件、电子介质、传真、纸质文本等其他形式提交或者直接录入招标公告和公示信息文本的，发布媒介应当自核验确认起1个工作日内发布。

核验确认最长不得超过3个工作日。

招标人或其招标代理机构应当对其提供的招标公告和公示信息的真实性、准确性、合法性负责。发布媒介和电子招标投标交易平台应当对所发布的招标公告和公示信息的及时性、完整性负责。

发布媒介应当按照规定采取有效措施，确保发布招标公告和公示信息的数据电文不被篡改、不遗漏和至少10年内可追溯。

第十二条 发布媒介应当免费提供依法必须招标项目的招标公告和公示信息发布服务，并允许社会公众和市场主体免费、及时查阅前述招标公告和公示的完整信息。

第十三条 发布媒介应当通过专门栏目发布招标公告和公示信息，并免费提供信息归类和检索服务，对新发布的招标公告和公示信息作醒目标识，方便市场主体和社会公众查阅。

发布媒介应当设置专门栏目，方便市场主体和社会公众就其招标公告和公示信息发布工作反映情况、提出意见，并及时反馈。

第十四条　发布媒介应当实时统计本媒介招标公告和公示信息发布情况，及时向社会公布，并定期报送相应的省级以上发展改革部门或省级以上人民政府规定的其他部门。

第十五条　依法必须招标项目的招标公告和公示信息除在发布媒介发布外，招标人或其招标代理机构也可以同步在其他媒介公开，并确保内容一致。

其他媒介可以依法全文转载依法必须招标项目的招标公告和公示信息，但不得改变其内容，同时必须注明信息来源。

第十六条　依法必须招标项目的招标公告和公示信息有下列情形之一的，潜在投标人或者投标人可以要求招标人或其招标代理机构予以澄清、改正、补充或调整：

（一）资格预审公告、招标公告载明的事项不符合本办法第五条规定，中标候选人公示载明的事项不符合本办法第六条规定；

（二）在两家以上媒介发布的同一招标项目的招标公告和公示信息内容不一致；

（三）招标公告和公示信息内容不符合法律法规规定。

招标人或其招标代理机构应当认真核查，及时处理，并将处理结果告知提出意见的潜在投标人或者投标人。

第十七条　任何单位和个人认为招标人或其招标代理机构在招标公告和公示信息发布活动中存在违法违规行为的，可以依法向有关行政监督部门投诉、举报；认为发布媒介在招标公告和公示信息发布活动中存在违法违规行为的，根据有关规定可以向相应的省级以上发展改革部门或其他有关部门投诉、举报。

第十八条　招标人或其招标代理机构有下列行为之一的，由有关行政监督部门责令改正，并视情形依照《中华人民共和国招标投标法》第四十九条、第五十一条及有关规定处罚：

(一)依法必须公开招标的项目不按照规定在发布媒介发布招标公告和公示信息;

(二)在不同媒介发布的同一招标项目的资格预审公告或者招标公告的内容不一致,影响潜在投标人申请资格预审或者投标;

(三)资格预审公告或者招标公告中有关获取资格预审文件或者招标文件的时限不符合招标投标法律法规规定;

(四)资格预审公告或者招标公告中以不合理的条件限制或者排斥潜在投标人。

第十九条 发布媒介在发布依法必须招标项目的招标公告和公示信息活动中有下列情形之一的,由相应的省级以上发展改革部门或其他有关部门根据有关法律法规规定,责令改正;情节严重的,可以处1万元以下罚款:

(一)违法收取费用;

(二)无正当理由拒绝发布或者拒不按规定交互信息;

(三)无正当理由延误发布时间;

(四)因故意或重大过失导致发布的招标公告和公示信息发生遗漏、错误;

(五)违反本办法的其他行为。

其他媒介违规发布或转载依法必须招标项目的招标公告和公示信息的,由相应的省级以上发展改革部门或其他有关部门根据有关法律法规规定,责令改正;情节严重的,可以处1万元以下罚款。

第二十条 对依法必须招标项目的招标公告和公示信息进行澄清、修改,或者暂停、终止招标活动,采取公告形式向社会公布的,参照本办法执行。

第二十一条 使用国际组织或者外国政府贷款、援助资金的招标项目,贷款方、资金提供方对招标公告和公示信息的发布另有规定的,适用其规定。

第二十二条 本办法所称以上、以下包含本级或本数。

第二十三条 本办法由国家发展改革委负责解释。

第二十四条 本办法自2018年1月1日起施行。《招标公告发布暂行办法》(国家发展计划委第4号令)和《国家计委关于指定发布依法必须招标项目招标公告的媒介的通知》(计政策〔2000〕868号)同时废止。

附录9

政府采购货物和服务招标投标管理办法

（财政部令第87号）

第一章 总 则

第一条 为了规范政府采购当事人的采购行为，加强对政府采购货物和服务招标投标活动的监督管理，维护国家利益、社会公共利益和政府采购招标投标活动当事人的合法权益，依据《中华人民共和国政府采购法》（以下简称政府采购法）、《中华人民共和国政府采购法实施条例》（以下简称政府采购法实施条例）和其他有关法律法规规定，制定本办法。

第二条 本办法适用于在中华人民共和国境内开展政府采购货物和服务（以下简称货物服务）招标投标活动。

第三条 货物服务招标分为公开招标和邀请招标。

公开招标，是指采购人依法以招标公告的方式邀请非特定的供应商参加投标的采购方式。

邀请招标，是指采购人依法从符合相应资格条件的供应商中随机抽取3家以上供应商，并以投标邀请书的方式邀请其参加投标的采购方式。

第四条 属于地方预算的政府采购项目，省、自治区、直辖市人民政府根据实际情况，可以确定分别适用于本行政区域省级、设区的市级、县级公开招标数额标准。

第五条 采购人应当在货物服务招标投标活动中落实节约能源、保护环境、扶持不发达地区和少数民族地区、促进中小企业发展等政府采购政策。

第六条 采购人应当按照行政事业单位内部控制规范要求，建立健全本单位政府采购内部控制制度，在编制政府采购预算和实施计划、确定采购需求、组织采购活动、履约验收、答复询问质疑、配合投诉处理及监督检查等重点环节加强内部控制管理。

采购人不得向供应商索要或者接受其给予的赠品、回扣或者与采购无关的其他商品、服务。

第七条 采购人应当按照财政部制定的《政府采购品目分类目录》确定采购项目属性。按照《政府采购品目分类目录》无法确定的，按照有利于采购项目实施的原则确定。

第八条 采购人委托采购代理机构代理招标的，采购代理机构应当在采购人委托的范围内依法开展采购活动。

采购代理机构及其分支机构不得在所代理的采购项目中投标或者代理投标，不得为所代理的采购项目的投标人参加本项目提供投标咨询。

第二章 招 标

第九条 未纳入集中采购目录的政府采购项目，采购人可以自行招标，也可以委托采购代理机构在委托的范围内代理招标。

采购人自行组织开展招标活动的，应当符合下列条件：

（一）有编制招标文件、组织招标的能力和条件；

（二）有与采购项目专业性相适应的专业人员。

第十条 采购人应当对采购标的的市场技术或者服务水平、供应、价格等情况进行市场调查，根据调查情况、资产配置标准等科学、合理地确定采购需求，进行价格测算。

第十一条 采购需求应当完整、明确，包括以下内容：

（一）采购标的需实现的功能或者目标，以及为落实政府采购政策需满足的要求；

（二）采购标的需执行的国家相关标准、行业标准、地方标准或者其他标准、规范；

（三）采购标的需满足的质量、安全、技术规格、物理特性等要求；

（四）采购标的的数量、采购项目交付或者实施的时间和地点；

（五）采购标的需满足的服务标准、期限、效率等要求；

（六）采购标的的验收标准；

（七）采购标的的其他技术、服务等要求。

第十二条 采购人根据价格测算情况，可以在采购预算额度内合理设定最高限价，但不得设定最低限价。

第十三条 公开招标公告应当包括以下主要内容：

（一）采购人及其委托的采购代理机构的名称、地址和联系方法；

（二）采购项目的名称、预算金额，设定最高限价的，还应当公开最高限价；

（三）采购人的采购需求；

（四）投标人的资格要求；

（五）获取招标文件的时间期限、地点、方式及招标文件售价；

（六）公告期限；

（七）投标截止时间、开标时间及地点；

（八）采购项目联系人姓名和电话。

第十四条 采用邀请招标方式的，采购人或者采购代理机构应当通过以下方式产生符合资格条件的供应商名单，并从中随机抽取3家以上供应商向其发出投标邀请书：

（一）发布资格预审公告征集；

（二）从省级以上人民政府财政部门（以下简称财政部门）建立的供应商库中选取；

（三）采购人书面推荐。

采用前款第一项方式产生符合资格条件供应商名单的，采购人或者采购代理机构应当按照资格预审文件载明的标准和方法，对潜在投标人进行资格预审。

采用第一款第二项或者第三项方式产生符合资格条件供应商名单的，备选的符合资格条件供应商总数不得少于拟随机抽取供应商总数的两倍。

随机抽取是指通过抽签等能够保证所有符合资格条件供应商机会均等的方式选定供应商。随机抽取供应商时，应当有不少于两名采购人工作人员在场监督，并形成书面记录，随采购文件一并存档。

投标邀请书应当同时向所有受邀请的供应商发出。

第十五条 资格预审公告应当包括以下主要内容：

（一）本办法第十三条第一至四项、第六项和第八项内容；

（二）获取资格预审文件的时间期限、地点、方式；

（三）提交资格预审申请文件的截止时间、地点及资格预审日期。

第十六条 招标公告、资格预审公告的公告期限为5个工作日。公告内容应当以省级以上财政部门指定媒体发布的公告为准。公告期限自省级以上财政部门指定媒体最先发布公告之日起算。

第十七条 采购人、采购代理机构不得将投标人的注册资本、资产总额、营业收入、从业人员、利润、纳税额等规模条件作为资格要求或者评审因素，也不得通过将除进口货物以外的生产厂家授权、承诺、证明、背书等作为资格要求，对投标人实行差别待遇或者歧视待遇。

第十八条 采购人或者采购代理机构应当按照招标公告、资格预审公告或者投标邀请书规定的时间、地点提供招标文件或者资格预审文件，提供期限自招标公告、资格预审公告发布之日起计算不得少于5个工作日。提供期限届满后，获取招标文件或者资格预审文件的潜在投标人不足3家的，可以顺延提供期限，并予公告。

公开招标进行资格预审的，招标公告和资格预审公告可以合并发布，招标文件应当向所有通过资格预审的供应商提供。

第十九条　采购人或者采购代理机构应当根据采购项目的实施要求,在招标公告、资格预审公告或者投标邀请书中载明是否接受联合体投标。如未载明,不得拒绝联合体投标。

第二十条　采购人或者采购代理机构应当根据采购项目的特点和采购需求编制招标文件。招标文件应当包括以下主要内容:

(一)投标邀请;

(二)投标人须知(包括投标文件的密封、签署、盖章要求等);

(三)投标人应当提交的资格、资信证明文件;

(四)为落实政府采购政策,采购标的需满足的要求,以及投标人须提供的证明材料;

(五)投标文件编制要求、投标报价要求和投标保证金交纳、退还方式以及不予退还投标保证金的情形;

(六)采购项目预算金额,设定最高限价的,还应当公开最高限价;

(七)采购项目的技术规格、数量、服务标准、验收等要求,包括附件、图纸等;

(八)拟签订的合同文本;

(九)货物、服务提供的时间、地点、方式;

(十)采购资金的支付方式、时间、条件;

(十一)评标方法、评标标准和投标无效情形;

(十二)投标有效期;

(十三)投标截止时间、开标时间及地点;

(十四)采购代理机构代理费用的收取标准和方式;

(十五)投标人信用信息查询渠道及截止时点、信用信息查询记录和证据留存的具体方式、信用信息的使用规则等;

(十六)省级以上财政部门规定的其他事项。

对于不允许偏离的实质性要求和条件,采购人或者采购代理机构应当在招标文件中规定,并以醒目的方式标明。

第二十一条　采购人或者采购代理机构应当根据采购项目的特点和采购

需求编制资格预审文件。资格预审文件应当包括以下主要内容：

（一）资格预审邀请；

（二）申请人须知；

（三）申请人的资格要求；

（四）资格审核标准和方法；

（五）申请人应当提供的资格预审申请文件的内容和格式；

（六）提交资格预审申请文件的方式、截止时间、地点及资格审核日期；

（七）申请人信用信息查询渠道及截止时点、信用信息查询记录和证据留存的具体方式、信用信息的使用规则等内容；

（八）省级以上财政部门规定的其他事项。

资格预审文件应当免费提供。

第二十二条 采购人、采购代理机构一般不得要求投标人提供样品，仅凭书面方式不能准确描述采购需求或者需要对样品进行主观判断以确认是否满足采购需求等特殊情况除外。

要求投标人提供样品的，应当在招标文件中明确规定样品制作的标准和要求、是否需要随样品提交相关检测报告、样品的评审方法以及评审标准。需要随样品提交检测报告的，还应当规定检测机构的要求、检测内容等。

采购活动结束后，对于未中标人提供的样品，应当及时退还或者经未中标人同意后自行处理；对于中标人提供的样品，应当按照招标文件的规定进行保管、封存，并作为履约验收的参考。

第二十三条 投标有效期从提交投标文件的截止之日起算。投标文件中承诺的投标有效期应当不少于招标文件中载明的投标有效期。投标有效期内投标人撤销投标文件的，采购人或者采购代理机构可以不退还投标保证金。

第二十四条 招标文件售价应当按照弥补制作、邮寄成本的原则确定，不得以营利为目的，不得以招标采购金额作为确定招标文件售价的依据。

第二十五条 招标文件、资格预审文件的内容不得违反法律、行政法规、强制性标准、政府采购政策，或者违反公开透明、公平竞争、公正和诚实信用原则。

有前款规定情形，影响潜在投标人投标或者资格预审结果的，采购人或者采购代理机构应当修改招标文件或者资格预审文件后重新招标。

第二十六条　采购人或者采购代理机构可以在招标文件提供期限截止后，组织已获取招标文件的潜在投标人现场考察或者召开开标前答疑会。

组织现场考察或者召开答疑会的，应当在招标文件中载明，或者在招标文件提供期限截止后以书面形式通知所有获取招标文件的潜在投标人。

第二十七条　采购人或者采购代理机构可以对已发出的招标文件、资格预审文件、投标邀请书进行必要的澄清或者修改，但不得改变采购标的和资格条件。澄清或者修改应当在原公告发布媒体上发布澄清公告。澄清或者修改的内容为招标文件、资格预审文件、投标邀请书的组成部分。

澄清或者修改的内容可能影响投标文件编制的，采购人或者采购代理机构应当在投标截止时间至少 15 日前，以书面形式通知所有获取招标文件的潜在投标人；不足 15 日的，采购人或者采购代理机构应当顺延提交投标文件的截止时间。

澄清或者修改的内容可能影响资格预审申请文件编制的，采购人或者采购代理机构应当在提交资格预审申请文件截止时间至少 3 日前，以书面形式通知所有获取资格预审文件的潜在投标人；不足 3 日的，采购人或者采购代理机构应当顺延提交资格预审申请文件的截止时间。

第二十八条　投标截止时间前，采购人、采购代理机构和有关人员不得向他人透露已获取招标文件的潜在投标人的名称、数量以及可能影响公平竞争的有关招标投标的其他情况。

第二十九条　采购人、采购代理机构在发布招标公告、资格预审公告或者发出投标邀请书后，除因重大变故采购任务取消情况外，不得擅自终止招标活动。

终止招标的，采购人或者采购代理机构应当及时在原公告发布媒体上发布终止公告，以书面形式通知已经获取招标文件、资格预审文件或者被邀请的潜在投标人，并将项目实施情况和采购任务取消原因报告本级财政部门。已经收取招标文件费用或者投标保证金的，采购人或者采购代理机构应当在终止采购活动后 5 个工作日内，退还所收取的招标文件费用和所收取的投标保证金及其在银行产生的孳息。

第三章 投　标

第三十条 投标人，是指响应招标、参加投标竞争的法人、其他组织或者自然人。

第三十一条 采用最低评标价法的采购项目，提供相同品牌产品的不同投标人参加同一合同项下投标的，以其中通过资格审查、符合性审查且报价最低的参加评标；报价相同的，由采购人或者采购人委托评标委员会按照招标文件规定的方式确定一个参加评标的投标人，招标文件未规定的采取随机抽取方式确定，其他投标无效。

使用综合评分法的采购项目，提供相同品牌产品且通过资格审查、符合性审查的不同投标人参加同一合同项下投标的，按一家投标人计算，评审后得分最高的同品牌投标人获得中标人推荐资格；评审得分相同的，由采购人或者采购人委托评标委员会按照招标文件规定的方式确定一个投标人获得中标人推荐资格，招标文件未规定的采取随机抽取方式确定，其他同品牌投标人不作为中标候选人。

非单一产品采购项目，采购人应当根据采购项目技术构成、产品价格比重等合理确定核心产品，并在招标文件中载明。多家投标人提供的核心产品品牌相同的，按前两款规定处理。

第三十二条 投标人应当按照招标文件的要求编制投标文件。投标文件应当对招标文件提出的要求和条件作出明确响应。

第三十三条 投标人应当在招标文件要求提交投标文件的截止时间前，将投标文件密封送达投标地点。采购人或者采购代理机构收到投标文件后，应当如实记载投标文件的送达时间和密封情况，签收保存，并向投标人出具签收回执。任何单位和个人不得在开标前开启投标文件。

逾期送达或者未按照招标文件要求密封的投标文件，采购人、采购代理机构应当拒收。

第三十四条 投标人在投标截止时间前，可以对所递交的投标文件进行补充、修改或者撤回，并书面通知采购人或者采购代理机构。补充、修改的内容应当按照招标文件要求签署、盖章、密封后，作为投标文件的组成部分。

第三十五条　投标人根据招标文件的规定和采购项目的实际情况，拟在中标后将中标项目的非主体、非关键性工作分包的，应当在投标文件中载明分包承担主体，分包承担主体应当具备相应资质条件且不得再次分包。

第三十六条　投标人应当遵循公平竞争的原则，不得恶意串通，不得妨碍其他投标人的竞争行为，不得损害采购人或者其他投标人的合法权益。

在评标过程中发现投标人有上述情形的，评标委员会应当认定其投标无效，并书面报告本级财政部门。

第三十七条　有下列情形之一的，视为投标人串通投标，其投标无效：

（一）不同投标人的投标文件由同一单位或者个人编制；

（二）不同投标人委托同一单位或者个人办理投标事宜；

（三）不同投标人的投标文件载明的项目管理成员或者联系人员为同一人；

（四）不同投标人的投标文件异常一致或者投标报价呈规律性差异；

（五）不同投标人的投标文件相互混装；

（六）不同投标人的投标保证金从同一单位或者个人的账户转出。

第三十八条　投标人在投标截止时间前撤回已提交的投标文件的，采购人或者采购代理机构应当自收到投标人书面撤回通知之日起5个工作日内，退还已收取的投标保证金，但因投标人自身原因导致无法及时退还的除外。

采购人或者采购代理机构应当自中标通知书发出之日起5个工作日内退还未中标人的投标保证金，自采购合同签订之日起5个工作日内退还中标人的投标保证金或者转为中标人的履约保证金。

采购人或者采购代理机构逾期退还投标保证金的，除应当退还投标保证金本金外，还应当按中国人民银行同期贷款基准利率上浮20%后的利率支付超期资金占用费，但因投标人自身原因导致无法及时退还的除外。

第四章　开标、评标

第三十九条　开标应当在招标文件确定的提交投标文件截止时间的同一

时间进行。开标地点应当为招标文件中预先确定的地点。

采购人或者采购代理机构应当对开标、评标现场活动进行全程录音录像。录音录像应当清晰可辨,音像资料作为采购文件一并存档。

第四十条 开标由采购人或者采购代理机构主持,邀请投标人参加。评标委员会成员不得参加开标活动。

第四十一条 开标时,应当由投标人或者其推选的代表检查投标文件的密封情况;经确认无误后,由采购人或者采购代理机构工作人员当众拆封,宣布投标人名称、投标价格和招标文件规定的需要宣布的其他内容。

投标人不足3家的,不得开标。

第四十二条 开标过程应当由采购人或者采购代理机构负责记录,由参加开标的各投标人代表和相关工作人员签字确认后随采购文件一并存档。

投标人代表对开标过程和开标记录有疑义,以及认为采购人、采购代理机构相关工作人员有需要回避的情形的,应当场提出询问或者回避申请。采购人、采购代理机构对投标人代表提出的询问或者回避申请应当及时处理。

投标人未参加开标的,视同认可开标结果。

第四十三条 公开招标数额标准以上的采购项目,投标截止后投标人不足3家或者通过资格审查或符合性审查的投标人不足3家的,除采购任务取消情形外,按照以下方式处理:

(一)招标文件存在不合理条款或者招标程序不符合规定的,采购人、采购代理机构改正后依法重新招标;

(二)招标文件没有不合理条款、招标程序符合规定,需要采用其他采购方式采购的,采购人应当依法报财政部门批准。

第四十四条 公开招标采购项目开标结束后,采购人或者采购代理机构应当依法对投标人的资格进行审查。

合格投标人不足3家的,不得评标。

第四十五条 采购人或者采购代理机构负责组织评标工作,并履行下列职责:

(一)核对评审专家身份和采购人代表授权函,对评审专家在政府采购活动中的职责履行情况予以记录，并及时将有关违法违规行为向财政部门报告；

（二）宣布评标纪律；

（三）公布投标人名单，告知评审专家应当回避的情形；

（四）组织评标委员会推选评标组长，采购人代表不得担任组长；

（五）在评标期间采取必要的通讯管理措施，保证评标活动不受外界干扰；

（六）根据评标委员会的要求介绍政府采购相关政策法规、招标文件；

（七）维护评标秩序，监督评标委员会依照招标文件规定的评标程序、方法和标准进行独立评审，及时制止和纠正采购人代表、评审专家的倾向性言论或者违法违规行为；

（八）核对评标结果，有本办法第六十四条规定情形的，要求评标委员会复核或者书面说明理由，评标委员会拒绝的，应予记录并向本级财政部门报告；

（九）评审工作完成后，按照规定向评审专家支付劳务报酬和异地评审差旅费，不得向评审专家以外的其他人员支付评审劳务报酬；

（十）处理与评标有关的其他事项。

采购人可以在评标前说明项目背景和采购需求，说明内容不得含有歧视性、倾向性意见，不得超出招标文件所述范围。说明应当提交书面材料，并随采购文件一并存档。

第四十六条 评标委员会负责具体评标事务，并独立履行下列职责：

（一）审查、评价投标文件是否符合招标文件的商务、技术等实质性要求；

（二）要求投标人对投标文件有关事项作出澄清或者说明；

（三）对投标文件进行比较和评价；

（四）确定中标候选人名单，以及根据采购人委托直接确定中标人；

（五）向采购人、采购代理机构或者有关部门报告评标中发现的违法行为。

第四十七条 评标委员会由采购人代表和评审专家组成，成员人数应当为5人以上单数，其中评审专家不得少于成员总数的三分之二。

采购项目符合下列情形之一的，评标委员会成员人数应当为7人以上单数：

（一）采购预算金额在1000万元以上；

（二）技术复杂；

（三）社会影响较大。

评审专家对本单位的采购项目只能作为采购人代表参与评标，本办法第四十八条第二款规定情形除外。采购代理机构工作人员不得参加由本机构代理的政府采购项目的评标。

评标委员会成员名单在评标结果公告前应当保密。

第四十八条 采购人或者采购代理机构应当从省级以上财政部门设立的政府采购评审专家库中，通过随机方式抽取评审专家。

对技术复杂、专业性强的采购项目，通过随机方式难以确定合适评审专家的，经主管预算单位同意，采购人可以自行选定相应专业领域的评审专家。

第四十九条 评标中因评标委员会成员缺席、回避或者健康等特殊原因导致评标委员会组成不符合本办法规定的，采购人或者采购代理机构应当依法补足后继续评标。被更换的评标委员会成员所作出的评标意见无效。

无法及时补足评标委员会成员的，采购人或者采购代理机构应当停止评标活动，封存所有投标文件和开标、评标资料，依法重新组建评标委员会进行评标。原评标委员会所作出的评标意见无效。

采购人或者采购代理机构应当将变更、重新组建评标委员会的情况予以记录，并随采购文件一并存档。

第五十条 评标委员会应当对符合资格的投标人的投标文件进行符合性审查，以确定其是否满足招标文件的实质性要求。

第五十一条 对于投标文件中含义不明确、同类问题表述不一致或者有明显文字和计算错误的内容，评标委员会应当以书面形式要求投标人作出必要的澄清、说明或者补正。

投标人的澄清、说明或者补正应当采用书面形式，并加盖公章，或者由法定代表人或其授权的代表签字。投标人的澄清、说明或者补正不得超出投标文件的范围或者改变投标文件的实质性内容。

第五十二条 评标委员会应当按照招标文件中规定的评标方法和标准，对符合性审查合格的投标文件进行商务和技术评估，综合比较与评价。

第五十三条　评标方法分为最低评标价法和综合评分法。

第五十四条　最低评标价法，是指投标文件满足招标文件全部实质性要求，且投标报价最低的投标人为中标候选人的评标方法。

技术、服务等标准统一的货物服务项目，应当采用最低评标价法。

采用最低评标价法评标时，除了算术修正和落实政府采购政策需进行的价格扣除外，不能对投标人的投标价格进行任何调整。

第五十五条　综合评分法，是指投标文件满足招标文件全部实质性要求，且按照评审因素的量化指标评审得分最高的投标人为中标候选人的评标方法。

评审因素的设定应当与投标人所提供货物服务的质量相关，包括投标报价、技术或者服务水平、履约能力、售后服务等。资格条件不得作为评审因素。评审因素应当在招标文件中规定。

评审因素应当细化和量化，且与相应的商务条件和采购需求对应。商务条件和采购需求指标有区间规定的，评审因素应当量化到相应区间，并设置各区间对应的不同分值。

评标时，评标委员会各成员应当独立对每个投标人的投标文件进行评价，并汇总每个投标人的得分。

货物项目的价格分值占总分值的比重不得低于30%；服务项目的价格分值占总分值的比重不得低于10%。执行国家统一定价标准和采用固定价格采购的项目，其价格不列为评审因素。

价格分应当采用低价优先法计算，即满足招标文件要求且投标价格最低的投标报价为评标基准价，其价格分为满分。其他投标人的价格分统一按照下列公式计算：

投标报价得分 =（评标基准价/投标报价）×100

评标总得分 = F1 × A1 + F2 × A2 + … + Fn × An

F1、F2…Fn 分别为各项评审因素的得分；

A1、A2、…An 分别为各项评审因素所占的权重（A1 + A2 + … + An =1）。

评标过程中，不得去掉报价中的最高报价和最低报价。

因落实政府采购政策进行价格调整的，以调整后的价格计算评标基准价和投标报价。

第五十六条 采用最低评标价法的,评标结果按投标报价由低到高顺序排列。投标报价相同的并列。投标文件满足招标文件全部实质性要求且投标报价最低的投标人为排名第一的中标候选人。

第五十七条 采用综合评分法的,评标结果按评审后得分由高到低顺序排列。得分相同的,按投标报价由低到高顺序排列。得分且投标报价相同的并列。投标文件满足招标文件全部实质性要求,且按照评审因素的量化指标评审得分最高的投标人为排名第一的中标候选人。

第五十八条 评标委员会根据全体评标成员签字的原始评标记录和评标结果编写评标报告。评标报告应当包括以下内容:

(一)招标公告刊登的媒体名称、开标日期和地点;

(二)投标人名单和评标委员会成员名单;

(三)评标方法和标准;

(四)开标记录和评标情况及说明,包括无效投标人名单及原因;

(五)评标结果,确定的中标候选人名单或者经采购人委托直接确定的中标人;

(六)其他需要说明的情况,包括评标过程中投标人根据评标委员会要求进行的澄清、说明或者补正,评标委员会成员的更换等。

第五十九条 投标文件报价出现前后不一致的,除招标文件另有规定外,按照下列规定修正:

(一)投标文件中开标一览表(报价表)内容与投标文件中相应内容不一致的,以开标一览表(报价表)为准;

(二)大写金额和小写金额不一致的,以大写金额为准;

(三)单价金额小数点或者百分比有明显错位的,以开标一览表的总价为准,并修改单价;

(四)总价金额与按单价汇总金额不一致的,以单价金额计算结果为准。

同时出现两种以上不一致的,按照前款规定的顺序修正。修正后的报价按照本办法第五十一条第二款的规定经投标人确认后产生约束力,投标人不确认的，其投标无效。

第六十条 评标委员会认为投标人的报价明显低于其他通过符合性审查投标人的报价，有可能影响产品质量或者不能诚信履约的，应当要求其在评标现场合理的时间内提供书面说明，必要时提交相关证明材料；投标人不能证明其报价合理性的，评标委员会应当将其作为无效投标处理。

第六十一条 评标委员会成员对需要共同认定的事项存在争议的，应当按照少数服从多数的原则作出结论。持不同意见的评标委员会成员应当在评标报告上签署不同意见及理由，否则视为同意评标报告。

第六十二条 评标委员会及其成员不得有下列行为：

(一)确定参与评标至评标结束前私自接触投标人；

(二)接受投标人提出的与投标文件不一致的澄清或者说明，本办法第五十一条规定的情形除外；

(三)违反评标纪律发表倾向性意见或者征询采购人的倾向性意见；

(四)对需要专业判断的主观评审因素协商评分；

(五)在评标过程中擅离职守，影响评标程序正常进行的；

(六)记录、复制或者带走任何评标资料；

(七)其他不遵守评标纪律的行为。

评标委员会成员有前款第一至五项行为之一的，其评审意见无效，并不得获取评审劳务报酬和报销异地评审差旅费。

第六十三条 投标人存在下列情况之一的，投标无效：

(一)未按照招标文件的规定提交投标保证金的；

(二)投标文件未按招标文件要求签署、盖章的；

(三)不具备招标文件中规定的资格要求的；

(四)报价超过招标文件中规定的预算金额或者最高限价的；

(五)投标文件含有采购人不能接受的附加条件的；

(六)法律、法规和招标文件规定的其他无效情形。

第六十四条 评标结果汇总完成后，除下列情形外，任何人不得修改评标结果：

（一）分值汇总计算错误的；

（二）分项评分超出评分标准范围的；

（三）评标委员会成员对客观评审因素评分不一致的；

（四）经评标委员会认定评分畸高、畸低的。

评标报告签署前，经复核发现存在以上情形之一的，评标委员会应当当场修改评标结果，并在评标报告中记载；评标报告签署后，采购人或者采购代理机构发现存在以上情形之一的，应当组织原评标委员会进行重新评审，重新评审改变评标结果的，书面报告本级财政部门。

投标人对本条第一款情形提出质疑的，采购人或者采购代理机构可以组织原评标委员会进行重新评审，重新评审改变评标结果的，应当书面报告本级财政部门。

第六十五条 评标委员会发现招标文件存在歧义、重大缺陷导致评标工作无法进行，或者招标文件内容违反国家有关强制性规定的，应当停止评标工作，与采购人或者采购代理机构沟通并作书面记录。采购人或者采购代理机构确认后，应当修改招标文件，重新组织采购活动。

第六十六条 采购人、采购代理机构应当采取必要措施，保证评标在严格保密的情况下进行。除采购人代表、评标现场组织人员外，采购人的其他工作人员以及与评标工作无关的人员不得进入评标现场。

有关人员对评标情况以及在评标过程中获悉的国家秘密、商业秘密负有保密责任。

第六十七条 评标委员会或者其成员存在下列情形导致评标结果无效的，采购人、采购代理机构可以重新组建评标委员会进行评标，并书面报告本级财政部门，但采购合同已经履行的除外：

（一）评标委员会组成不符合本办法规定的；

（二）有本办法第六十二条第一至五项情形的；

（三）评标委员会及其成员独立评标受到非法干预的；

（四）有政府采购法实施条例第七十五条规定的违法行为的。

有违法违规行为的原评标委员会成员不得参加重新组建的评标委员会。

第五章 中标和合同

第六十八条 采购代理机构应当在评标结束后2个工作日内将评标报告送采购人。

采购人应当自收到评标报告之日起5个工作日内,在评标报告确定的中标候选人名单中按顺序确定中标人。中标候选人并列的,由采购人或者采购人委托评标委员会按照招标文件规定的方式确定中标人;招标文件未规定的,采取随机抽取的方式确定。

采购人自行组织招标的,应当在评标结束后5个工作日内确定中标人。

采购人在收到评标报告5个工作日内未按评标报告推荐的中标候选人顺序确定中标人,又不能说明合法理由的,视同按评标报告推荐的顺序确定排名第一的中标候选人为中标人。

第六十九条 采购人或者采购代理机构应当自中标人确定之日起2个工作日内,在省级以上财政部门指定的媒体上公告中标结果,招标文件应当随中标结果同时公告。

中标结果公告内容应当包括采购人及其委托的采购代理机构的名称、地址、联系方式,项目名称和项目编号,中标人名称、地址和中标金额,主要中标标的的名称、规格型号、数量、单价、服务要求,中标公告期限以及评审专家名单。

中标公告期限为1个工作日。

邀请招标采购人采用书面推荐方式产生符合资格条件的潜在投标人的,还应当将所有被推荐供应商名单和推荐理由随中标结果同时公告。

在公告中标结果的同时,采购人或者采购代理机构应当向中标人发出中标通知书;对未通过资格审查的投标人,应当告知其未通过的原因;采用综合评分法评审的,还应当告知未中标人本人的评审得分与排序。

第七十条 中标通知书发出后,采购人不得违法改变中标结果,中标人无正当理由不得放弃中标。

第七十一条 采购人应当自中标通知书发出之日起30日内,按照招标文件和中标人投标文件的规定,与中标人签订书面合同。所签订的合同不得对招标文件确定的事项和中标人投标文件作实质性修改。

采购人不得向中标人提出任何不合理的要求作为签订合同的条件。

第七十二条 政府采购合同应当包括采购人与中标人的名称和住所、标的、数量、质量、价款或者报酬、履行期限及地点和方式、验收要求、违约责任、解决争议的方法等内容。

第七十三条 采购人与中标人应当根据合同的约定依法履行合同义务。

政府采购合同的履行、违约责任和解决争议的方法等适用《中华人民共和国合同法》。

第七十四条 采购人应当及时对采购项目进行验收。采购人可以邀请参加本项目的其他投标人或者第三方机构参与验收。参与验收的投标人或者第三方机构的意见作为验收书的参考资料一并存档。

第七十五条 采购人应当加强对中标人的履约管理,并按照采购合同约定,及时向中标人支付采购资金。对于中标人违反采购合同约定的行为,采购人应当及时处理,依法追究其违约责任。

第七十六条 采购人、采购代理机构应当建立真实完整的招标采购档案,妥善保存每项采购活动的采购文件。

第六章 法律责任

第七十七条 采购人有下列情形之一的,由财政部门责令限期改正;情节严重的,给予警告,对直接负责的主管人员和其他直接责任人员由其行政主管部门或者有关机关依法给予处分,并予以通报;涉嫌犯罪的,移送司法机关处理:

(一)未按照本办法的规定编制采购需求的;

(二)违反本办法第六条第二款规定的;

(三)未在规定时间内确定中标人的;

(四)向中标人提出不合理要求作为签订合同条件的。

第七十八条 采购人、采购代理机构有下列情形之一的,由财政部门责令限期改正,情节严重的,给予警告,对直接负责的主管人员和其他直接责任人员，由其行政主管部门或者有关机关给予处分，并予通报；采购代理机构有违法所得的，没收违法所得，并可以处以不超过违法所得3倍、最高不超过3万元的罚款，没有违法所得的，可以处以1万元以下的罚款：

（一）违反本办法第八条第二款规定的；

（二）设定最低限价的；

（三）未按照规定进行资格预审或者资格审查的；

（四）违反本办法规定确定招标文件售价的；

（五）未按规定对开标、评标活动进行全程录音录像的；

（六）擅自终止招标活动的；

（七）未按照规定进行开标和组织评标的；

（八）未按照规定退还投标保证金的；

（九）违反本办法规定进行重新评审或者重新组建评标委员会进行评标的；

（十）开标前泄露已获取招标文件的潜在投标人的名称、数量或者其他可能影响公平竞争的有关招标投标情况的；

（十一）未妥善保存采购文件的；

（十二）其他违反本办法规定的情形。

第七十九条　有本办法第七十七条、第七十八条规定的违法行为之一，经改正后仍然影响或者可能影响中标结果的，依照政府采购法实施条例第七十一条规定处理。

第八十条　政府采购当事人违反本办法规定，给他人造成损失的，依法承担民事责任。

第八十一条　评标委员会成员有本办法第六十二条所列行为之一的，由财政部门责令限期改正；情节严重的，给予警告，并对其不良行为予以记录。

第八十二条　财政部门应当依法履行政府采购监督管理职责。财政部门及其工作人员在履行监督管理职责中存在懒政怠政、滥用职权、玩忽职守、徇私舞弊等违法违纪行为的，依照政府采购法、《中华人民共和国公务员法》、《中华人民共和国行政监察法》、政府采购法实施条例等国家有关规定追究相应责任;涉嫌犯罪的,移送司法机关处理。

第七章 附 则

第八十三条 政府采购货物服务电子招标投标、政府采购货物中的进口机电产品招标投标有关特殊事宜,由财政部另行规定。

第八十四条 本办法所称主管预算单位是指负有编制部门预算职责,向本级财政部门申报预算的国家机关、事业单位和团体组织。

第八十五条 本办法规定按日计算期间的,开始当天不计入,从次日开始计算。期限的最后一日是国家法定节假日的,顺延到节假日后的次日为期限的最后一日。

第八十六条 本办法所称的“以上”、“以下”、“内”、“以内”,包括本数;所称的“不足”,不包括本数。

第八十七条 各省、自治区、直辖市财政部门可以根据本办法制定具体实施办法。

第八十八条 本办法自2017年10月1日起施行。财政部2004年8月11日发布的《政府采购货物和服务招标投标管理办法》(财政部令第18号)同时废止。

附录10

电子招标投标办法

（国家发展和改革委员会、工业和信息化部、监察部、
住房和城乡建设部、交通运输部、铁道部、水利部、商务部令第20号）

第一章　总　　则

第一条　为了规范电子招标投标活动，促进电子招标投标健康发展，根据《中华人民共和国招标投标法》、《中华人民共和国招标投标法实施条例》（以下分别简称招标投标法、招标投标法实施条例），制定本办法。

第二条　在中华人民共和国境内进行电子招标投标活动，适用本办法。

本办法所称电子招标投标活动是指以数据电文形式，依托电子招标投标系统完成的全部或者部分招标投标交易、公共服务和行政监督活动。

数据电文形式与纸质形式的招标投标活动具有同等法律效力。

第三条　电子招标投标系统根据功能的不同，分为交易平台、公共服务平台和行政监督平台。

交易平台是以数据电文形式完成招标投标交易活动的信息平台。公共服

务平台是满足交易平台之间信息交换、资源共享需要，并为市场主体、行政监督部门和社会公众提供信息服务的信息平台。行政监督平台是行政监督部门和监察机关在线监督电子招标投标活动的信息平台。电子招标投标系统的开发、检测、认证、运营应当遵守本办法及所附《电子招标投标系统技术规范》(以下简称技术规范)。

第四条 国务院发展改革部门负责指导协调全国电子招标投标活动，各级地方人民政府发展改革部门负责指导协调本行政区域内电子招标投标活动。各级人民政府发展改革、工业和信息化、住房城乡建设、交通运输、铁道、水利、商务等部门，按照规定的职责分工，对电子招标投标活动实施监督，依法查处电子招标投标活动中的违法行为。

依法设立的招标投标交易场所的监管机构负责督促、指导招标投标交易场所推进电子招标投标工作，配合有关部门对电子招标投标活动实施监督。

省级以上人民政府有关部门对本行政区域内电子招标投标系统的建设、运营，以及相关检测、认证活动实施监督。监察机关依法对与电子招标投标活动有关的监察对象实施监察。

第二章　电子招标投标交易平台

第五条 电子招标投标交易平台按照标准统一、互联互通、公开透明、安全高效的原则以及市场化、专业化、集约化方向建设和运营。

第六条 依法设立的招标投标交易场所、招标人、招标代理机构以及其他依法设立的法人组织可以按行业、专业类别，建设和运营电子招标投标交易平台。国家鼓励电子招标投标交易平台平等竞争。

第七条 电子招标投标交易平台应当按照本办法和技术规范规定，具备下列主要功能：

(一)在线完成招标投标全部交易过程；

(二)编辑、生成、对接、交换和发布有关招标投标数据信息；

(三)提供行政监督部门和监察机关依法实施监督和受理投诉所需的监督通道；

（四）本办法和技术规范规定的其他功能。

第八条　电子招标投标交易平台应当按照技术规范规定，执行统一的信息分类和编码标准，为各类电子招标投标信息的互联互通和交换共享开放数据接口、公布接口要求。

电子招标投标交易平台接口应当保持技术中立，与各类需要分离开发的工具软件相兼容对接，不得限制或者排斥符合技术规范规定的工具软件与其对接。

第九条　电子招标投标交易平台应当允许社会公众、市场主体免费注册登录和获取依法公开的招标投标信息，为招标投标活动当事人、行政监督部门和监察机关按各自职责和注册权限登录使用交易平台提供必要条件。

第十条　电子招标投标交易平台应当依照《中华人民共和国认证认可条例》等有关规定进行检测、认证，通过检测、认证的电子招标投标交易平台应当在省级以上电子招标投标公共服务平台上公布。

电子招标投标交易平台服务器应当设在中华人民共和国境内。

第十一条　电子招标投标交易平台运营机构应当是依法成立的法人，拥有一定数量的专职信息技术、招标专业人员。

第十二条　电子招标投标交易平台运营机构应当根据国家有关法律法规及技术规范，建立健全电子招标投标交易平台规范运行和安全管理制度，加强监控、检测，及时发现和排除隐患。

第十三条　电子招标投标交易平台运营机构应当采用可靠的身份识别、权限控制、加密、病毒防范等技术，防范非授权操作，保证交易平台的安全、稳定、可靠。

第十四条　电子招标投标交易平台运营机构应当采取有效措施，验证初始录入信息的真实性，并确保数据电文不被篡改、不遗漏和可追溯。

第十五条　电子招标投标交易平台运营机构不得以任何手段限制或者排斥潜在投标人，不得泄露依法应当保密的信息，不得弄虚作假、串通投标或者为弄虚作假、串通投标提供便利。

第三章　电子招标

第十六条　招标人或者其委托的招标代理机构应当在其使用的电子招标投标交易平台注册登记，选择使用除招标人或招标代理机构之外第三方运营的电子招标投标交易平台的，还应当与电子招标投标交易平台运营机构签订使用合同，明确服务内容、服务质量、服务费用等权利和义务，并对服务过程中相关信息的产权归属、保密责任、存档等依法作出约定。

电子招标投标交易平台运营机构不得以技术和数据接口配套为由，要求潜在投标人购买指定的工具软件。

第十七条　招标人或者其委托的招标代理机构应当在资格预审公告、招标公告或者投标邀请书中载明潜在投标人访问电子招标投标交易平台的网络地址和方法。依法必须进行公开招标项目的上述相关公告应当在电子招标投标交易平台和国家指定的招标公告媒介同步发布。

第十八条　招标人或者其委托的招标代理机构应当及时将数据电文形式的资格预审文件、招标文件加载至电子招标投标交易平台，供潜在投标人下载或者查阅。

第十九条　数据电文形式的资格预审公告、招标公告、资格预审文件、招标文件等应当标准化、格式化，并符合有关法律法规以及国家有关部门颁发的标准文本的要求。

第二十条　除本办法和技术规范规定的注册登记外，任何单位和个人不得在招标投标活动中设置注册登记、投标报名等前置条件限制潜在投标人下载资格预审文件或者招标文件。

第二十一条　在投标截止时间前，电子招标投标交易平台运营机构不得向招标人或者其委托的招标代理机构以外的任何单位和个人泄露下载资格预审文件、招标文件的潜在投标人名称、数量以及可能影响公平竞争的其他信息。

第二十二条　招标人对资格预审文件、招标文件进行澄清或者修改的，应当通过电子招标投标交易平台以醒目的方式公告澄清或者修改的内容，并以有效方式通知所有已下载资格预审文件或者招标文件的潜在投标人。

第四章 电子投标

第二十三条 电子招标投标交易平台的运营机构,以及与该机构有控股或者管理关系可能影响招标公正性的任何单位和个人,不得在该交易平台进行的招标项目中投标和代理投标。

第二十四条 投标人应当在资格预审公告、招标公告或者投标邀请书载明的电子招标投标交易平台注册登记,如实递交有关信息,并经电子招标投标交易平台运营机构验证。

第二十五条 投标人应当通过资格预审公告、招标公告或者投标邀请书载明的电子招标投标交易平台递交数据电文形式的资格预审申请文件或者投标文件。

第二十六条 电子招标投标交易平台应当允许投标人离线编制投标文件,并且具备分段或者整体加密、解密功能。

投标人应当按照招标文件和电子招标投标交易平台的要求编制并加密投标文件。

投标人未按规定加密的投标文件,电子招标投标交易平台应当拒收并提示。

第二十七条 投标人应当在投标截止时间前完成投标文件的传输递交,并可以补充、修改或者撤回投标文件。投标截止时间前未完成投标文件传输的,视为撤回投标文件。投标截止时间后送达的投标文件,电子招标投标交易平台应当拒收。

电子招标投标交易平台收到投标人送达的投标文件,应当即时向投标人发出确认回执通知,并妥善保存投标文件。

在投标截止时间前,除投标人补充、修改或者撤回投标文件外,任何单位和个人不得解密、提取投标文件。

第二十八条 资格预审申请文件的编制、加密、递交、传输、接收确认等,适用本办法关于投标文件的规定。

第五章 电子开标、评标和中标

第二十九条 电子开标应当按照招标文件确定的时间,在电子招标投标交易平台上公开进行，所有投标人均应当准时在线参加开标。

第三十条 开标时，电子招标投标交易平台自动提取所有投标文件，提示招标人和投标人按招标文件规定方式按时在线解密。解密全部完成后，应当向所有投标人公布投标人名称、投标价格和招标文件规定的其他内容。

第三十一条 因投标人原因造成投标文件未解密的，视为撤销其投标文件；因投标人之外的原因造成投标文件未解密的，视为撤回其投标文件，投标人有权要求责任方赔偿因此遭受的直接损失。部分投标文件未解密的，其他投标文件的开标可以继续进行。

招标人可以在招标文件中明确投标文件解密失败的补救方案，投标文件应按照招标文件的要求作出响应。

第三十二条 电子招标投标交易平台应当生成开标记录并向社会公众公布，但依法应当保密的除外。

第三十三条 电子评标应当在有效监控和保密的环境下在线进行。

根据国家规定应当进入依法设立的招标投标交易场所的招标项目，评标委员会成员应当在依法设立的招标投标交易场所登录招标项目所使用的电子招标投标交易平台进行评标。

评标中需要投标人对投标文件澄清或者说明的，招标人和投标人应当通过电子招标投标交易平台交换数据电文。

第三十四条 评标委员会完成评标后，应当通过电子招标投标交易平台向招标人提交数据电文形式的评标报告。

第三十五条 依法必须进行招标的项目中标候选人和中标结果应当在电子招标投标交易平台进行公示和公布。

第三十六条 招标人确定中标人后，应当通过电子招标投标交易平台以数据电文形式向中标人发出中标通知书，并向未中标人发出中标结果通知书。

招标人应当通过电子招标投标交易平台，以数据电文形式与中标人签订合同。

第三十七条 鼓励招标人、中标人等相关主体及时通过电子招标投标交易平台递交和公布中标合同履行情况的信息。

第三十八条 资格预审申请文件的解密、开启、评审、发出结果通知书等，适用本办法关于投标文件的规定。

第三十九条 投标人或者其他利害关系人依法对资格预审文件、招标文件、开标和评标结果提出异议，以及招标人答复，均应当通过电子招标投标交易平台进行。

第四十条 招标投标活动中的下列数据电文应当按照《中华人民共和国电子签名法》和招标文件的要求进行电子签名并进行电子存档：

(一)资格预审公告、招标公告或者投标邀请书；

(二)资格预审文件、招标文件及其澄清、补充和修改；

(三)资格预审申请文件、投标文件及其澄清和说明；

(四)资格审查报告、评标报告；

(五)资格预审结果通知书和中标通知书；

(六)合同；

(七)国家规定的其他文件。

第六章 信息共享与公共服务

第四十一条 电子招标投标交易平台应当依法及时公布下列主要信息：

(一)招标人名称、地址、联系人及联系方式；

(二)招标项目名称、内容范围、规模、资金来源和主要技术要求；

(三)招标代理机构名称、资格、项目负责人及联系方式；

(四)投标人名称、资质和许可范围、项目负责人；

(五)中标人名称、中标金额、签约时间、合同期限；

(六)国家规定的公告、公示和技术规范规定公布和交换的其他信息。

鼓励招标投标活动当事人通过电子招标投标交易平台公布项目完成质量、期限、结算金额等合同履行情况。

第四十二条 各级人民政府有关部门应当按照《中华人民共和国政府信息公开条例》等规定，在本部门网站及时公布并允许下载下列信息：

(一)有关法律法规规章及规范性文件；

（二）取得相关工程、服务资质证书或货物生产、经营许可证的单位名称、营业范围及年检情况；

（三）取得有关职称、职业资格的从业人员的姓名、电子证书编号；

（四）对有关违法行为作出的行政处理决定和招标投标活动的投诉处理情况；

（五）依法公开的工商、税务、海关、金融等相关信息。

第四十三条 设区的市级以上人民政府发展改革部门会同有关部门，按照政府主导、共建共享、公益服务的原则，推动建立本地区统一的电子招标投标公共服务平台，为电子招标投标交易平台、招标投标活动当事人、社会公众和行政监督部门、监察机关提供信息服务。

第四十四条 电子招标投标公共服务平台应当按照本办法和技术规范规定，具备下列主要功能：

（一）链接各级人民政府及其部门网站，收集、整合和发布有关法律法规规章及规范性文件、行政许可、行政处理决定、市场监管和服务的相关信息；

（二）连接电子招标投标交易平台、国家规定的公告媒介，交换、整合和发布本办法第四十一条规定的信息；

（三）连接依法设立的评标专家库，实现专家资源共享；

（四）支持不同电子认证服务机构数字证书的兼容互认；

（五）提供行政监督部门和监察机关依法实施监督、监察所需的监督通道；

（六）整合分析相关数据信息，动态反映招标投标市场运行状况、相关市场主体业绩和信用情况。

属于依法必须公开的信息，公共服务平台应当无偿提供。公共服务平台应同时遵守本办法第八条至第十五条规定。

第四十五条 电子招标投标交易平台应当按照本办法和技术规范规定，在任一电子招标投标公共服务平台注册登记，并向电子招标投标公共服务平台及时提供本办法第四十一条规定的信息，以及双方协商确定的其他信息。

电子招标投标公共服务平台应当按照本办法和技术规范规定,开放数据接口、公布接口要求,与电子招标投标交易平台及时交换招标投标活动所必需的信息,以及双方协商确定的其他信息。

电子招标投标公共服务平台应当按照本办法和技术规范规定,开放数据接口、公布接口要求,与上一层级电子招标投标公共服务平台连接并注册登记,及时交换本办法第四十四条规定的信息,以及双方协商确定的其他信息。

电子招标投标公共服务平台应当允许社会公众、市场主体免费注册登录和获取依法公开的招标投标信息,为招标人、投标人、行政监督部门和监察机关按各自职责和注册权限登录使用公共服务平台提供必要条件。

第七章 监 督 管 理

第四十六条 电子招标投标活动及相关主体应当自觉接受行政监督部门、监察机关依法实施的监督、监察。

第四十七条 行政监督部门、监察机关结合电子政务建设,提升电子招标投标监督能力,依法设置并公布有关法律法规规章、行政监督的依据、职责权限、监督环节、程序和时限、信息交换要求和联系方式等相关内容。

第四十八条 电子招标投标交易平台和公共服务平台应当按照本办法和技术规范规定,向行政监督平台开放数据接口、公布接口要求,按有关规定及时对接交换和公布有关招标投标信息。

行政监督平台应当开放数据接口,公布数据接口要求,不得限制和排斥已通过检测认证的电子招标投标交易平台和公共服务平台与其对接交换信息,并参照执行本办法第八条至第十五条的有关规定。

第四十九条 电子招标投标交易平台应当依法设置电子招标投标工作人员的职责权限,如实记录招标投标过程、数据信息来源,以及每一操作环节的时间、网络地址和工作人员,并具备电子归档功能。

电子招标投标公共服务平台应当记录和公布相关交换数据信息的来源、时间并进行电子归档备份。任何单位和个人不得伪造、篡改或者损毁电子招标投标活动信息。

第五十条　行政监督部门、监察机关及其工作人员，除依法履行职责外，不得干预电子招标投标活动，并遵守有关信息保密的规定。

第五十一条　投标人或者其他利害关系人认为电子招标投标活动不符合有关规定的，通过相关行政监督平台进行投诉。

第五十二条　行政监督部门和监察机关在依法监督检查招标投标活动或者处理投诉时，通过其平台发出的行政监督或者行政监察指令，招标投标活动当事人和电子招标投标交易平台、公共服务平台的运营机构应当执行，并如实提供相关信息，协助调查处理。

第八章　法 律 责 任

第五十三条　电子招标投标系统有下列情形的，责令改正；拒不改正的，不得交付使用，已经运营的应当停止运营。

（一）不具备本办法及技术规范规定的主要功能；

（二）不向行政监督部门和监察机关提供监督通道；

（三）不执行统一的信息分类和编码标准；

（四）不开放数据接口、不公布接口要求；

（五）不按照规定注册登记、对接、交换、公布信息；

（六）不满足规定的技术和安全保障要求；

（七）未按照规定通过检测和认证。

第五十四条　招标人或者电子招标投标系统运营机构存在以下情形的，视为限制或者排斥潜在投标人，依照招标投标法第五十一条规定处罚。

（一）利用技术手段对享有相同权限的市场主体提供有差别的信息；

（二）拒绝或者限制社会公众、市场主体免费注册并获取依法必须公开的招标投标信息；

（三）违规设置注册登记、投标报名等前置条件；

（四）故意与各类需要分离开发并符合技术规范规定的工具软件不兼容对接；

（五）故意对递交或者解密投标文件设置障碍。

第五十五条 电子招标投标交易平台运营机构有下列情形的，责令改正，并按照有关规定处罚。

（一）违反规定要求投标人注册登记、收取费用；

（二）要求投标人购买指定的工具软件；

（三）其他侵犯招标投标活动当事人合法权益的情形。

第五十六条 电子招标投标系统运营机构向他人透露已获取招标文件的潜在投标人的名称、数量、投标文件内容或者对投标文件的评审和比较以及其他可能影响公平竞争招标投标信息，参照招标投标法第五十二条关于招标人泄密的规定予以处罚。

第五十七条 招标投标活动当事人和电子招标投标系统运营机构协助招标人、投标人串通投标的，依照招标投标法第五十三条和招标投标法实施条例第六十七条规定处罚。

第五十八条 招标投标活动当事人和电子招标投标系统运营机构伪造、篡改、损毁招标投标信息，或者以其他方式弄虚作假的，依照招标投标法第五十四条和招标投标法实施条例第六十八条规定处罚。

第五十九条 电子招标投标系统运营机构未按照本办法和技术规范规定履行初始录入信息验证义务，造成招标投标活动当事人损失的，应当承担相应的赔偿责任。

第六十条 有关行政监督部门及其工作人员不履行职责，或者利用职务便利非法干涉电子招标投标活动的，依照有关法律法规处理。

第九章 附 则

第六十一条 招标投标协会应当按照有关规定，加强电子招标投标活动的自律管理和服务。

第六十二条 电子招标投标某些环节需要同时使用纸质文件的，应当在招标文件中明确约定；当纸质文件与数据电文不一致时，除招标文件特别约定外，以数据电文为准。

第六十三条 本办法未尽事宜，按照有关法律、法规、规章执行。

第六十四条 本办法由国家发展和改革委员会会同有关部门负责解释。

第六十五条 技术规范作为本办法的附件,与本办法具有同等效力。

第六十六条 本办法自 2013 年 5 月 1 日起施行。

附录11

电子招标投标系统技术规范(节录)

第1部分:交易平台技术规范

1 范围

本规范规定电子招标投标交易平台的结构、基本功能、信息资源库、系统接口、技术支撑和保障以及数据项格式等方面的要求。

本规范适用于电子招标投标交易平台整体或局部研发、应用、检测、认证和运营维护。

2 规范性引用文件

以下文件的相关条款通过引用而成为本规范的内容。凡是加注日期的引用文件,其随后所有的修改或修订版(勘误的内容除外)均不适用于本规范,但鼓励根据本规范达成协议的各方经协商一致适用以下文件的修订版本。凡是未加注日期的引用文件,其修订版本应自动适用于本规范。

GB 2887 - 2011 计算机场地通用规范

GB 11714 - 1997 全国组织机构代码编制规则

GB 17859－1999 计算机信息系统安全保护等级划分准则

GB 2312－1980 信息交换用汉字编码字符集 基本集

GB 13000－2010 信息技术 通用多八位编码字符集(UCS)

GB 18030－2005 信息技术 中文编码字符集

GB 2887－2000 电子计算机场地通用规范

GB 6650－1986 计算机机房用活动地板技术条件

GB 50500－2013 建设工程工程量清单计价规范

GB 11643－1999 公民身份号码

GB/T 17539－1998 电子数据交换标准化应用指南

GB/T 4754－2011 国民经济行业分类

GB/T 2659－2000 世界各国和地区名称代码

GB/T 2260－2007 中华人民共和国行政区划代码

GB/T 12402 经济类型分类与代码

GB/T 12406 表示货币和资金的代码

GB/T 19487－2004 电子政务业务流程设计方法通用规范

GB/T 19715.1－2005 信息技术 信息技术安全管理指南

GB/T 19716－2005 信息技术 信息安全管理实用规则

GB/T 20269－2006 信息安全技术 信息系统安全管理要求

GB/T 20270－2006 信息安全技术 网络基础安全技术要求

GB/T 20271－2006 信息安全技术 信息系统通用安全技术要求

GB/T 18018－2007 信息安全技术 路由器安全技术要求

GB/T 21064－2007 电子政务系统总体设计要求

GB/T 1988－1998 信息技术 信息交换用七位编码字符集

GB/T 11457－2006 信息技术软件工程术语

GB/T 12345－1990 信息交换用汉字编码字符集 辅助集

GB/T 16260－2006 软件工程产品质量

GB/T 17539－1998 电子数据交换标准化应用指南

GB 50174－2008 电子信息系统机房设计规范

GB/T 9361－2011 计算机场地安全要求

CAS 185－2009（C） 多 CA 联机认证服务系统应用规范

GB/T 50311－2007 综合布线系统工程设计规范

GB/T 2261.1－2003 个人基本信息分类与代码 第 1 部分：人的性别代码

GB/T 3304－1991 中国各民族名称的罗马字母拼写法和代码

GB/T 4658－2008 学历代码

GB/T 8561－2001 专业技术职务代码

评标专家专业分类标准（试行）（发改法规〔2010〕1538 号）

3 术语和定义

下列术语和定义适用于本规范。

3.1 电子招标投标 e－bidding

根据招标投标相关法律法规规章，以数据电文为主要载体，应用信息技术完成招标投标活动的过程。

数据电文是指以电子、光学、磁或者类似手段生成、发送、接收或者储存的信息。本规范中的“电子文件”是指按照特定用途和规定的内容格式要求编辑生成的数据电文。

3.2 交易平台 transaction platform

招标投标当事人通过数据电文形式完成招标投标交易活动的信息平台。交易平台主要用于在线完成招标投标全部交易过程，编辑、生成、对接、交换和发布有关招标投标数据信息，为行政监督部门和监察机关依法实施监督、监察和受理投诉提供所需的信息通道。

3.3 公共服务平台 public service platform

为满足各交易平台之间电子招标投标信息对接交换、资源共享的需要，并为市场主体、行政监督部门和社会公众提供信息交换、整合和发布的信息平台。公共服务平台具有招标投标相关信息对接交换、发布、资格信誉和业绩验证、行业统计分析、连接评标专家库、提供行政监督通道等服务功能。

3.4 行政监督平台 administrative supervision platform

行政监督部门和监察机关在线监督电子招标投标活动并与交易平台、公共服务平台对接交换相关监督信息的信息平台。行政监督平台应当公布监督职责权限、监督环节、程序、时限和信息交换等要求。

3.5　监督通道 supervision channel

交易平台、公共服务平台为行政监督部门和监察机关依法在线监督、监察电子招标投标活动提供的信息通道。

3.6　项目 project

为实现一定功能价值目标,在特定约束条件下一次性组织实施任务的活动过程,可以分为工程、货物、服务等项目,包含一个或多个招标项目。

3.7　招标项目 tendering project

项目中组织实施一次招标投标全流程的基本单元,可以包括一个或多个标段(包)。

3.8　标段(包)bid section (package)

根据实际需要,依据一定的约束条件及标准,对招标项目构成内容进行合理划分,成为最基本的交易管理单元。

3.9　数据项 data item

电子招标投标系统中为满足功能控制、数据交换、信息共享的需要,反映业务对象特征属性的结构化数据。

3.10　信息资源库 information resource database

电子招标投标系统中反映相关业务对象特征属性的数据项,按照对接交换、查询发布、统计分析等特定功能需要和标准进行分类集合的数据库。

3.11　招标项目计划 tendering project plan

招标人或招标代理机构根据招标方案编制的用于指导和控制招标实际工作的执行文件,主要包括招标项目内容、范围、招标方式、招标组织形式、主要工作内容、人员职责分工、工作质量和时间进度要求等内容。

3.12　发标 issue of bidding documents

招标人按资格预审公告、招标公告或者投标邀请书载明的时间、地点发出资格预审文件或者招标文件的活动。

3.13 黑名单 blacklist

违反有关法律法规规章规定的招标投标当事人名单。

3.14 电子开标 online bid – opening

通过交易平台在线完成投标文件拆封解密、展示唱标内容并形成开标记录的工作程序。

3.15 电子签名 e – signature

运用电子密码技术,在数据电文中以电子形式所含,用于识别签名人身份并表明签名人认可其中内容的数据。本规范中的“签署”是指招标投标当事人对数据电文进行电子签名的行为。

3.16 电子印章 e – stamp

模拟在纸质文件上加盖传统实物印章的外观和方式进行电子签名的形式。

3.17 开标记录 bid opening record

记录参加开标的单位、人员、开标过程以及展示唱标内容等相关信息并经电子签名的数据文件。

3.18 电子签到 sign – in

参与电子开标活动的相关人员通过交易平台完成签名报到并形成电子记录文档的工作。

3.19 电子评标 e – bidding evaluation

招标项目评标委员会通过交易平台的电子评标系统,按照招标文件约定的评标标准和方法,对电子投标文件评审,并形成评标报告电子文件的工作程序。

3.20 回执 receipt

电子文件接收人通过交易平台向发送人反馈的数据电文形式的签收单据。

3.21 存档 filing

按招标投标有关规定和招标人的要求,在交易平台中生成、整理、保存、移交招标投标过程中产生的数据电文的工作。

3.22 归档 e – archiving

按国家档案管理部门电子档案管理要求整理、保存、移交招标投标过程中产生的数据电文的工作。

3.23 编辑 edit

运用交易平台提供的功能编写、修改、生成电子文件,或者利用其他专业工具生成并导入电子文件的工作。

3.24 提交 submission

招标投标当事人向有关行政监督部门、项目管理部门或者当事人内部管理部门发送数据电文的行为。

3.25 发布 issue

招标人向不特定的受众公布招投标活动中相关数据电文的行为。

3.26 发出 sending out

招标人向招标投标当事人、参与人发送数据电文的行为。

3.27 递交 delivery

招标投标当事人之间发送数据电文的行为。

3.28 版式文件 formatted document

运用数据电文编辑和格式转换技术,使得不同电子阅读软件及设备和阅读软件上显示内容、版面格式固定一致,防止篡改的数据电文。电子招标投标中的大多数电子文件需要采用版式文件。

3.29 CA证书 certification authority certificate

经过有关部门认可的电子认证服务机构基于PKI技术签发、认证和管理的数字证书。CA证书具有数据电文交换中身份识别、电子签名、加密解密等功能。CA证书主要内容包括:证书服务机构的名称、证书持有人的名称及其签名验证数据、证书序列号、有效期、服务机构签名等。

3.30 专业工具软件 utility software

与交易平台兼容对接,用于制作、生成招标项目工程量清单、投标工程量清单报价以及工程投标报价评标分析的工程计价系统软件。

3.31 投标文件制作软件 bidding document creation software

投标人用于制作投标文件的专用客户端软件,是交易平台的组成部分,主要具备招标文件导入、投标文件内容编辑、文件格式转换、投标文件生成、分类整理等功能。

3.32 时间戳 time stamp

应用电子签名技术,对电子文件提供日期和时间信息的安全保护和证明。

4 交易平台结构

4.1 电子招标投标系统架构图

电子招标投标系统由电子招标投标交易平台、电子招标投标公共服务平台、电子招标投标行政监督平台三个部分组成。三个平台的主要功能和架构关系如下图所示:

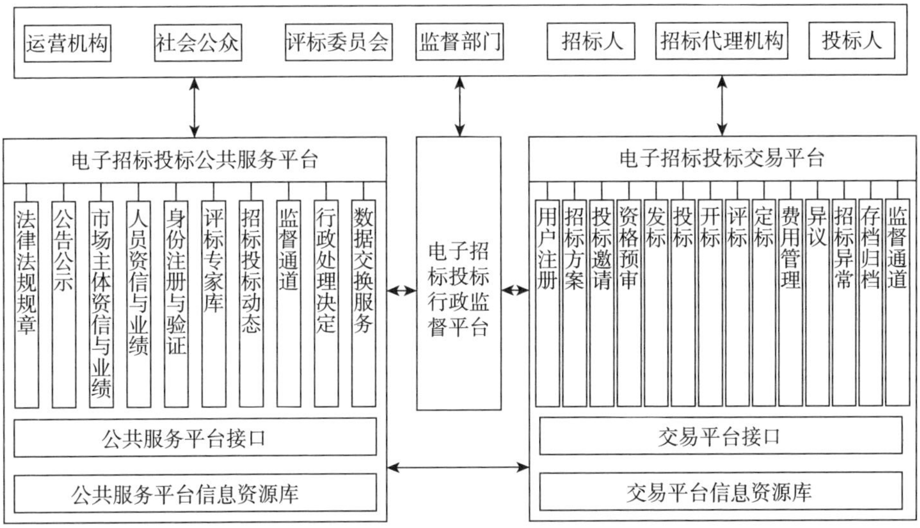

4.2 交易平台结构图

交易平台由基本功能、信息资源库、技术支撑与保障、公共服务接口、行政监督接口、专业工具接口、投标文件制作软件等构成,并通过接口与公共服务平台和行政监督平台相连接,其基本功能结构如下图所示。

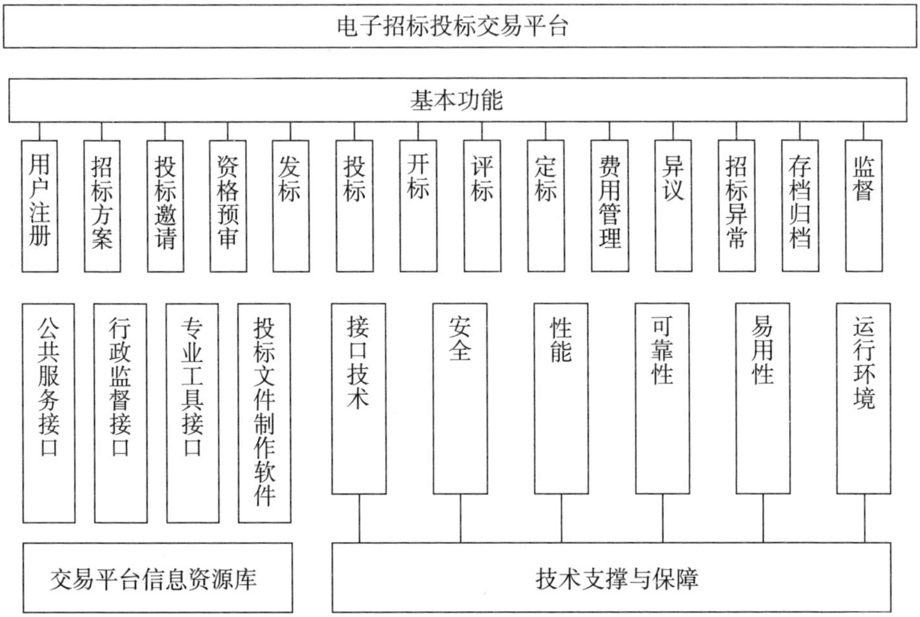

5　交易平台基本功能要求

交易平台基本功能应当按照招标投标业务流程要求设置，包括用户注册、招标方案、投标邀请、资格预审、发标、投标、开标、评标、定标、费用管理、异议、监督、招标异常、归档（存档）等功能。

5.1　用户注册

5.1.1　招标人注册

招标人注册管理应满足以下要求：

招标人注册信息数据项应满足6.2的要求。

应具备从公共服务平台公共信息资源数据库交换招标人注册信息的功能，并实现比对、排除重复，以及修正、验证确认、写入招标人信息库的功能。

应具备记录注册信息的申报人员和交易平台验证人员的功能。

应具备招标人绑定一个或多个CA证书的功能。

应具备确定招标人唯一注册编码的功能。

5.1.2　招标代理机构注册

招标代理机构注册管理应满足以下要求：

a)招标代理机构注册信息数据项应满足6.3的要求。

b)应具备从公共服务平台公共信息资源数据库交换招标代理机构注册信息的功能,并实现比对、排除重复,以及修正、验证确认、写入招标代理机构信息库的功能。

c)应具备记录注册信息的申报人员和交易平台验证人员的功能。

d)应具备招标代理机构绑定一个或多个CA证书的功能。

5.1.3 投标人注册

投标人注册管理应满足以下要求:

a)投标人注册信息数据项应满足6.4的要求。

b)应具备从公共服务平台公共信息资源数据库交换投标人注册信息的功能,并实现比对、排除重复,以及修正、验证确认、写入投标人信息库的功能。

c)应具备记录注册信息的申报人员和交易平台验证人员的功能。

d)应具备投标人绑定一个或多个CA证书的功能。

e)宜具备投标人只能将电子印章绑定到一个CA证书的功能。

5.2 招标方案

5.2.1 招标项目

招标项目管理应满足以下要求:

a)应具备项目相关信息的建立和递交功能。数据项应包括项目编号、项目名称、项目地址、项目法人、联系人及其联系方式、项目行业分类、资金来源、项目规模等。

b)应具备招标项目相关信息的建立和递交功能。数据项应包括项目名称、招标项目编号、招标项目名称、招标人代码、招标代理机构代码、招标内容与范围及招标方案说明、招标方式、招标组织形式、附件等。

c)应建立项目与属于本项目下的招标项目之间的关联关系。

d)应具备招标项目标段(包)建立和修改等管理功能。数据项应包括招标项目编号、标段(包)编号、标段(包)名称、标段(包)内容、标段(包)分类代码、投标人资格条件等。

e)应建立招标项目与本招标项目下标段(包)的关联关系。

f)应具备根据招标委托合同设定招标项目代理机构职责和权限的功能。数据项应包括招标代理机构代码、招标代理机构名称、招标代理机构资格分类分级代码、招标代理内容、范围、权限、招标代理机构项目负责人及其职责权限和联系方式等。

g)宜具备招标委托合同的编辑、递交和签署功能。

h)应具备向公共服务平台提供招标项目数据的功能。

i)数据项格式详见附录A.1.1、A.1.2、A.1.3、A.1.25。

5.2.2 招标项目计划

招标项目计划管理应满足以下要求:

a)应具备设定招标项目团队成员组成及其职责分工的功能。

b)宜具备招标项目任务计划的编制、报审、下达、调整等管理功能。数据项应包括招标项目编号和招标项目名称、标段(包)编号、工作任务计划、项目团队成员组成及其职责分工等。

c)数据项格式详见附录A.1.26。

5.3 投标邀请

5.3.1 招标公告与资格预审公告

招标公告与资格预审公告管理应满足以下要求:

a)应具备公开招标项目采用资格后审的招标公告和采用资格预审的资格预审公告的编辑、提交、审核、验证确认和发布功能。

招标公告数据项应包括招标项目编号、招标项目名称、相关标段(包)编号和投标资格、招标文件获取时间及获取方法、投标文件递交截止时间及递交方法、公告发布时间、附件等。

资格预审公告数据项应包括招标项目编号、招标项目名称、相关标段(包)编号和投标资格、资格预审文件获取时间及获取方法、资格预审申请文件递交截止时间及递交方法、资格预审公告发布时间、附件等。

b)应该具备记录招标公告和资格预审公告编辑、递交发布责任人和交易平台验证责任人的功能。

c)应具备招标公告和资格预审公告同步递交到指定媒介发布的功能。

d)应具备向公共服务平台同步提供招标公告和资格预审公告的功能。

e)招标公告和资格预审公告的数据项格式详见附录 A.1.4。

5.3.2 投标邀请书

投标邀请书管理应满足以下要求:

a)应具备从投标人信息库中获取满足投标资格条件或特定条件的潜在投标人的功能。

b)应具备投标邀请书的编辑和发出功能。数据项应满足以下要求:

采用邀请招标的数据项包括标段(包)编号、标段(包)名称、投标资格、招标文件获取时间及获取方法、投标文件递交截止时间及递交方法、回复截止时间、投标邀请发出时间、附件等。

采用资格预审的项目投标邀请书(代资格预审结果通知书)数据项包括标段(包)编号、标段(包)名称、招标文件获取时间及获取方法、投标文件递交截止时间及递交方法、回复截止时间、投标邀请发出时间、附件等。

c)应具备被邀请人接受和拒绝投标邀请的回复功能。

d)数据项格式详见附录 A.1.5。

5.4 发标

5.4.1 招标文件

招标文件管理应满足以下要求:

a)应具备招标文件的编辑、提交、审核、确认、备案、发出功能。数据项应包括标段(包)编号、投标资格、投标有效期、投标保证金、投标文件递交截止时间、投标文件递交方法、开标时间、开标方式、评标办法、附件等。

b)应具备按照标准文件或示范文本生成招标文件的功能。

c)应具备设定投标文件主要内容、格式要求的功能。

d)应具备设定投标文件递交截止时间(开标时间)及其控制的功能。

e)应具备记录招标文件下载人、下载时间、下载次数的功能。

f)宜具备将招标文件多个不同格式附件组合打包生成一个文件的功能。

g)应具备向公共服务平台提供招标文件的功能。

h)数据项格式详见附录 A.1.9。

5.4.2　资格预审文件

资格预审文件的管理应满足以下要求：

a)资格预审文件的管理应满足5.4.1的规定。资格预审文件数据项应包括标段(包)编号、申请资格、申请有效期、申请文件递交截止时间、申请文件递交方法、开启时间、开启方式、评审办法、附件等。

b)数据项格式详见附录A.1.6。

5.4.3　踏勘现场

踏勘现场管理应满足以下要求：

a)应具备现场踏勘通知的编辑、发出功能。数据项应包括招标项目编号、标段(包)编号、踏勘通知内容、踏勘发出时间、附件等。

b)应具备按招标文件约定的时间,向所有已获取招标文件的潜在投标人发出现场踏勘通知和提示现场踏勘时间的功能。

c)应具备现场踏勘信息的记录功能。数据项应包括招标项目编号、标段(包)编号、踏勘单位名称及其代表姓名、踏勘时间、附件等。

d)数据项格式详见附录A.1.10、A.1.11。

5.4.4　资格预审文件/招标文件澄清与修改

资格预审文件/招标文件(5.4.4中统称“文件”)澄清与修改管理应满足以下要求：

a)应具备文件澄清问题的编辑、递交功能。数据项应包括标段(包)编号、文件编号、要求澄清的问题、附件等。

b)应具备符合法律法规规章规定和招标文件约定的由资格预审申请人/投标人递交澄清问题的时间控制功能。

c)应具备招标人对文件的澄清与修改进行编辑、审核、发出的功能。数据项应包括标段(包)编号、澄清与修改文件编号、对文件澄清与修改的内容、澄清与修改递交时间、附件等。

d)应具备符合法律法规规章规定和招标文件约定的招标人递交澄清答复的时间控制功能,以及向所有已获取文件的潜在资格预审申请人/投标人发送通知,并以醒目方式公告澄清与修改内容的功能。

e）应具备潜在资格预审申请人/投标人下载澄清与修改文件，并递交回执的功能。

f）文件澄清问题的数据项格式详见附录 A. 1. 27，对资格预审文件的澄清与修改的数据项格式详见附录 A. 1. 6，对招标文件的澄清与修改的数据项格式详见附录 A. 1. 9。

5.5 投标

5.5.1 资格预审申请文件/投标文件

资格预审申请文件/投标文件（在 5. 5. 1 中统称“文件”）管理应满足以下要求：

a）应具备在线或离线编辑和制作文件的功能，主要包括文件导入、文件内容编辑、工程量清单（如有）导入、版式文件转换、电子签章、文件生成、校验以及加密等功能。

投标文件数据项应包括标段（包）编号、投标人代码、投标报价、工期（交货期）、投标有效期、投标保证金形式、投标保证金金额、投标单位项目负责人、投标时间、附件等。

资格预审申请文件数据项应包括标段（包）编号、申请人代码、投标资格条件、项目负责人、申请时间、附件等。

b）应具备通过网络对文件递交、修改和撤回功能。

c）应具备按照招标文件中的递交截止时间控制文件递交、补充、修改和撤回的功能。

d）应具备递交时间截止后，拒绝资格预审申请人/投标人递交、修改和撤回文件的功能。

e）应具备拒绝接收递交时间截止时尚未完成传输的文件的功能。

f）应具备对文件的主要数据项内容和格式进行校验的功能。

g）应具备文件防篡改的功能。

h）应具备投标人按照招标文件约定的加密方式选择按标段（包）分段或整体加密、递交文件的功能。

i）应具备文件接收、校验、按接收时间排序和回执递交功能。

j)应具备拒收未按法律法规规章规定和招标文件要求递交的文件的功能。

k)应具备禁止除资格预审申请人/投标人外的任何人在投标截止前解密、提取文件的功能。

l)截止时间应使用国家授时中心标准时间。

m)宜动态显示国家授时中心当前时间。

n)投标文件数据项格式详见附录A.1.12，资格预审申请文件数据项格式详见附录A.1.7。

5.5.2 投标保证金

a)应具备记录和提示投标保证金接收、退还信息的功能。数据项应包括标段(包)编号、投标人代码、投标人名称、保证金金额、保证金支付形式、保证金凭证接收时间、保证金到账时间和保证金退还时间等。

b)宜具备投标保证金接收情况展示的功能。

c)宜具备按照招标文件要求对投标保证金支付形式、资金到账时间、金额、接收凭证等进行符合性校验的功能。

d)数据项格式详见附录A.1.13。

5.6 开标

5.6.1 签到记录

应具备参加开标的人员通过网络远程办理电子签到的功能。

5.6.2 开标唱标

开标唱标管理应满足以下要求：

a)应具备开标时验证投标单位是否达到和显示法定数量，并可以根据实际情况启动开标或取消开标的功能。

b)应具备开标时验证并公布投标文件不被篡改、不遗漏及其投标过程记录的功能。

c)应具备按开标时间规定控制投标文件解密并记录解密过程的功能。

d)应具备招标人和投标人按照招标文件约定的解密方式解密投标文件以及解密失败时按规定补救方式执行的功能。

e)应具备投标文件数据读取、记录、展示的功能。展示内容中应包括标段

(包)编号、投标人名称、报价、工期(交货期)、投标保证金额、投标保证金到账时间、投标文件递交时间等招标文件所确定的唱标内容。

f)应具备开标过程信息的记录、编辑、参与单位电子签名确认和递交功能。数据项应包括标段(包)编号、开标参与单位名称、开标展示内容等。

g)应具备开标记录经过电子签名确认后,通过交易平台向社会公众和公共服务平台同步交换、公布的功能。

h)宜具备开标记录模板的编辑、修改、管理的功能。

i)招标项目开标记录的数据项格式详见附录 A.1.14。

5.6.3　资格预审文件的开启

a)资格预审文件的开启管理要求应符合 5.6.2 的规定。资格预审文件开启记录的数据项应包括标段(包)编号开启参与单位名称、开启时间、开启内容等。

b)资格预审文件开启数据项格式详见附录 A.1.28。

5.7　评标

5.7.1　评标委员会

评标委员会管理应满足以下要求:

a)应具备申请依法组建评标委员会的功能。数据项应包括标段(包)编号、专家人数、行政区域代码、专业、等级、回避条件等组建要求。

b)应具备连接依法建立的专家库的功能。

c)应具备通过公共服务平台连接的专家库通知评标委员会成员报到时间、地点的功能。

d)应具备接收专家库反馈抽取评标专家名单,并据此设置评标委员会职责分工的功能,相关数据项应包括专家编号、专家姓名、通知时间、通知方式等。

e)应具备评标委员会成员帐号生成、签到、身份确认、回避确认的功能。

f)应具备评标专家行为考评记录,并递交到专家所属公共服务平台连接的专家库的功能。

g)应提供评标委员会名单在评标前的保密功能。

h)评标委员会数据项格式详见附录 A.2.9、A.2.10。

5.7.2　评审

评审管理应满足以下要求：

a)应具备能够按招标文件约定的评标方法、评审因素和标准设置评审表格和评审项目的功能。

b)应具备按招标文件约定的评标方法，对投标文件进行解析、对比，辅助评分或计算评标价的功能。

c)应具备汇总计算投标人综合评分或评标价并进行排序的功能。

d)应具备编辑和发出评标澄清问题的功能。

e)应具备投标人编辑和递交投标澄清文件的功能。

f)应具备依评审权限设置评审项目访问、信息阅读的功能，确保无相应权限者无法查阅或操作相关数据。

g)宜具备以下评审功能：

按招标项目类型和评标办法设置、维护和管理评标模板。

依据招标项目清单、标底总价、分项单价与投标报价进行校验、对比，提示差异。

检测和辅助分析投标文件及异常投标行为。

评标委员会成员打分结果的检测和辅助分析。

5.7.3　评标报告

评标报告管理应满足以下要求：

a)应具备评标报告编辑、阅读的权限设置、签署和提交功能。数据项应包括标段(包)编号、中标候选人名称及排名、投标价格、评分结果或评标价格、中标价格、附件等。

b)应具备向公共服务平台监督通道提供评标报告数据的功能。

c)评标报告的数据项格式详见附录A.1.15、A.1.16。

5.7.4　远程异地评标

宜按以下要求具备网络远程异地评标的功能：

a)对评标委员会实现有效的监控。

b)对评标时间和地点进行控制。

c)评标委员会评标必需的沟通功能。

5.7.5　资格预审申请文件的评审

a)资格预审评审委员会的管理要求应符合5.7.1的规定。

b)资格预审申请文件的评审管理要求应符合5.7.2的规定,其中有关价格评审功能不适用于资格预审申请文件的评审。

c)资格预审结果文件的管理要求应符合5.7.3的规定。数据项应包括标段(包)编号、通过资格预审的申请人名单、附件等。

d)资格预审申请文件的远程异地评审的管理要求应符合5.7.4的规定。

e)应具备向公共服务平台监督通道提供资格预审结果文件的功能。

f)资格预审结果文件的数据项格式详见附录A.1.8

5.8　定标

5.8.1　中标候选人公示

a)应具备中标候选人公示的编辑、提交审核、验证确认、备案、发布功能。数据项应包括:标段(包)编号、公示内容(含中标候选人名称及排序、投标价格、中标价格)、公示时间等。

b)应具备向公共服务平台提供中标候选人公示数据的功能。

c)中标候选人公示的数据项格式详见附录A.1.17。

5.8.2　确认资格预审的申请人/确定中标人

a)应具备授权资格审查委员会确认通过资格预审的申请人/授权评标委员会确定中标人的功能。

b)应提供招标人确认通过资格预审的申请人/确定中标人的功能。

5.8.3　中标结果公告

a)应具备编辑、提交审核、验证确认、备案、发布和向公共服务平台提供中标结果公告的功能。数据项应包括:标段(包)编号、标段(包)名称、中标人名称、中标价格、附件等。

b)中标结果公告的数据项格式详见附录A.1.29。

5.8.4　中标通知书

中标通知书管理应满足以下要求:

a)应具备中标通知书和招标结果通知书的编辑、验证确认和递交的功能。数据项应包括:招标项目名称及其编号、标段(包)编号、中标人、中标价格、附件等。

b)宜具备中标、未中标理由的编辑、确认、递交功能。

c)应具备向公共服务平台提供中标通知书和招标结果通知书的功能。

d)中标通知书和招标结果通知的数据项格式详见附录A.1.18。

5.8.5 资格预审结果通知书

a)资格预审结果通知书的管理应满足5.8.4中a)、b)、c)的规定。数据项应包括:招标人、招标代理机构、招标项目名称及其编号、标段(包)编号、资格预审通过单位名称、资格预审通知书发出时间、附件等。

b)资格预审结果通知书的数据项格式详见附录A.1.19。

5.8.6 合同

合同管理应满足以下要求:

a)应提供招标项目标段(包)与合同的关联关系。

b)应具备根据法律法规规章和招标文件约定的内容,编辑、形成、递交、验证确认和签署合同文本的功能。

c)应具备向公共服务平台提供规定要求的合同信息的功能。

d)宜具备按规定要求向相关主体和管理单位收集、记录和验证合同履行结果的相关信息。

e)合同的数据项格式详见附录A.1.20。

5.9 费用管理

费用管理应满足以下要求:

a)应具备招投标过程中各类费用的支付结算、退还的信息管理及控制后续相关程序等管理功能。

b)费用类型包括资格预审文件费用、招标文件费用、图纸押金、投标保证金及其利息、履约保证金、招标代理服务费、交易服务费、评标专家咨询费等。

c)应具备选择多种支付结算方式的功能。

d)宜具备支持网上电子支付结算的功能。

5.10 异议

异议管理应满足以下要求:

a)应具备投标人对资格预审文件、招标文件、开标过程、资格预审结果、评标结果按规定的时间提出异议的功能。

b)应具备招标人在规定的时间内答复投标人异议的功能。

c)异议的数据项格式详见附录 A.1.21。

5.11 招标异常

招标异常管理应满足以下要求:

a)应具备招标终止功能及招标终止公告的编辑、提交和发布功能。

b)宜具备重新发布招标公告或资格预审公告、资格预审文件或招标文件,并保留已完成招标程序的相关数据的功能。

c)宜具备招标项目按有关规定改用非招标方式后,记录其他交易方式和成交结果的功能。

d)招标异常情况报告的数据项格式详见 A.1.22。

5.12 存档、归档

存档、归档管理应满足以下要求:

a)应具备按照有关规定和招标文件的要求对招标投标数据和文件、活动记录进行存档的功能。

b)应具备数据和文件的分类、整理和归档的功能。数据和文件的归档应符合国家有关电子档案的规定。

c)应具备按权限查阅招标投标数据和文件的功能。

d)应具备记录、备份、存档、归档电子招标投标中涉及的操作时间和人员的功能。

e)应具备评标全过程录像自投标有效期结束之日起存档 90 日以上的功能。

5.13 监督

5.13.1 接受监督

按照招标投标法律法规规章和监督部门的要求,应具备通过公共服务平台

的行政监督通道或直接通过行政监督平台,适时与监督部门交换相关数据和文件的功能,并满足以下要求:

a)提交招标人和招标项目的基本情况,以及经核准的招标内容与范围、招标方式、招标组织形式。数据项格式详见附录A.1.1、A.1.2、A.1.3。

b)提交资格预审公告、招标公告或者投标邀请书。数据项格式详见附录A.1.4、A.1.5。

c)提交资格预审文件、招标文件。数据项格式详见附录A.1.6、A.1.9。

d)提交资格审查委员会名单和资格预审结果报告。资格审查委员会数据项格式详见附录A.2.9、A.2.10,资格预审结果数据项格式详见附录A.1.8。

e)提交投标文件验证、解密及展示、投标人确认等开标过程和开标记录的信息。数据项格式详见A.1.14。

f)提交评标委员会名单、评标报告和中标候选人。数据项格式详见附录A.2.9、A.2.10、A.1.15、A.1.16。

g)提交中标候选人公示和中标结果。数据项格式详见附录A.1.17、A.1.29。

h)提交合同和履行信息。数据项格式详见附录A.1.20。

i)提交招标异常的有关情况。需要审批或核准的,提交相关审批或核准信息。数据项格式详见附录A.1.22。

j)接收和执行有关行政监督部门监督指令的功能。

5.13.2 配合投诉处理

配合投诉处理管理应满足以下要求:

a)宜具备编辑、提交投诉事项有关信息、接收、查询投诉受理情况和处理结果的功能。投诉时限应满足相关规定的要求。投诉处理的数据项应包括标段(包)编号、投诉人代码、投诉人名称、投诉内容、理由和依据、投诉提交时间、投诉受理人、受理时间、处理结果、反馈时间、附件等。

b)宜具备向公共服务平台提供投诉处理数据和文件的功能。

c)投诉处理的数据项格式详见附录A.1.21。

6 交易平台信息资源库

信息资源库采集整合的要素信息，仅限于政府有关网站、平台公布的信息和电子招标投标系统上记录并经过验证、交换、公布的信息，主要是电子招标投标交易平台上成交的项目及其相关主体的要素信息。除上述来源以外采集的信息和投标人在投标文件中提供的以纸质形式完成招标投标的中标项目业绩信誉、从业人员业绩信誉等信息，仅限于该招标项目中一次使用，禁止转入交易平台信息资源库分类集合，也不得用于对外查询、公布、交换及统计。但是，交易平台可以另行建立辅助信息资源库集中此类非可靠信息，仅限于内部交换和参考，且应当注明信息采集来源和相关责任人员。

6.1 招标项目信息库

招标项目信息库管理应满足如下要求：

a）应具备招标项目信息的建立和维护的功能。数据项应包括项目名称、项目编号、项目行业分类代码、项目所在行政区域代码、法定代表人、招标交易平台代码、招标项目编号、招标项目名称、招标内容与范围和招标方案说明及附件、招标人代码、招标代理机构代码，以及进行信息交换的公共服务平台标识码等。

b）应具备标段（包）与中标信息建立和维护的功能。数据项应包括标段（包）编号、标段（包）内容、标段（包）分类代码、投标人资格条件、中标人代码、中标价格、项目负责人、项目质量要求、项目工期（交货期）、中标通知书编号、合同订立价格，合同结算价格、合同验收质量、合同履行期限等。

c）应具备招标项目相关时间信息的建立和维护功能。数据项应包括招标项目建立时间、公告发布时间、开标时间、中标候选人公示时间、中标通知时间、签约时间、合同完成时间等。

d）数据项格式详见附录 A.1.1、A.1.2、A.1.3、A.1.4、A.1.18、A.1.20。

6.2 招标人信息库

招标人信息库管理应满足以下要求：

a）应具备招标人信息建立和维护的功能。数据项应包括招标人代码、招标人名称、负责人、国别/地区、行业代码、营业执照号码、CA 证书编号、组织机构代码、税务登记号、开户银行、基本账户账号、注册资本、币种、信息申报责任人、联系电话、联系地址、邮政编码、电子邮箱等信息。

b)应具备招标人招标业绩、奖惩、履约记录等信息管理的功能。

c)应具备招标人信息的检索和统计分析的功能。

d)数据项格式详见附录A.2.1，A.2.3、A.2.8、A.1.20。

6.3 招标代理机构信息库

招标代理机构信息库管理应满足以下要求：

a)应具备招标代理机构信息建立和维护的功能。数据项应包括代理机构代码、代理机构名称、负责人、国别/地区、资质类别、资质等级、营业执照号码、CA证书编号、组织机构代码、税务登记号、开户银行、基本账户、注册资本、信息申报责任人、联系电话、联系地址、邮政编码、电子邮箱等信息。

b)应具备招标代理机构电子招标业绩、奖惩记录和履约记录等信息管理的功能。

c)应具备招标职业资格人员的相关信息管理的功能。数据项包括姓名、性别、身份证件类型、身份证件号码、出生年月、所在行政区域代码、最高学历、联系电话、通讯地址、邮政编码、所在单位、职务、职业证书编号、注册登记证书编号、从业年限、项目业绩、奖惩记录等信息。

d)应具备招标代理机构信息的检索和统计分析的功能。

e)数据项格式详见附录A.2.1、A.2.2、A.2.3、A.2.4、A.2.5、A.2.6、A.2.8、A.1.20。

6.4 投标人信息库

投标人信息库管理应满足以下要求：

a)应具备投标人信息建立和维护的功能。数据项按不同主体应相应包括：投标人代码、投标人名称、负责人、国别/地区、资质序列、资质等级、资信等级、奖惩记录、营业执照号码、CA证书编号、组织机构代码、税务登记号、开户银行、基本账户账号、注册资本、注册资本币种、信息申报和变更责任人、联系电话、联系地址、邮政编码、电子邮箱等信息。

b)应具备投标人中标业绩明细数据、奖惩与履约等信息归集的功能。

c)应具备投标人信息的检索和统计分析的功能。

d)应具备投标人黑名单的建立和管理的功能。

e)应具备投标人专业职业资格人员(注册建造师、注册监理工程师等)的相关信息管理的功能。数据项包括姓名、性别、身份证件类型、身份证件号码、出生年月、所在行政区域代码、最高学历、联系电话、通讯地址、邮政编码、所在单位、职务、技术职称、职业资格序列、职业资格等级、职业证书编号、从业经历、从业年限、项目业绩、奖惩记录等信息。

f)数据项格式详见附录 A.2.1、A.2.2、A.2.4、A.2.5、A.2.6、A.2.7、A.2.8、A.1.20。

6.5　专家信息库

必要时可建立交易平台专家信息库。专家信息库管理应满足以下要求:

a)应具备专家信息建立和维护的功能。数据项应包括:专家编号、姓名、性别、身份证件类型、身份证件号码、出生年月、所在行政区域代码、最后毕业院校、最高学历、联系电话、通讯地址、邮政编码、所在单位、是否在职、职务、工作简历、专业分类、技术职称、职业资格序列、职业资格等级、从业年限、奖惩记录等信息。

b)应具备记录专家信息入库、变更和审核验证的时间以及责任人的功能。

c)应具备专家回避情形和单位列表建立和维护的功能。

d)应具备按地区、专业等随机抽取和记录专家的功能。

e)应具备专家审核、入库、培训、考核、暂停、退出等功能。

f)宜具备专家自荐入库的功能。

g)宜具备向公共服务平台专家库推荐专家入库的功能。

h)数据项格式详见附录 A.2.8、A.2.11。

6.6　价格信息库

价格信息库管理应满足以下要求:

a)应具备工程、货物、服务分类分项单价信息的收集、整理、维护和查询的功能。

b)宜具备价格统计分析的功能。

7 交易平台的系统接口

系统接口是指交易平台与公共服务平台、行政监督平台以及专业工具软件之间根据电子招标投标流程及有关规定应具有的数据交换功能。

7.1 公共服务平台的接口

7.1.1 交易平台注册登记

交易平台应选择任一公共服务平台注册登记和按规定对接交互信息。在全国公共服务平台体系形成前，交易平台选择注册登记和对接交换公共服务平台应同时满足行政监督信息交换的需要。登记的数据信息应包括：交易平台名称、运营机构代码、运营机构名称、CA证书编号、系统访问地址、检测和认证报告附件等，数据项格式详见附录A3。

7.1.2 与公共服务平台的接口

交易平台与公共服务平台的数据接口应符合《公共服务平台和行政监督平台技术规范》和相关公共服务平台公布的数据接口要求。

7.2 与行政监督平台的接口

交易平台可以选择公共服务平台的监督通道与行政监督平台交换信息，其数据接口应符合7.1.2的规定。交易平台也可以选择直接与行政监督平台交换信息，与行政监督平台的数据接口应符合《公共服务平台和行政监督平台技术规范》和相关行政监督平台公布的数据接口要求。

7.3 与专业工具软件的接口

交易平台与专业工具软件的数据接口应符合本技术规范和国家有关计价规范要求，并在交易平台公布。

8 交易平台技术支撑与保障要求

8.1 接口技术要求

8.1.1 基本要求

接口技术基本要求如下：

a)应对数据交互提供企业级的支持，在系统高并发和大容量的基础上提供安全可靠的交互。

b)应提供完善的信息安全机制，以实现对信息的全面保护，保证系统的正常运行。应防止大量访问以及大量占用资源的情况发生,保证系统的健壮性。

c)应提供有效的、系统的可监控机制,以使接口的运行情况可监控,以便及时发现错误及排除故障。

d)在充分利用系统资源的前提下,应实现系统平滑的移植和扩展,同时在系统并发增加时提供系统资源的动态扩展,以保证系统的稳定性。

e)在进行扩容、新业务扩展时,应能提供快速、方便和准确的实现方式。

f)接口技术实现方式应当保持中立性。

g)应提供信息交换中自动标记输入和输出来源出处的功能。

8.1.2 通信方式

接口应通过基于主流的通信协议,并满足以下要求:

a)数据传输应具备可控制性,提供数据重发功能。

b)数据传输应具备可靠性,确保数据不会丢失,并进行充分的数据校验。

c)大数据传输应具备断点续传的功能。

8.1.3 接口方式

接口方式管理应满足以下要求:

a)信息交换方式应符合 XML 数据交换标准。

b)交互操作服务接口应符合 WebServices 标准。

c)系统交互模式支持同步与异步方式。

d)交互数据应支持各种数据类型。

8.1.4 接口模型

数据接口模型应由数据结构、数据集、附件集组成:

a)数据结构用来描述接口的结构信息,是可选元素。

b)数据集是用来封装结构化数据,是可选元素。

c)附件集是用来表述非结构化数据,是可选元素。

d)数据集和附件集可以并存或单独出现。

8.1.5 安全认证

为了保证数据的安全性,各种接口方式都应该保证其接入的安全性:

a)应通过接口实现技术上的安全控制,做到对安全事件的可知、可控、可预测。

b)应制定专门的安全技术实施策略,保证接口的数据传输和数据处理的安全性。

c)系统应在接入点的网络边界实施接口安全控制。

d)接口的安全控制在逻辑上应包括:安全评估、访问控制、入侵检测、口令认证、安全审计、防恶意代码、加密等内容。

e)数据接口访问应进行双方身份安全认证,确保接口访问的安全性。

8.1.6 传输控制

传输控制应利用如下高速数据通道技术实现将前端的大数据量并发请求分发到后端,从而保证应用系统在大量客户端同时请求服务时,能够保持快速、稳定的工作状态:

a)系统应采用传输控制手段降低接口网络负担,提高接口吞吐能力,保证系统的整体处理能力。

b)为了确保接口服务吞吐量最大,接口宜自动地在系统中完成动态负载均衡调度。

c)系统宜提供自动伸缩管理方式或动态配置管理方式实现队列管理、存取资源管理,以及接口应用的恢复处理等。

d)在双方接口之间宜设置多个网络通道,实现接口的多数据通道和容错性,保证在出现一个网络通道通讯失败时,进行自动的切换,实现接口连接的自动恢复。

8.2 安全性

8.2.1 身份标识与鉴别

应对招标人、招标代理机构、投标人、授权评标专家等登录用户进行身份标识与鉴别,并提供身份标识唯一性检查功能。应采用以下措施,确保用户身份不易被冒用:

a)应提供鉴别信息复杂度检查功能。

b)应对身份标识与鉴别异常提供保护措施。

c)应使用有关部门认可的合法电子认证服务机构提供的CA数字证书对

交易主体身份标识与鉴别,需要进行身份标识与鉴别的电子招标投标交易行为包括:递交资格预审申请文件、递交投标文件、递交投标保证金、撤回投标文件、确认开标记录、递交回执、发出中标通知书、签订合同(协议书)等需要招标投标主体承担相应法律责任的电子招标投标行为。

d)宜采用两种或两种以上上述措施组合的鉴别技术。

8.2.2 电子签名

电子签名管理要求应满足以下要求:

a)应通过电子签名来确保数据电文的完整性和不可抵赖性,电子签名应用的数字证书应采用合法的电子认证服务机构颁发的 CA 证书。

b)应使用电子签名的数据电文包括:招标公告(资格预审公告)、投标邀请书、资格预审文件(澄清和修改)、资格预审申请文件(澄清和修改)、资格审查报告、招标文件(澄清和修改)、投标文件(补充、修改、撤回、澄清)、开标记录、评标报告、中标通知书、合同(协议书)及相关文件的签收回执等具有法律约束力的文件。

c)应提供按照国家授时中心的标准时间源对需要电子签名的数据电文生成时间戳的功能。

d)应执行统一规范的数据接口标准,并可通过公共服务平台协议联机等方式,支持不同的合法电子认证服务机构颁发的 CA 数字证书的兼容互认。

8.2.3 电子加密和解密

应使用合法的电子认证服务机构颁发的数字证书,并能够根据招标文件选择确定的操作方式和责任主体,对需要保密的数据电文进行加密和解密,以确保数据电文的保密性。

8.2.4 访问控制

访问控制管理应满足以下要求:

a)应具备用户功能使用、数据访问的权限及其时限控制功能。

b)应能够识别对系统的非授权访问并提供相应的处理方法。应具备禁止同一帐户多处同时登录的功能。

c)用户的管理权限应按照边界清晰,且权限唯一性和最小化原则设置。

实施系统开发权、系统管理权和业务权的责任人应相互分离、相互监控，同时，系统应具有自动警示超权限异常操作的功能。

d)宜提供对重要信息资源设置敏感标记的功能，并根据安全策略严格控制用户对有敏感标记重要信息资源的操作。

8.2.5　通信安全

通信安全管理应满足以下要求：

a)应能够检测传输过程中数据电文的完整性，在检测到完整性错误时，应提示用户采取必要的措施。

b)应采用加密或其他有效措施实现数据传输的保密性。

8.2.6　存储安全

存储安全管理应满足以下要求：

a)应采用加密或其他保护措施实现鉴别信息存储的保密性。

b)宜采用加密或其他保护措施确保重要数据存储的保密性。

c)宜对重要数据存储过程中的完整性进行检测，在检测到完整性错误时，应提示用户采取相应的措施。

8.2.7　资源控制

资源控制管理应满足以下要求：

a)应该能够对单个帐户的多重并发会话进行限制，并能够对系统的最大并发会话连接数进行限制。

b)宜对一个时间段内可能的并发会话连接数进行限制。

8.2.8　数据安全及备份恢复

数据安全及备份恢复管理应满足以下要求：

a)应对关键数据提供自动定时本地备份与恢复功能。

b)宜提供异地数据定期备份功能和异地灾备功能。

8.2.9　安全缺陷防范

安全缺陷防范管理应满足以下要求：

a)不应存在可能引起安全缺陷的语句、命令。

b)应能够识别和屏蔽非法访问。

c)宜加强系统安全防范,能够识别和抵御程序恶意攻击。

8.2.10 安全审计

安全审计管理应满足以下要求:

a)应提供安全审计功能。安全审计范围应覆盖系统中的每个用户及系统中的所有重要安全事件,如登录事件、关键数据变更等。

b)审计记录的内容应包括事件的日期、时间、发起者信息、类型、描述和结果等。

c)应提供审计记录数据的查询、统计、分析功能。

d)安全审计人员不能同时兼任系统管理员。

e)安全审计系统设备宜独立部署,以确保数据不被篡改。

8.3 性能

8.3.1 响应时间

响应时间管理应满足以下要求:

a)应满足主要功能在单点操作下响应时间少于5秒。

b)典型功能在50人并发情况下,响应时间应少于15秒。

c)应支持大文件传输功能。支持100MB以内的文件稳定上传。服务器端接收上传文件的最大吞吐量应不低于10M bit/S。

d)投标文件集中解密功能模块的系统处理能力应保证每分钟文件解密应大于100个或大于1GB。

8.4 可靠性

8.4.1 稳定性

系统稳定性管理应满足以下要求:

a)应保证在高负荷状态下能提供不间断的可靠服务,系统运行稳定。

b)在容量到达规定及超出规定的极限时,系统不能因为崩溃、异常退出等原因而导致数据错误或丢失。

8.4.2 容错性

系统容错性管理应满足以下要求:

a)应提供数据有效性检验功能,对无效数据应给出简洁、准确的提示信息。

b)应提供数据一致性校验机制。

c)应能识别和屏蔽可能引起系统崩溃、异常退出的用户输入或用户误操作,并给出提示。

8.5　易用性

8.5.1　易理解性

系统易理解性管理应满足以下要求:

a)应通过适当的术语、释义、图形、背景信息和操作帮助,协助用户理解和使用系统的各项功能。

b)应对平台功能操作错误的原因和纠正信息加以提示。

c)宜提供在线帮助。

8.5.2　易浏览性

系统易浏览性管理应满足以下要求:

a)应显示系统当前处理状态。

b)应规范化设计屏幕提示、输入和输出。

8.6　运行环境

8.6.1　机房要求

机房管理应满足以下要求:

a)应满足《GB/T 50311－2007 综合布线系统工程设计规范》、《GB 2887－2011 计算机场地通用规范》、《GB 50174－2008 电子信息系统机房设计规范》标准。

b)应采用UPS不间断电源,UPS电源提供不低于2小时后备供电能力。UPS功率大小应根据设备功率进行计算,并留有30%的余量。

c)宜设计物理屏障,通过门禁、安全制度等技术和管理措施保证机房环境物理安全性。

8.6.2　网络要求

网络带宽应满足以下要求:

a)接入互联网的独享带宽应不小于10Mbps。

b)接入互联网的实际带宽应根据峰值流量进行计算确定。

网络安全应满足以下要求：

a）网络安全等级应通过《GB 17859－1999 计算机信息系统安全保护等级划分准则》中第二级“系统审计保护级”的评测。

b）网络安全等级宜通过《GB 17859－1999 计算机信息系统安全保护等级划分准则》中第三级“安全标记保护级”的评测。

8.6.3 主机要求

8.6.3.1 服务器要求

服务器应满足以下要求：

a）应满足系统对可靠性、安全性和性能的要求。

b）键部件应采用冗余配置。

c）服务器时间应与国家授时中心时间同步。

8.6.3.2 主机安全要求

主机安全应满足以下要求：

a）主机安全等级应通过《GB 17859－1999 计算机信息系统安全保护等级划分准则》中第二级“系统审计保护级”的评测。

b）主机安全等级宜通过《GB 17859－1999 计算机信息系统安全保护等级划分准则》中第三级“安全标记保护级”的评测。

8.6.3.3 存储要求

存储应满足以下要求：

a）宜采用独立磁盘存储设备进行核心数据存储。

b）关键部件应采用冗余配置。

c）应采用主流存储技术，实现存储设备的冗余和可靠接入，保证存储稳定性。

d）应根据在线数据规模计算存储空间，并保留不少于20%的冗余。

e）应具有扩展性，可按需增加存储空间，应对系统应用范围的扩展。

8.6.4 系统软件要求

系统软件应满足如下要求：

a）应用服务器和数据库服务器应物理分离。

b)应支持主流数据库。

c)宜支持集群部署,实现负载均衡。

d)宜同时支持包括但不仅限于Unix、Linux、Windows等操作系统。

附录12

电子招标投标系统检测认证管理办法(试行)

(国认证联〔2015〕53号)

第一章　总　　则

第一条　为了规范电子招标投标系统检测认证活动,根据《中华人民共和国产品质量法》、《中华人民共和国招标投标法》及其实施条例、《中华人民共和国认证认可条例》、《电子招标投标办法》等法律法规规章的规定,制定本办法。

第二条　本办法所称电子招标投标系统是指按照《电子招标投标办法》及所附《电子招标投标系统技术规范》(以下简称《技术规范》)相关要求建设和运营,由软件、硬件及软、硬件的组合产品所组成的电子招标投标交易平台、公共服务平台和行政监督平台。

第三条　本办法所称检测认证,是指基于实验室依照相关要求对电子招标投标系统进行符合性检测结果,由第三方认证机构评价和证明电子招标投标系统能够持续符合相关要求的合格评定活动。

第四条　国家发展和改革委员会(以下简称国家发展改革委)负责指导协

调全国电子招标投标活动，会同工业和信息化部、住房城乡建设部、交通运输部、水利部、商务部等有关部门编制电子招标投标系统检测技术规范，作为本办法附件一并印发。

国家认证认可监督管理委员会（以下简称国家认监委）、国家发展改革委会同工业和信息化部、住房城乡建设部、交通运输部、水利部、商务部等有关部门依法建立电子招标投标系统检测认证制度。

国家认监委负责电子招标投标系统检测认证工作的组织实施、监督管理和综合协调。

省级以上人民政府发展改革、工业和信息化、住房城乡建设、交通运输、水利、商务等部门负责对检测认证结果建立采信和运用的监督机制。

第五条 国家认监委牵头组建电子招标投标系统检测认证技术委员会，对涉及电子招标投标系统检测认证技术的重大问题进行研究和审议，为建立完善电子招标投标系统（以下简称招标投标系统）检测认证制度提供技术支撑。

第二章 检 测

第六条 负责招标投标系统日常运营的机构（以下简称运营机构）向认证机构提出检测认证委托，并在认证机构签约的实验室名录中自主选择符合本办法规定的实验室进行检测。运营机构应当与其委托的实验室签订检测委托合同，合同应当包括检测范围、检测内容、检测费用、检测期限、出具检测报告的时间，以及技术保密事项等内容。

第七条 运营机构应当依据所签订的合同向委托的实验室提供以下资料：

（一）受检招标投标系统的检测需求、设计方案、使用维护等相关说明；

（二）受检招标投标系统能够实现的基本功能定位、网络结构拓扑图及运行环境软硬件配置说明；

（三）受检招标投标系统符合《电子招标投标办法》及《技术规范》规定的要求，并能在线完成招标投标交易或公共服务流程的证明材料以及平台标识代码；

（四）受检招标投标系统与电子招标投标公共服务平台和行政监督平台实

现对接并具备数据交换功能的证明材料;

(五)受检招标投标系统符合国家有关招标投标法律法规并与实际运营的招标投标系统相一致的声明。

第八条 实验室应当依法经过资质认定,符合《检验检测机构资质认定评审准则》的要求,并具备从事招标投标系统检测工作的相关技术能力。

实验室检测人员应当通过专业能力培训,掌握招标投标系统相关的标准、技术要求和认证规则要求,具备招标投标系统检测能力。

认证机构应在其网站上公布与其签约且符合上述要求的招标投标系统检测实验室名录,并交互至国家电子招标投标公共服务平台。

第九条 实验室应当依照本办法及《电子招标投标系统检测技术规范》(以下简称《检测规范》)等确定的检测内容、要求和程序进行检测。

招标投标系统检测应当包括数据项、业务规则、功能、接口、性能、安全性、可靠性、易用性、运行环境等内容,并对招标投标系统的需求、设计和使用等相关文档进行审核。

第十条 实验室发现受检招标投标系统不具备检测条件或者招标投标系统中有部分检测项不符合《检测规范》要求的,运营机构应当在修改或者重新设计后再次进行检测。运营机构可以根据招标投标系统建设情况和实际需要,请实验室提前进行部分检测,但实验室只对受检招标投标系统一次性出具最终检测报告。

第十一条 实验室应当确保检测结果的真实、准确,并对检测全过程做出完整记录,归档留存,保证检测过程和结果具有可追溯性,配合认证机构对获证招标投标系统进行跟踪检查。

第十二条 招标投标系统经检测合格后,实验室应当按照有关规定,向运营机构出具数据电文形式且经过电子签名的检测报告,并交互至省级以上电子招标投标公共服务平台公布。检测报告至少包括以下内容:

(一)受检招标投标系统名称、版本及运行环境;

(二)受检招标投标系统的建设、运营和开发机构身份、资格和相关负责人姓名;

（三）检测时限、范围；

（四）检测工具及环境说明；

（五）实验室名称、检测人员；

（六）检测内容、检测方法及检测依据；

（七）受检招标投标系统可以实现的全部功能以及与电子招标投标公共服务平台和行政监督平台实现对接并具备数据交换功能的验证证明及平台标识代码；

（八）运营机构提供的受检招标投标系统符合国家有关招标投标法律法规并与实际运营招标投标系统相一致的声明；

（九）检测结论。

实验室对其作出的检测报告以及结论负责。

第十三条 招标投标系统检测合格后，运营机构应当在获得认证证书前自行组织招标投标系统试运行。招标投标系统试运行期限从出具检测报告之日起计算，不少于两个月但不得超过半年，在试运行期限内应当达到至少3个成功运行的案例。

招标投标系统试运行期间，实验室应当依据合同对招标投标系统整改给予支持和配合，并提供相关证明材料。招标投标系统试运行结束后，运营机构应当编写招标投标系统试运行报告，报告主要包括以下内容：

（一）验证和记录招标投标系统实际试运行过程、与电子招标投标公共服务平台和行政监督平台的对接和数据交换情况，招标投标系统存在问题和整改情况等；

（二）根据《技术规范》的要求，为保证招标投标系统持续符合技术标准及招标投标法律法规规定所制订的技术、管理措施及风险防范措施的文件。

第三章 认　　证

第十四条 运营机构可以自主选择和委托符合本办法规定的认证机构对其招标投标系统进行认证，并与认证机构签订认证委托合同。合同应当包括认证内容、认证方法、认证费用、认证时限，以及技术保密事项等内容。

第十五条 运营机构应当向认证机构提交以下材料:

(一)认证委托书,包括运营机构及其相关专业负责人的身份、资格等证明材料;

(二)招标投标系统检测报告及相关附件;

(三)招标投标系统试运行报告;

(四)保证招标投标系统合法、安全、规范运营及数据真实性、可靠性的技术措施和管理制度,运营岗位人员和职责设置方案;

(五)用户投诉及监管部门处理情况;

(六)认证机构要求的其他材料。

第十六条 认证机构应当依法经国家认监委批准,符合国家标准中关于产品认证机构技术能力的通用要求,并具备从事招标投标系统认证活动的相关技术能力。

认证人员应当通过专业能力培训,掌握招标投标系统相关的标准、技术规范、检测规范和认证规则要求。

从事招标投标系统认证活动的认证机构名录由国家认监委公布,并交互至国家电子招标投标公共服务平台。

第十七条 认证机构依据招标投标系统检测认证技术委员会相关要求,制定认证规则,经检测认证技术委员会审议后发布实施,并于认证规则发布后30日内报国家认监委备案。

第十八条 认证机构受理运营机构的认证委托后,应当按照认证规则要求,对运营机构提交的招标投标系统检测报告、招标投标系统试运行报告、持续性符合措施进行文件审查,并可根据情况对招标投标系统的持续符合保证能力进行现场审查。

符合认证要求的,认证机构出具数据电文形式和纸质形式的认证证书,并将数据电文形式认证证书交互至省级以上电子招标投标公共服务平台公布。不符合认证要求的,认证机构应当以书面形式告知其原因。

第十九条 认证机构应当对认证全过程作出完整记录,并归档留存,保证认证过程和结果具有可追溯性。

认证机构对其作出的认证结论负责。

第二十条 认证机构应当在认证证书有效期内对获证招标投标系统及运营机构每年至少实施一次跟踪检查,以确保获证招标投标系统能够持续符合认证要求。

第二十一条 认证机构通过省级以上电子招标投标公共服务平台公开认证规则、收费标准、获证招标投标系统和运营机构等信息,接受社会的监督和查询。

第二十二条 认证机构应当定期向国家认监委报送招标投标系统检测认证的实施情况及认证证书暂停、撤销或者注销的信息。

第四章 认证证书和认证标志

第二十三条 认证证书至少包括以下内容:

(一)认证委托人名称,地址;

(二)招标投标系统名称、型号版本和网址;

(三)运营机构名称、注册地址、受审核地址;

(四)认证依据的标准、技术要求;

(五)认证模式;

(六)证书编号;

(七)发证日期、换证日期和有效期;

(八)发证机构的名称、印章及其标志;

(九)发证机构法定代表人或者其授权签字人的签字;

(十)其他需要标注的内容。

第二十四条 认证证书有效期为三年。有效期届满前6个月内,认证委托人应当办理重新认证。

第二十五条 在认证证书有效期内,招标投标系统功能、架构、运行环境等发生重大变更、出现重大事故,或者由于运营机构原因导致无法持续与电子招标投标公共服务平台和行政监督平台进行数据交换时,运营机构应当及时向认证机构报告,认证机构根据实际情况可以作出变更、注销、暂停、撤销或者重新认证的决定,并对外公布。

第二十六条 有下列情形之一的,运营机构应当向认证机构提出变更认证证书的申请,认证机构作出相应处理:

(一)获证招标投标系统名称或者网址发生变更的;

(二)运营机构名称、地址发生变更的;

(三)认证委托人名称、地址发生变更的;

(四)本办法及《检测规范》、认证规则等发生变化的;

(五)认证机构规定的其他应当变更的情形。

第二十七条 有下列情形之一的,认证机构应当注销认证证书:

(一)认证证书有效期届满,运营机构未申请延续使用的;

(二)获证招标投标系统不再运营的;

(三)运营机构申请注销的;

(四)其他依法应当注销的情形。

第二十八条 有下列情形之一的,认证机构应当按照认证规则规定的期限暂停认证证书:

(一)获证招标投标系统适用的认证依据或者认证规则发生变化,运营机构在规定期限内未达到变化后要求的;

(二)运营机构无正当理由拒绝接受跟踪检查,或者在跟踪检查中被发现违反有关规定的;

(三)跟踪检查中发现获证招标投标系统发生变更且不能持续符合认证要求的;

(四)运营机构申请暂停的;

(五)其他依法应当暂停的情形。

第二十九条 有下列情形之一的,认证机构应当撤销认证证书:

(一)跟踪检查中发现实际运营的招标投标系统与办理检测认证时运营机构提供的招标投标系统不一致的;

(二)认证证书暂停期间,运营机构未采取整改纠正措施或者整改后仍不合格的;

（三）运营机构以欺骗、贿赂等不正当手段获得检测报告和认证证书的；

（四）其他依法应当撤销的情形。

第三十条 招标投标系统认证标志的式样由基本图案和认证机构识别信息组成。认证标志的基本式样如下图所示，其中ABCDE代表认证机构简称。

ABCDE

认证标志应当嵌入到获证招标投标系统中，并在获证招标投标系统及运营机构网站首页予以明示，同时在标志下方标明获证日期和有效期。

电子认证标志由认证机构发放和管理。

第三十一条 运营机构应当建立认证标志使用管理制度，对认证标志的使用情况如实记录并存档，按照认证规则的规定在其招标投标系统网站、广告、产品介绍等宣传材料中正确使用和标注认证标志。

第三十二条 任何单位和个人不得伪造、变造、冒用、买卖和转让认证证书和认证标志。

第三十三条 认证机构发布的认证规则、出具的认证证书、对外公布的认证处理决定及相关检测报告应同时交互至国家电子招标投标公共服务平台。

第五章 监督管理

第三十四条 任何单位和个人不得强制要求招标投标系统增加违反法律法规的服务功能，并作为在一定地域、行业注册登记、运营、招标投标系统对接和数据交换的前置条件。

第三十五条 国家认监委组织开展招标投标系统检测认证专项监督检查，包括对认证机构、实验室的监督检查和获证招标投标系统的质量抽查等。发现违法违规行为的，依法查处，并通报有关部门。

第三十六条 社会公众和电子招标投标当事人对检测认证过程中的违法违规行为可以向国家认监委投诉、举报。国家认监委应当依法处理，并将处理决定交互至国家电子招标投标公共服务平台。

第三十七条 认证委托人对认证机构的认证活动和认证决定有异议的，可以向认证机构提出申诉。对认证机构处理结果仍有异议的，可以向国家认监委申诉或者投诉。

第六章 附 则

第三十八条 本办法施行前已经投入运营的招标投标系统，按照本办法要求进行检测认证期间，运营机构应当采取必要措施保证招标投标系统安全运营。

第三十九条 招标投标行政监督部门应当按照《电子招标投标办法》及《技术规范》的要求建设行政监督平台。行政监督平台的检测认证参照本办法执行。

电子招标投标交易平台与有关行业行政监督平台对接时，应当符合有关法律、行政法规和部门规章以及行业行政监督部门的规定。

第四十条 本办法由国家认监委、国家发展改革委会同有关部门负责解释。

第四十一条 本办法自 2015 年 9 月 1 日起施行。

附录13

公共资源交易平台管理暂行办法

（国家发展和改革委员会、工业和信息化部、财政部、国土资源部、环境保护部、住房和城乡建设部、交通运输部、水利部、商务部、国家卫生和计划生育委员会、国务院国有资产监督管理委员会、国家税务总局、国家林业局、国家机关事务管理局令第39号）

第一章 总 则

第一条 为规范公共资源交易平台运行，提高公共资源配置效率和效益，加强对权力运行的监督制约，维护国家利益、社会公共利益和交易当事人的合法权益，根据有关法律法规和《国务院办公厅关于印发整合建立统一的公共资源交易平台工作方案的通知》（国办发〔2015〕63号），制定本办法。

第二条 本办法适用于公共资源交易平台的运行、服务和监督管理。

第三条 本办法所称公共资源交易平台是指实施统一的制度和标准、具备开放共享的公共资源交易电子服务系统和规范透明的运行机制，为市场主体、社会公众、行政监督管理部门等提供公共资源交易综合服务的体系。

公共资源交易是指涉及公共利益、公众安全的具有公有性、公益性的资源交易活动。

第四条 公共资源交易平台应当立足公共服务职能定位，坚持电子化平台的发展方向，遵循开放透明、资源共享、高效便民、守法诚信的运行服务原则。

第五条 公共资源交易平台要利用信息网络推进交易电子化，实现全流程透明化管理。

第六条 国务院发展改革部门会同国务院有关部门统筹指导和协调全国公共资源交易平台相关工作。

设区的市级以上地方人民政府发展改革部门或政府指定的部门会同有关部门负责本行政区域的公共资源交易平台指导和协调等相关工作。

各级招标投标、财政、国土资源、国有资产等行政监督管理部门按照规定的职责分工，负责公共资源交易活动的监督管理。

第二章 平 台 运 行

第七条 公共资源交易平台的运行应当遵循相关法律法规和国务院有关部门制定的各领域统一的交易规则，以及省级人民政府颁布的平台服务管理细则。

第八条 依法必须招标的工程建设项目招标投标、国有土地使用权和矿业权出让、国有产权交易、政府采购等应当纳入公共资源交易平台。

国务院有关部门和地方人民政府结合实际，推进其他各类公共资源交易纳入统一平台。纳入平台交易的公共资源项目，应当公开听取意见，并向社会公布。

第九条 公共资源交易平台应当按照国家统一的技术标准和数据规范，建立公共资源交易电子服务系统，开放对接各类主体依法建设的公共资源电子交易系统和政府有关部门的电子监管系统。

第十条 公共资源交易项目的实施主体根据交易标的专业特性，选择使用依法建设和运行的电子交易系统。

第十一条 公共资源交易项目依法需要评标、评审的，应当按照全国统一的专家专业分类标准,从依法建立的综合评标、政府采购评审等专家库中随机抽取专家,法律法规另有规定的除外。

有关行政监督管理部门按照规定的职责分工,对专家实施监督管理。

鼓励有条件的地方跨区域选择使用专家资源。

第十二条 公共资源交易平台应当按照省级人民政府规定的场所设施标准,充分利用已有的各类场所资源,为公共资源交易活动提供必要的现场服务设施。

市场主体依法建设的交易场所符合省级人民政府规定标准的,可以在现有场所办理业务。

第十三条 公共资源交易平台应当建立健全网络信息安全制度,落实安全保护技术措施,保障平台平稳运行。

第三章 平台服务

第十四条 公共资源交易平台的服务内容、服务流程、工作规范、收费标准和监督渠道应当按照法定要求确定,并通过公共资源交易电子服务系统向社会公布。

第十五条 公共资源交易平台应当推行网上预约和服务事项办理。确需在现场办理的,实行窗口集中,简化流程,限时办结。

第十六条 公共资源交易平台应当将公共资源交易公告、资格审查结果、交易过程信息、成交信息、履约信息等,通过公共资源交易电子服务系统依法及时向社会公开。涉及国家秘密、商业秘密、个人隐私以及其他依法应当保密的信息除外。

公共资源交易平台应当无偿提供依法必须公开的信息。

第十七条 交易服务过程中产生的电子文档、纸质资料以及音视频等,应当按照规定的期限归档保存。

第十八条 公共资源交易平台运行服务机构及其工作人员不得从事以下活动:

(一)行使任何审批、备案、监管、处罚等行政监督管理职能;

（二）违法从事或强制指定招标、拍卖、政府采购代理、工程造价等中介服务；

（三）强制非公共资源交易项目进入平台交易；

（四）干涉市场主体选择依法建设和运行的公共资源电子交易系统；

（五）非法扣押企业和人员的相关证照资料；

（六）通过设置注册登记、设立分支机构、资质验证、投标（竞买）许可、强制担保等限制性条件阻碍或者排斥其他地区市场主体进入本地区公共资源交易市场；

（七）违法要求企业法定代表人到场办理相关手续；

（八）其他违反法律法规规定的情形。

第十九条 公共资源交易平台运行服务机构提供公共服务确需收费的，不得以营利为目的。根据平台运行服务机构的性质，其收费分别纳入行政事业性收费和经营服务性收费管理，具体收费项目和收费标准按照有关规定执行。属于行政事业性收费的，按照本级政府非税收入管理的有关规定执行。

第二十条 公共资源交易平台运行服务机构发现公共资源交易活动中有违法违规行为的，应当保留相关证据并及时向有关行政监督管理部门报告。

第四章 信息资源共享

第二十一条 各级行政监督管理部门应当将公共资源交易活动当事人资质资格、信用奖惩、项目审批和违法违规处罚等信息，自作出行政决定之日起7个工作日内上网公开，并通过相关电子监管系统交换至公共资源交易电子服务系统。

第二十二条 各级公共资源交易平台应当依托统一的社会信用代码，记录公共资源交易过程中产生的市场主体和专家信用信息，并通过国家公共资源交易电子服务系统实现信用信息交换共享和动态更新。

第二十三条 国务院发展改革部门牵头建立国家公共资源交易电子服务系统，与省级公共资源交易电子服务系统和有关部门建立的电子系统互联互通，实现市场主体信息、交易信息、行政监管信息的集中交换和同步共享。

第二十四条 省级人民政府应当搭建全行政区域统一、终端覆盖市县的公共资源交易电子服务系统,对接国家公共资源交易电子服务系统和有关部门建立的电子系统,按照有关规定交换共享信息。有关电子招标投标、政府采购等系统应当分别与国家电子招标投标公共服务系统、政府采购管理交易系统对接和交换信息。

第二十五条 公共资源交易电子服务系统应当分别与投资项目在线审批监管系统、信用信息共享系统对接,交换共享公共资源交易相关信息、项目审批核准信息和信用信息。

第二十六条 市场主体已经在公共资源电子交易系统登记注册,并通过公共资源交易电子服务系统实现信息共享的,有关行政监督管理部门和公共资源交易平台运行服务机构不得强制要求其重复登记、备案和验证。

第二十七条 公共资源交易电子服务系统应当支持不同电子认证数字证书的兼容互认。

第二十八条 公共资源交易平台和有关行政监督管理部门在公共资源交易数据采集、汇总、传输、存储、公开、使用过程中,应加强数据安全管理。涉密数据的管理,按照有关法律规定执行。

第五章 监督管理

第二十九条 各级行政监督管理部门按照规定的职责分工,加强对公共资源交易活动的事中事后监管,依法查处违法违规行为。

对利用职权违规干预和插手公共资源交易活动的国家机关或国有企事业单位工作人员,依纪依法予以处理。

各级审计部门应当对公共资源交易平台运行依法开展审计监督。

第三十条 设区的市级以上地方人民政府应当推动建立公共资源交易电子监管系统,实现对项目登记,公告发布,开标评标或评审、竞价,成交公示,交易结果确认,投诉举报,交易履约等交易全过程监控。

公共资源交易电子服务系统和其对接的公共资源电子交易系统应当实时向监管系统推送数据。

第三十一条 建立市场主体公共资源交易活动事前信用承诺制度，要求市场主体以规范格式向社会作出公开承诺，并纳入交易主体信用记录，接受社会监督。

第三十二条 各级行政监督管理部门应当将公共资源交易主体信用信息作为市场准入、项目审批、资质资格审核的重要依据。

建立行政监督管理部门、司法机关等部门联合惩戒机制，对在公共资源交易活动中有不良行为记录的市场主体，依法限制或禁止其参加招标投标、国有土地使用权出让和矿业权出让、国有产权交易、政府采购等公共资源交易活动。

建立公共资源交易相关信息与同级税务机关共享机制，推进税收协作。

第三十三条 各级行政监督管理部门应当运用大数据技术，建立公共资源交易数据关联比对分析机制，开展监测预警，定期进行效果评估，及时调整监管重点。

第三十四条 各级行政监督管理部门应当建立联合抽查机制，对有效投诉举报多或有违法违规记录情况的市场主体，加大随机抽查力度。

行政监督管理部门履行监督管理职责过程中，有权查阅、复制公共资源交易活动有关文件、资料和数据。公共资源交易平台运行服务机构应当如实提供相关情况。

第三十五条 建立由市场主体以及第三方参与的社会评价机制，对所辖行政区域公共资源交易平台运行服务机构提供公共服务情况进行评价。

第三十六条 市场主体或社会公众认为公共资源交易平台运行服务机构及其工作人员存在违法违规行为的，可以依法向政府有关部门投诉、举报。

第三十七条 公共资源交易领域的行业协会应当发挥行业组织作用，加强自律管理和服务。

第六章 法律责任

第三十八条 公共资源交易平台运行服务机构未公开服务内容、服务流程、工作规范、收费标准和监督渠道，由政府有关部门责令限期改正。拒不改正的，予以通报批评。

第三十九条 公共资源交易平台运行服务机构及其工作人员违反本办法第十八条禁止性规定的，由政府有关部门责令限期改正，并予以通报批评。情节严重的，依法追究直接责任人和有关领导的责任。构成犯罪的，依法追究刑事责任。

第四十条 公共资源交易平台运行服务机构违反本办法第十九条规定收取费用的，由同级价格主管部门会同有关部门责令限期改正。拒不改正的，依照《中华人民共和国价格法》、《价格违法行为行政处罚规定》等给予处罚，并予以公示。

第四十一条 公共资源交易平台运行服务机构未按照本办法规定在公共资源交易电子服务系统公开、交换、共享信息的，由政府有关部门责令限期改正。拒不改正的，对直接负责的主管人员和其他直接责任人员依法给予处分，并予以通报。

第四十二条 公共资源交易平台运行服务机构限制市场主体建设的公共资源电子交易系统对接公共资源交易电子服务系统的，由政府有关部门责令限期改正。拒不改正的，对直接负责的主管人员和其他直接责任人员依法给予处分，并予以通报。

第四十三条 公共资源交易平台运行服务机构及其工作人员向他人透露依法应当保密的公共资源交易信息的，由政府有关部门责令限期改正，并予以通报批评。情节严重的，依法追究直接责任人和有关领导的责任。构成犯罪的，依法追究刑事责任。

第四十四条 有关行政监督管理部门、公共资源交易平台运行服务机构及其工作人员徇私舞弊、滥用职权、弄虚作假、玩忽职守，未依法履行职责的，依法给予处分；构成犯罪的，依法追究刑事责任。

第七章 附 则

第四十五条 公共资源电子交易系统是根据工程建设项目招标投标、土地使用权和矿业权出让、国有产权交易、政府采购等各类交易特点，按照有关规定建设、对接和运行，以数据电文形式完成公共资源交易活动的信息系统。

公共资源交易电子监管系统是指政府有关部门在线监督公共资源交易活动的信息系统。

公共资源交易电子服务系统是指联通公共资源电子交易系统、监管系统和其他电子系统，实现公共资源交易信息数据交换共享，并提供公共服务的枢纽。

第四十六条　公共资源交易平台运行服务机构是指由政府推动设立或政府通过购买服务等方式确定的，通过资源整合共享方式，为公共资源交易相关市场主体、社会公众、行政监督管理部门等提供公共服务的单位。

第四十七条　本办法由国务院发展改革部门会同国务院有关部门负责解释。

第四十八条　本办法自 2016 年 8 月 1 日起实施。

图书在版编目(CIP)数据

“互联网 +”招标采购实战 200 问 / 张利江，范振华，綦洋编著. -- 北京 : 法律出版社，2020
ISBN 978 - 7 - 5197 - 4978 - 1

Ⅰ. ①互… Ⅱ. ①张… ②范… ③綦… Ⅲ. ①互联网络－应用－采购－招标－中国－问题解答②互联网络－应用－采购－招标投标法－中国－问题解答 Ⅳ. ①F284 - 39②D922.297 - 39

中国版本图书馆 CIP 数据核字(2020)第 182661 号

“互联网 +”招标采购实战 200 问
“HULIANWANG +”ZHAOBIAO CAIGOU SHIZHAN 200 WEN

张利江 范振华 綦 洋 编著

策划编辑 似 玉
责任编辑 似 玉
装帧设计 李 瞻

出版 法律出版社
总发行 中国法律图书有限公司
经销 新华书店
印刷 天津嘉恒印务有限公司
责任印制 吕亚莉

编辑统筹 法律应用出版分社
开本 710 毫米×1000 毫米 1/16
印张 30.75
字数 450 千
版本 2020 年 12 月第 1 版
印次 2020 年 12 月第 1 次印刷

法律出版社/北京市丰台区莲花池西里 7 号(100073)
网址/www.lawpress.com.cn
投稿邮箱/liuwenke0467@sina.com
举报维权邮箱/jbwq@lawpress.com.cn
销售热线/400 - 660 - 8393
咨询电话/010 - 63939796

中国法律图书有限公司/北京市丰台区莲花池西里 7 号(100073)
全国各地中法图分、子公司销售电话:
统一销售客服/400 - 660 - 8393/6393
第一法律书店/010 - 83938432/8433　西安分公司/029 - 85330678　重庆分公司/023 - 67453036
上海分公司/021 - 62071639/1636　深圳分公司/0755 - 83072995

书号:ISBN 978 - 7 - 5197 - 4978 - 1　**定价:**108.00 元